伴随职教改革的成长之路

侯庆辉 著

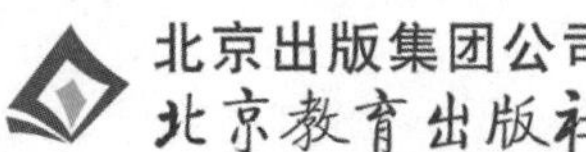

图书在版编目（CIP）数据

伴随职教改革的成长之路 / 侯庆辉著 . — 北京：北京教育出版社，2019.9
ISBN 978-7-5704-1730-8

Ⅰ . ①伴… Ⅱ . ①侯… Ⅲ . ①职业教育－教育改革－研究－北京
Ⅳ . ① G719.21

中国版本图书馆 CIP 数据核字（2019）第 179476 号

伴随职教改革的成长之路
侯庆辉 著

北京出版集团公司
北 京 教 育 出 版 社 出 版
（北京北三环中路 6 号）
邮政编码：100120
网址：www.bph.com.cn
北京出版集团公司总发行
北京洛平龙业印刷有限责任公司印刷

787×1 092　16 开本　　14.2 印张　　217 千字
2019 年 9 月第 1 版　2019 年 9 月第 1 次印刷

ISBN 978-7-5704-1730-8
定价：65.00 元

序　言

著名教育家顾明远先生指出:“教育的本质就是提高生命的质量和提升生命的价值。”教育对个体来说,就是提高生命的质量,就是使个体通过教育,提高生存能力,从而能够生活得有尊严和幸福;提升生命价值,就是使个体通过教育,提高思想品德和才能,从而能够为社会、为他人作出有价值的贡献。

我认为:教育应当让人具备谋生的能力,教育应当让人具有健全独立的人格,教育也应当为人的一生带来深刻的改变。作为优秀教师,就应该在追求未来教育目标的旅途中,牢记教师的使命,不断实现着自己最初的追求。那么如何成长为一名优秀教师呢? 最重要的在以下三个方面:

第一,强烈的职业情感是教学名师成长的根本动力。专业成长的根本动力来自教师的内心追求,来自教师的职业情感和教育信念。教师的教育情感和教育信念将直接影响教师的传“道”、授“业”。高度的事业心和奉献精神是教师提高自身整体素质的动力和源泉,也是影响学生的精神力量。教师应有着强烈的责任感和使命感,要学习陶行知先生的“人生为一大事来,做一大事去”和“甘为骆驼”的无私献身精神。忠诚人民的教育事业,关心教育的发展,爱岗敬业,以教为荣,以教为乐,淡泊名利,不计得失,要“把一切利己之念摒除,把一切利己之事抛弃”“静下心来教书,潜下心来育人”。侯庆辉老师从事职业教育20多年来,正是努力秉承了这一理念,多年来凭着对职教事业的执著追求和强烈的责任感,她始终扎根中等职业教育事业,默默无闻地奉献,在中职教育这条路上走得坚实有力。她努力用先进的教学理念、科学的教育方法和丰富的职业经验影响、指导着金融、财会专业的学生,在教育中渗透德育,教育学生树立良好的职业道德、正确的专业思想和就业观念,指导学生的生涯发展。以实际行动践行着自己的教育信念,为培养合格的技术技能人才而不断贡献着自己的力量。

第二,过硬的专业能力是教学名师应有的核心素养。中职教学名师的专业能力,概括地来讲可以分为三个部分:一是具有本行业较高水平的学科知识和专业知识;二是熟练掌握现代职业教育教学方法的能力;三是解决企业实际问题的专业实践能力。作为奋斗在职教一线的骨干教师,侯庆辉老师积极钻研专业理论,努力掌握金融、会计、连锁及相关领域最前沿的知识,使教学内容始终与行业企业发展同步。过硬的教学能力是教师形成自身教学特色,赢得教学成功的保障。侯庆辉老师带领团队,努力学习国外先进的教学理念,积极进行教学方法的改革。教学中结合专业知识的不同类型,灵活运用项目教学、情景教学等教学方法,使学生在完成工作任务的同时,学会新知,掌握技能,增强了学生的学习兴趣,教学效果非常显著。职业教育是以技术技能为核心的综合职业能力教育,这就要求教师具有较高的实践能力。在校企深度合作的背景下,侯庆辉老师积极组织教师下企业实践,掌握企业岗位的关键技术,参与企业的项目研发,不断丰富教师团队的专业技术与实践经验,努力成为企业的行家里手和高水平的“双师型”教师,为培养高质量技术技能人才打下重要的基础。

第三,推动改革创新是教学名师担当的历史责任。职业教育担负着培养学生成才、促进学生就业、服务学生发展的重任。这一重任在客观上就要求教师要结合专业教学实际,积极探索,更新理念,勇于改革,大胆创新。作为职业学校的专业主任、专业教学团队的领跑者,侯庆辉老师积极投身到职业教育教学改革的实践中。十几年来,她带领团队,在借鉴国际先进经验,推进课程体系和教学改革,创新人才培养模式等方面进行了有益探索并取得了突出的成效。一是积极开展了以工作过程为导向的课程改革,进一步明确了促进综合职业能力发展的培养目标;打破传统学科体系,构建了工作过程系统化的课程结构,以学习领域的形式将企业岗位的典型职业活动科学地转化为专业课教学内容,采用理论和实践一体化的行动导向教学模式,建立了以过程控制为基本特征的质量控制与评价体系等;为推进职业教育专业建设和课程建设作出了积极贡献。二是积极探索在校企深度合作下“现代学徒制”的人才培养模式创新。试点按照企业需求和职业能力发展的逻辑规律设置课程,为学生提供从一年级到毕业的阶梯式、系列企业实践机会,采用工学交替、学做一体的教学形式,将企业的实际工作任务引入到课程学习和实践中，将教师评价与企业评价真正有机结合起来，创造企业真实的工作环境，带领学生深入企业的工作场所，实现针对性的教育教学，让学生在完成企业真实的工作项目中，不断感悟和总结经验，提高技能，使学生的学习过程融入到企业的“工作世界”中，收到了良好的效果。

侯庆辉老师是伴随职业教育课程改革、示范校建设等职业教育改革发展关键时期成长起来的青年教师，职业教育的不断改革与发展给她提供了展示的舞台和成长的空间。她善于学习、努力钻研、勇于创新、大胆实践，在成就专业发展的同时也锻炼、提升和丰富了自己。

当前，我国的职业教育进入了新的发展阶段，现代职业教育体系框架基本建成，具备了基本实现现代化的诸多条件和良好工作基础，但与建设现代经济体系、建设人才强国的要求相比，职业教育还存在着诸多的困难和挑战。职业教育质量的提升核心在专业，专业建设的关键在教师，职业教育事业急需像侯庆辉老师这样的优秀教师不断涌现。“问渠那得清如许，为有源头活水来。”我也预祝侯庆辉老师坚守初心，牢记使命，砥砺前行，在未来的职业教育改革与发展中取得新的更优异的成绩。

吴晓川

2019 年 6 月 30 日

目录

第一章 求学育人之路

职业教育作为一种人才类型的教育，在很长一段时期中，没有被社会广泛认可。报考职业学校的学生，大多是在应试教育中的低分学生。由于应试教育方法未能适合这些学生的学习方法，以致他们文化考试分数低，面对挫折自暴自弃，思想纪律要求低，人生目标追求低。如果说，教育面对的学生是满山的花朵，那么职业教育面对的学生就是迟开的半山花。从总量上说，职业教育担负着半数学生职业发展的教育，从教育的状况上说，在应试教育的环境里，还有半数的学生，他们的能力没有得到充分发掘，他们的聪明才智没有得到充分发挥。他们是迟开的半山花。职业教育必须以适合他们学习方法的教育方法，发掘他们的志趣潜能，明确他们的人生追求，建立他们的职业理想，定向地浇灌他们成长的株根，使这些学生能够在发展经济、服务社会的奉献中，体现出自己的人生价值。

一、甘做职教的一抔春泥

1995 年我以单招考试第一名的成绩考入北京联合大学职业技术师范学院经济政治系，主攻财会专业，作为职业教育储备师资开始我的求学生涯，并与职业教育结缘。

在求知钻研学识的过程中我常常思考：“我要做一个什么样的老师呢？”

我认为首先应该具备良好的德行。“德行”是每个人一生必修的课程，而教师的“正直、善良、关爱、诚实、守信、务实……”更是能否担负起教育的能力和责任的关键，它不是外在形式或是口号，也不是形式的宣讲才能铸成，它需要内心世界的丰富、对教育生活的体悟和人格素养的完善，精神世界的富足才会外化出行为。教师的品德和行为折射在学生眼里会是一种榜样，烙印在学生心里是一种动力，它不仅仅体现在学识传授中，更多时候它散落在日常的校园、图书馆亦或是操场的众多角落，它习以为常的不那么光鲜亮丽，但却“润物细无声”的填满心灵，影响着他人。

其次要学识深厚，苦心钻研，探究专业知识与技能，知其然还要知其所以然，学会做人、学会做事。

就这样，这份教育的情怀悄无声息的种植于我的内心，践行着我大学的生活。大学期间，除了学习专业知识以外，我也担任班长和学习部部长工作，以此锻炼自己的组织能力和管理能力，大二期间，我加入了中国共产党，从思想上更加严格要求自己，对教育事业也坚定了信念：毕业后一定要做一个“有德行、善育人、懂专业、会管理”的老师！带着这样一份执念我以优秀毕业生的身份步入职业学校，开始了我的职业生涯。

二、用爱敲开学生的心扉

1999 年毕业后我进入大兴区第二职业高中任教，初步领略到教书育人带给我的新意、成长和满足。2004 年调入朝阳区金融商贸职业技术学校（现北京市求实职业学校），给了我更广阔的视野与空间，也让我对教育事业的信念更加坚定。

教育工作是一个育人育心的过程，教师不仅仅是传授知识，更要在知识的传授中懂得育人育心。教育的形式再好，艺术性再强，如果没有走入学生心里的教育都将是无根之树、无源之水。倾注爱心，关注每一个孩子，因材施教，让孩子们的心灵在老师的育人育心的言行中得到净化，他们会如影随形般地跟随着老师朝着既定的方向前行。

【初为人师的思考】

“关注”，迟开的花朵也分外婀娜

每个教师都希望在教学管理中能够“管住”每一个学生，特别是对于问题学生的教育，都希望他们能够在老师的引领下沿着期待的目标前进，期待每棵小树都能在浇水、施肥、修理之后花繁叶茂、长盛不衰。然而，作为教师，我们常常把期待的目光、鼓励的言语给予了那些顽皮和屡次犯错的学生，却冷落了那些很少用“错误”来吸引老师眼球的学生。这些学生大多沉默、内敛，表面宁静、听从，但内心却有一定想法，甚至是无声的叛逆。教师常常以为这些孩子的教育很简单，其实不然，他们只是在老师的严格下表面上的服从，真正能和他们做到交流与沟通，让他们心中理想的花朵绽放，应该从心与心的沟通开始。

他是一个沉默寡言的男生：一个不打架，课上不违反纪律，从不顶撞老师的男生；一个厌恶学习，却在心底深处有着强烈叛逆的男生；一个悄然存在而从我的目光缝隙里遗漏的男生。就是他，也能因为老师的“关注”变成一朵绽放的花。

这是教授的一个新班，起初的他显得十分听话，从不犯错误，从不违反课堂纪律，只是老师反映他从不学习，上课睡觉，不写作业，一派可有可无的样子。在我的眼中，他只是一个不爱学习、厌烦学校、讨厌束缚的学生。于是，我找他谈心，给予他提醒，告诫他学习的意义，他点头答应，表面上的服从让我欣喜引导的成功，却忽略了教育后的结果。突然间，两个月之后他不来上学了，我打电话问过他妈妈，她妈妈说：“我管不了他了，他就是不去了，我快让他气死了，老师，求您再说说他吧，他太让您费心了……”一阵叹息让我疑惑和焦虑起来。接着，我询问班里的一个学生，学生反映，他经常整晚上网，不想上学，还离家出走过，他不喜欢这个学校，因为这个他妈妈特别生气失望，还上过吊呢！他根本听不进别人的意见。我被重重的一击，心里在反复的琢磨：在他那不成熟的外表中到底藏着怎样的一颗心呢？他的心结到底是什么？但随之而来的是心中的悔恨，责备自己平时对他的疏忽，自责之余心底深处却有一个强烈的声音在迸发："救他回来！救他回来！"然而，我怎样才能与他交流呢？我从哪里作为切入点呢？我用什么方式"救"他回来呢？怎样才能找到这把打开他心灵的钥匙呢？去找他，和他面谈？不好，如此唐突他更会封闭自己，拒我于千里之外的，因为他怕他的自尊被当面挫伤，羞于面对老师。我想了许久，既然网络的虚拟和梦幻让他背离亲人和校园，那我就从这里开始拯救他。

第一次和学生网上聊天就这样开始了。他对网上的我既熟悉又陌生。

"小伟，你好，我是你的班主任，很高兴能在网上碰到你。"

"老师，您好，我也是。"

"你走了，大家都很想念你，也觉得很意外。"

"是吗？我对那里没感情，没劲儿。"

"为什么？因为我和同学们吗？"

"不是，学校环境我不是很适应，再加上父母……烦！"

"校园可能没有你中学的漂亮，操场不够大，但是你想过没有，人的一生可能会面临很多的环境，学校、社会、单位，每个环境都未必那么尽如人意，我们总是试图改变但却无法改变它，与其我们不能够改变它，倒不如学着去适应它，也算是人生的一种磨砺，你的辍学让父母多伤心呀！"

"他们早就放弃我了，对我不抱任何希望了，我也放弃自己了。"

"在这个班里，由于你从不惹事而让我忽略了你的存在，我很内疚，然而，你的离去，让我一下子觉得那个角落空荡荡的，心里却多了一份牵挂，32 个人的集体突然间因为你的离去而不再完美。虽然这里也有风浪和颠簸，偶尔也有不和谐的音符，但是我相信一切都会变好的，我不愿你们任何一个人离开，因为这里需要你们，不要破坏它的完整，让它因为我们而美丽，我们因为它而自豪。回来吧，大家都等着你呢。"

"我……"

“即使再大的困难袭来，至少还有老师帮你一起度过。”

后来，他回到了集体中来，他逐渐变得开朗、热情了，学习的积极性也不断提高，每当他有一点进步，无论是按时完成作业、按时上学还是上课注意听讲，表扬他的同时我都会用微笑对他表示肯定，他也变得更加努力了，我适时鼓励他参加班内、校内的活动，让他增强信心的同时也挖掘、锻炼了他的能力，第二个学期他光荣的加入了共青团。他在网上的留言中写到：“老师，我以后听您的，戒网了，好好学，争取找一个好工作，您放心，我不会让关心我的人失望的。”那一刻我感觉到教师最有成就感的不是那些顶在头上的荣誉，而恰恰是成功的对学生进行心灵的洗礼，灵魂的净化，人格的影响，那才是我教育上最宝贵的收获。后来，我慢慢地发现，他对人生也乐观向上了许多，也成熟懂事了许多，无论在学习还是班内活动中，他都表现出了很强的主动性，成绩显著，变化之大，令同学、家长都十分吃惊。毕业实习这一年，他以良好的精神状态步入了工作岗位。九月十日那天，他又发来短信：“节日快乐，九月十日，并非只有在今天才想起您，而是在今天特别想念您，一个不听话的孩子最想说的：永远爱您！”

每当我回忆这段教育历程，心中都会感慨：我们能否挽救一个孩子，往往在点滴之间，也许是一个微笑，也许是一声问候，也许只是一个关注的目光，更重要的是要坚持和不放弃。它远比我们借助于老师的威慑力去设法管住学生要有效的多，育人就要育心，真正的教育从用心关注学生开始，用真诚和爱心，用理解和期待，让真正的教育沐浴在人性的光辉里，让每一朵迟开的花都能够沐浴阳光雨露。

三、先进的教学理念之内化

1999 年带着好奇、兴奋的心情踏上三尺讲台，想把所学的专业知识传授给学生们。很多人都说职业学校的学生都不如普教的孩子智商高，教授起来毫无难度。作为专业课教学，他们更是你怎么教他们就跟着怎么学，教学设计和课堂讲授不需要精心和用心准备。起初我也是带着这样的心境懵懂的走上讲坛。其实并非如此。在一次次培训中，无论职教理念还是教学方法的培训让我对职业教育慢慢认知，慢慢感悟，职业学校的孩子虽然不像普教的孩子有着很好的学习习惯、方法和自主探究学习的能力,但是他们渴望被肯定、被期待,愿意在循序渐进的难度上去尝试,愿意动手操作。因此,在课堂教学中要把培训学习到的理念、方法结合学生学情进行教学设计,转变偏激观念,改进教学。

2009年职业教育进入课程改革,行动导向教学理念下的课堂教学方法的改革开始全面实施,专业课教学先理论再实践的课堂教学向"理实一体化"课堂教学模式进行改革。一场颠覆性的课程改革促使我不断地学习、内化、反思,转变教学观念,并在思考中懵懵懂懂探究与实践。

职业学校会计教学改革的关键在于教学观念的转变

【内容摘要】职业学校会计教学学科的改革难度仍然很大,笔者认为若要深化职业学校会计专业教学改革,教师必须进一步转变教育思想,更新教学观念,结合职业学校学生实际水平和岗位要求尝试探索新的教学模式,树立新的教学观念。一方面要真正重视学生思维的培养,注重学习效果的实施,在教学中有意识渗透会计的管理职能在业务中的体现;另一方面要重视学生实践能力的培养,课堂教学真正做到理实一体化。

【主题词】教学观念　学习效果　实践能力　思维

职业学校会计教育的目的:一是为了培养应用型会计专门人才;二是为学生高职深造做准备。无论哪个目标,最终都是要培养现代会计人才。这就要求学生他们不仅要有丰富的知识,更重要的是要有良好的思维品质和较强的实践综合能力。作为培养应用型会计专门人才的职业学校,会计教育只有改革传统定势的教学模式,加强对学生思维素质和能力的培养,才能培养出符合社会发展要求的会计专门人才。

一、职业学校会计教学仍然存在的旧观念

为了培养学生的综合素质和综合能力,很多学校都在会计教育和教学改革中进行了许多有益的探索,例如:实训基地的构建、校本教材的研发、实务模拟操作等等,并取得了不少成功的经验。然而,由于长期受传统教育思想的影响,职业学校会计教学至今仍存在着许多旧观念,主要表现在:

1. 在教学质量评价上,认为只要学生考试成绩越好,学生的质量就越高;而考核学生成绩的主要标准又取决于记住教师所教知识的多寡。

2. 在课程设置上，主次不明显，内容仍有重叠，课程顺序颠倒。

3. 在教学形式上，只强调课堂教学，忽视课外实践，将课堂视为惟一教学场所。

4. 在教学内容上，重理论，轻实践；重核算，轻管理意识的培养。

5. 在教学方法上，仍然存在注入式的做法，而引导、启发的还不不够，学生的发散思维和融会贯通的能力得不到有效培养，学习仍然较为被动。

6. 在考核方法上，采用单一的闭卷考试，体现学生的背功较多，考学生的应用能力较少，好成绩往往体现在死记硬背上，而学生真正的能力无法考核全面。

7. 在对学生的评价上，只要遵守纪律，完成习题，考试分数高，就是优等生，忽视了过程性评价。

上述情况暴露了教育思想上的两大弊端：一是重知识，轻能力，把传授知识仍然视为教学的惟一目的，把灌注视为教学的主要手段，把记忆当作接受知识的惟一途径，即使课程改革使得课堂教学发生变化，但是很多情况下只是披上了课改的外衣，实质上仍有传统课；二是重教轻学，片面强调，以课堂为中心，以书本为中心，忽视学生实践能力的培养，学生的主体地位体现不够充分。这些旧的教育理念，不仅不利于调动学生的学习积极性和主动性，更不利于培养学生的开拓精神和创造能力。

职业学校会计教学改革必须以思想观念的变革为先导，用正确的理念指导会计教学活动。因而，进一步深化职业学校会计教学改革，关键在于进一步转变教育思想，更新教学观念，树立符合时代要求的新理念。

二、职业学校会计教学应树立的新理念

（一）课堂教学要以学生为主体，教师为主导，追求学生学习效果的理念。

教与学是一种双边活动。在这个活动中，教师的主导作用与学生的主体地位都不可忽视。只有把两者有机地结合起来，发挥其共振效应，才能使教学达到最佳效果。教师要运用有效的教学方法，培养学生的思维能力，充分调动学生的主动性、积极性和创造性，让学生成为“学习的主人”。在学习中要充分发挥主观能动性，在学习知识的同时，要学会独立思考、自我探索、自我提高，以达到离开教师

能够独立研究、创造性劳动的目的。教学方法主要有以下几种:

1. 变序——培养思维的多向性。即不按教材内容的顺序,而是从分析经济业务入手,通过逻辑推理,层层分析,逆向地向学生阐述核算内容,从而有效的强调重点、突破难点。将逆向教学法与顺向教学法相结合,不仅可以活跃学生思维,培养学生多向思维能力,还可以加深记忆,增强学生逻辑推理能力。

例如:在讲授"原材料按计划成本的核算"这一节内容时,我并没有直接讲授"材料成本差异"账户的核算内容,而是让学生在材料购进和入库的两笔业务中去发现和体会实际成本和计划成本之间的差异,让学生去发现问题(两个金额不相等,怎么办?),提出想法,尝试着去解决问题(账务处理应如何,分录怎样编制?)在老师的引导下,学生的思维得到了培养,解决问题的主动性增强,学习的效果也会十分明显。

2. 探究——培养思维的发散性。即不依常规,探索研究,从多方面寻求解决问题的答案。

例如:在探讨企业增值税时,在同一笔分录中为什么买卖双方都要登记增值税,我尝试让学生去分析如果企业一方不登记税金会怎样(错误的核算),而不只是简单讲授"进项税登记借方,销项税登记贷方",而是让学生去分析"如果卖方登记了销项税,而买方不登记,会怎样?"让学生展开讨论去分析后果,教师引导得出结论,并给出正确的核算分录。这样学生既会从多角度去思考问题,探究发现,而且在教学中教师也渗透了财经法规,对学生进行了法规教育。

3. 迁移——培养思维的迁移性。训练这种思维的目的在于让学生掌握知识的规律,学会在已有知识的基础上去探索新知识。

例如:在讲授"应收票据的核算"时,首先让学生明确会计主体,是站在卖方的角度上去进行知识的研究的,这节课的重点问题就是探究卖方应如何进行账务处理。但在知识延伸中,让学生尝试对比编制买方的分录,目的在于培养学生思维的迁移性和融会贯通的能力。

(二)挖掘学生的思维潜力,重视会计教学管理意识的渗透,重视学生"学会——会学——爱学"。

传统讲授中重视的是如何记账,只是教会学生"是什么""怎样做"即可,而忽视了“为什么这样做”的理念。重核算、轻管理意识的渗透,很多学生只停留在“学会”的状态中,而知其然仍可知其所以然的同学寥寥无几。我认为在会计教学改革中,会计的管理理念要在教学中有所渗透。用环环相扣的问题激发学生的兴趣,真正达到友善用脑的效果。

例如:我在讲授“现金折扣的核算”这节内容中大胆尝试多种方法调动学生学习的积极性,打破传统理念,运用友善用脑理念将会计的管理职能、理财意识在课程中加以体现。通过创设情景,让学生进入角色,设身处地的从企业的角度考虑问题,去体会会计核算中资金管理的策略,从而也参与了企业经营策略的制定,同时也在学习核算的过程中增强了管理意识、理财意识。我在设计这节课时,主要采用了五个问题的铺设,启发学生探究式学习,在提出问题—讨论问题—解决问题的情境中掌握知识。如,问题1:为什么要给客户折扣?(可以加速资金周转,进行再投资升值)→问题2:企业要给予客户多大的折扣呢?(本着互惠互利的原则,给学生渗透理财理念)→问题3:怎样给呢?(引出折扣条件的表述)→问题4:如果存在现金折扣,记账时是按扣除折扣后的金额入账还是按照不扣除的金额记账呢?(引出两种核算的方法:净价法和总价法)→问题5:在我国哪种核算方法更适用些呢?(引出总价法下得核算)→问题6:在核算中,企业的销项税额是否可以抵扣折扣呢?(从而引出税法上的知识,增强学生们的法律意识,渗透了德育)。学生们在讨论中发觉会计学科中的奥妙所在,从而激发了学生学习的乐趣和创新意识的培养。也为学生今后继续高职的深造打下基础。

(三)课堂教学要突出体验式教法,同时重视学生实践能力的培养理念

会计学科是枯燥的,很多的知识是学生兴趣以外的,甚至是距离他们生活很远的内容,学生学不好,甚至是厌学都是正常的。为了让我们的课堂教学达到一定的效果,真正要学生“会学了”,使我们的“教是为了不教”,我们在教学中就不能采用单一的理论教学。而是尝试着体验式教法。

例如:在讲授“定额备用金的核算”时,让学生进入岗位角色,有“总务科长”“总会计师、出纳”“出差人员”等,让学生在扮演角色的同时,去体会经济业务的流程,在每一笔业务中应如何进行核算,并且尝试模拟会计工作的业务流程进行实务操作:原始凭证的填制—记账凭证的填制—日记账的登记—总账和明细账的

登记。让学生在体验中直观的去掌握业务的核算。这样既增强了学生学习的积极性,同时也增加课堂教学的乐趣。

当然在课堂教学中去进行模拟实务操作毕竟受环境、业务的限制,它和实际有着一定的差异性,学生身临其境的感受仍然不十分真实,因此,职业学校的会计教学还是要试图让学生走出校门,参加实践学习,和企业之间达成合作协议,让学生真正能在实践中将理论知识强化,只有加上运用知识的智慧和才能,通过实践方能转化为能力,这样才能真正做到教学相长。

总之,会计教学改革和创新实践性教学首先要有新的教育教学思想和观念,树立科学的人才观、质量观和教学观,通过"人本"教学,使学生在学习中学会学习,在思考中学会思考,在创造中学会创造。

"材料购进业务的实操"教学反思

【内容摘要】《会计实务》课程改革是要以"工作过程为导向",以工作过程的环节为教学内容,通过创设情境,岗位模拟,分工协作,尝试理论实践一体化教学模式,打破传统的学科本位,进行实务教学,教学学习过程中要注重实操的有效性和实用性。本文是对企业日常单笔业务"材料购进业务的实操"教学后所进行的教学反思,从教学生成、教学收获、存在问题方面加以阐述。

【主题词】工作流程　岗位模拟　探究学习　教学反思

职业学校会计教学改革中强调以"工作过程为导向",尝试理论实践一体化教学模式,注重学生动手操作的能力,培养学生在动手实操中探究学习,学会自主学习。本门课程是高二年级《企业会计实务》综合模拟课,是将高一所学的单项技能操作加以综合,按工作流程从原始凭证的发生到账簿的登记以及报表的编制所进行的实训课。本节课"材料购进业务的实操"是对企业日常单笔业务按工作流程进行岗位模拟操作。工作环节是从原始凭证的填制和审核、记账凭证的填制和审核、日记账的登记、总账的登记到明细账的登记工作。进行轮岗操作,让学生对每个角色有所了解。通过这节课教学实训,我的教学反思如下:

一、抓住课上教学生成资源,不固守教学环节或是教学设计。

1. 在教学设计中,会计实务操作中对于“错账的更正方法”作为一课时单独讲授的,错账的更正方法主要有三种:划线更正法、红字更正法和补充登记法。而这次授课时,教师在训练学生“登记账簿环节时”,学生出现了过账笔误。我就利用课上生成资源,及时增补了一个错账更正的环节。即:划线更正法,达到了很好的效果。它是学生实践后生成的错例,因此记忆是比较深刻的。这在后续的教学中得到了很好的印证,学生再出现这种情况的错账时就会独立解决问题。同时,根据这次启发,我在后续的业务实操中,预设了另外两种更正错账的方法,即:红字更正法、补充登记法。学生如果出现凭证或是登账错误的情况,老师适时进行讲授。这就让教学多了一些灵活处理的地方,使得教学过程丰富起来。

2. 在教学整体设计时,是让学生课上进行单一岗位(例如:出纳岗位的同学就一直扮演出纳)模拟操作,课下进行轮岗操作完成其他岗位的实操。可是,在讲到第 2 笔业务时就发现,班中的学困生课下根本不操作,预期效果没有明显显现出来。于是,我调整初始的设计,课上教学时,让学生每登完 4 笔业务后进行轮岗操作,这样课上能够监控学生对每个岗位业务的掌握情况。这个调整在后续的教学实践中证明是很有必要的。

二、通过创设情境,模拟会计岗位进行操作,为将来学生就业能够顶岗操作奠定了基础。

教师在教学过程中应为学生创造一种置身于具体问题和实际工作的情境,让学生感到会计所要反映的现实问题就在自己身边,而不是抽象的符号和公式,从而使学生找到学习的乐趣。本节课是“以工作过程为导向”,通过创设情景:“同学们面临实习,假定今天面试单位招收财会人员,要求四人一组,模拟主管、会计、出纳、审核岗位,分工协作完成一笔业务的实操,根据实操情况给出评定。”通过这样一个情景,将学生引入模拟环境进行实操。学生也乐于在这样的情境中扮演不同的岗位角色,教师也就很自然的导入了这节课的实训任务。通过这个环节的设计,学生能够将“学习角色”转变成“工作角色”,小组协作学习变为工作中的岗位分工操作,让学生更为接近岗位需求,能够在毕业实习时顺利顶岗操作。优选教学方法应用独特、新颖、有趣的教学手段和方法,提高教学效率和学生学习的参与意识,是会计教学的关键。要提高学生的学习主动性和积极性,就必须废弃传统的“填鸭式”教学方法，避免学生知识盲从的跟着老师记账，要充分创设良好的教学情境，让学生在仿真的环境中进行业务的操作。

三、实训教学中让学生尝试探究问题，学会自主学习。

教学中教师要引导学生，发现问题，提出解决问题的方案，通过讨论探究，学会自主学习。举三个例子：

1. 展示第一张原始凭证增值税专用发票时，让学生去分析，“企业发生什么业务了？是销售业务还是购货业务？”让学生在凭证上去找到相关的信息点（即：原始凭证注明了“购货方”和“销货方”两栏），让学生在探究讨论中明确企业是购料业务还是销售业务，学生阅读凭证的能力得到了提高，在探究中找到了分析业务的方法，为将来自主学习奠定了基础。

2. 在登记原材料明细账页时，铺设一个思考讨论题，“如果购进的材料单价和库存的单价不相同，结存时是否能够合计呢？为什么？”（不能合计，要单独结存，能够分清批次，为领用采用“先进先出法”奠定基础）。在这个过程中学生探究的结果是启发学生要根据业务的实际情况不同，登记的方法也有所不同，培养学生灵活的账务处理能力和应用能力。

3. 在登记增值税明细账户时，学生首次登记这个账页，教师先不加以讲授，让学生先讨论思考账页如何用？如何登记？尝试摆放账页，学生展示自己思考后的结果，学生在讨论探究中掌握登记增值税明细账的方法。目的在于培养学生将来面对新业务、新事物有探究学习的能力。通过这样的设计，锻炼了学生“在做中学，在学中探究思考”，培养了学生自主学习的能力。教学效果十分明显。

四、多元评价学生，激发学生学习的积极性。

实训任务完成后，学生要填写实训效果。根据课上展示凭证、账簿的填写情况，学生进行自评、小组评价以及教师点评。这种多元评价，能够客观的评价学生实操效果，让学生在自信中乐学、爱学。同时教师在点评中要强调会计工作的规范性标准，协作意识的重要性。渗透德育。改变传统的单一评价，对实训课的效果以及学生的积极性的调动都是非常有利的。

五、岗位模拟分工协作完成实操，有意地加强了学生团队协作的能力。

职高的学生都比较自我，团队意识薄弱，责任感不强。而一旦步入社会，必定被淘汰，这就需要在教学中要有意识的培养。我在实训环节中，采用分岗位模拟操作，帮助学生树立团队意识，得到了较好的效果。

六、有意搜集各行各业的原始凭证，加强学生阅读凭证能力的培养，这是会计实训教学的关键。

在实训过程中，我发现学生阅读原始凭证的能力很薄弱，而能否看懂凭证是做会计工作的关键。不仅会计工作如此，很多工作都会涉及到单据的阅读，如仓库保管员要识别验货单，售楼业务员签订的合同、地税的票据等等。因此锻炼学生的阅读原始凭证的能力对于他们将来能很好的胜任工作也是不可或缺的，这就需要教师在平时要多搜集一些各行各业的单据，锻炼学生识别和阐述的能力，而不是在教学中只是一味的模拟实操。

七、加强对新课改理念的学习、探究和反思。

对新课改的理念理解上还不是很透彻，方法的运用上还不是很贴切，还是需要不断更新自己的知识结构，树立终身学习、与时俱进的观念，加强学习、探究和反思。不断提升自身综合素质，提升教学理念，灵活运用教学策略，真正将社会需求与教学结合起来，不断探究和尝试，反思和总结，让教学水平“在教中悟，在悟中长”，让学生水平“在学中长，在长中悟”。

八、个别生引导方法上还很单一，仍需要学习、拓宽。

职高学生差异性很大，厌学情绪的学生不在少数，对于班内的个别生的引导和激励方法上显得很单一，这在教学中是个棘手的问题。例如：有的学生就是不操作，根本不动笔填写，他会说：“我毕业又不当会计，填它呢，费那劲呢！”；还有的在评价他的账簿时，提醒他字迹要规范，要符合专业要求，他会说：“我看得懂不就行了，哪那么多事呀？”这些学生在引导他们时除了用毕业生的例子来说服教育之外，还没有找到特别有效的方法激发他们学习的热情，没有真正让他们意识到学习的重要性，这是我今后有待解决和研究的教学问题。没有找到特别有效的办法。

会计实训课的教学还是需要不断的探究、反思和总结，让学生通过学习毕业后能够真正胜任岗位工作，缩短他们和工作岗位的距离，这才是我们职业教育教学的目标所在。

四、赴德国学习，打开教学思想的国际视野

传统的教学方法主要是先讲后练，理论和实践是分开进行的，往往出现实训时还要将理论要点再加以讲解，存在教学内容重复讲解。行动导向理念下的课改后，采用理论实践一体化课堂教学模式，学生在做中学，在完成任务的过程和活动的体验中习得知识，训练技能，培养能力。2012 年德国国培学习让我对德国职业教育行动导向教学方法和“双元制”有了深入的了解，让我对国内课改也有了深刻的认知。

德国职业教育的课程设置都是模块化的，文化课和专业实践课是 3∶7的关系，他们只学习和本专业相关的文化课，并且文化课教师必须具备该专业相关的工作经验，清楚知道哪些文化知识是该专业领域必备的和适用的，并能够将文化知识运用到岗位实践中去。教学方法都是采用行动导向的项目教学法，在完成任务的过程中将所需的专业知识和职业规范贯穿于实践操作的过程加以讲授，这也就是我们所说的“理实一体化做中学”的理念。

以德国教授讲授项目教学法为例，教授先用生活的例子进行引入，理解什么是项目，接着用教学中的案例贯穿始终来阐述项目教学法，其中自主计划和实施是最为重要的，教师在信息导入和抉择中可以参与意见和点拨，但是到了实施阶段教师就要退出活动，让学生自主小组完成，最后教师再参与评估和检查以及拓展。并且在实施中通过拍摄方式记录项目教学法的六步骤，整个过程充实而不枯燥，而且头脑中的步骤和思路十分清晰，形成了结构和逻辑。这对在国内学习到的项目教学法是个很好的补充。

无论是项目教学法还是案例教学法亦或是角色扮演法，教授讲授这些“教学方法”时，都没有直接切入，而是在主题讲授中自然而然的运用教学方法，不知不觉中你已身临其境，不生硬. 不作秀的让你在其中参与并能游刃有余，无论是卡片调查法，还是小组探究法。特别是小组探究法，和我之前了解和实践的是不一样的，我只是实践了形式，而德国的学习让我感受到了什么才是真正的小组学习，是让每一个学生行动起来，让小组的成员都有完成任务的分工，在实践操作中将知

识、方法记忆深刻。

德国的学习让我求知的心灵再次颤动,让学习变成一件有趣而且愿意参与的事情！学习之余我也在思考:中德职教相比,我们到底缺少什么？我们现在的行动导向是学到了德国的模样,但是我们目前课改到这个阶段我们到底还差什么?是管理理念,是实训教室,是课程设置！从管理理念上要打破普教的管理模式,要以专业为核心,对人才培养要进行市场人才需求调研,确定岗位群定位,分析典型职业活动,以此构建“以工作过程为导向”课程设置。在德国,实训基地建设是理论学习和实践一体的实训基地,学生理论学习与实践同步提升。对比理解国内此时的课改,也找到了改革的缘由,我国的职业教育改革初见端倪,尽管步履蹒跚,但却看见曙光。

德国职业教育学生进入学校的的身份是双重的:学校学生和企业学徒工。学生每周在学校和企业之间交替学习,教师和企业师傅同时传授岗位所需知识与技能。这就是德国的“双元制”。其产生也是基于学校培养的学生与市场人才需求不能适应而进行的改革,这种理念的实施不是一个简单的过程,他们用十多年的时间取得了职业教育改革的成功。教授用图示的方式讲述了什么是双元制,企业、学校、行业协会在其中的作用,是如何进行协调、沟通,逐步健全和完善的,也让我开始期待“双元制”这样一种教育模式能够本土化,开始萌生“双元制”在专业建设中的实践。

【德国学习的心得】

他山之石　可以攻玉

我有幸能走出国门,零距离接触德国职业教育,并能学得系统的理论知识,使我的教育理念有了全面的更新和改变。

在北京经过面签和三天的国内适应性培训后,我与来自全国各地中职院校的教师组成的师资团于2012年10月至2012年12月赴德国马格德堡参加了为期八周的专业教学法方向的培训。此次培训由中国教育部委托德国国际合作机构GIZ公司下属的WMU公司承担,目的是系统学习德国职业教育体系、各种专业教学方法以及课程开发方法,借鉴其先进经验,改变专业教师的思想观念,拓宽思路,促进我国中职院校教学改革。本次培训主要有以下几项内容:德国职业教育体系介绍、以行动为导向的各种专业教学法、课程开发、多媒体教具的使用等。在学习期间,我们还先后参观并实地考察了马格德堡第一职业学校、马格德堡第二职业学校、马格德堡第三职业学校、德国电信公司、莱比锡宝马工厂、Teutloff 可再生能源能力培训中心、布伦瑞克职业学校、韦尼格罗德职业学校、Schiess 希斯公司。

通过两个月的体验、学习和交流,我对德国的双元制教育体系、行动导向教学法有了更深刻、更直观的认识,对课程开发以及教学理念的更新都有了全新的认识。依据目前我国产业升级及社会转型的需求,在职业院校进行教学改革势在必行,而作为一名教学工作者,怎样开发好本专业的课程,怎样开发学生的潜能上好课,是我们必须学习与思考的。

一、对德国双元制教育教学体系有了更深刻的认识

在双元制教育体系里,学校和企业共同承担学生的教学任务。学生在初中毕业后先与企业进行双向选择,企业与学生家长签定培训协议,然后再由企业与职业学校共同教育学生,学生在职业学校学习理论知识,在企业里学习实践操作技能,一般通过为期二年半至三年的学习,学生就可以在毕业后可直接到企业上岗工作,不像我们国内毕业的学生必须经过为期半年甚至更长时间的“企业再培训”过程,更不会出现“毕业即失业”的现象。这样就顺利地解决了学生的就业问题,同时为企业的员工储备提前做好了工作。当然,在德国有一部分企业太小,还不能承担教育任务,就出现了一种跨企业培训中心,它与职业学校共同承担学生的培养任务,等同于企业。

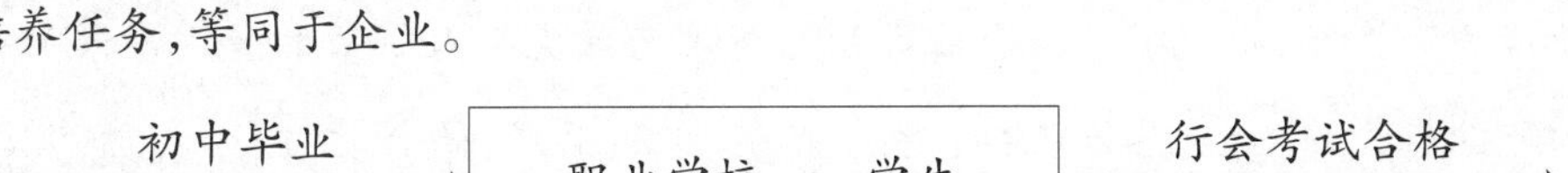

初中毕业 / 与企业签定协议书 → 职业学校——学生 → 行会考试合格 / 获得职业学校毕业证

让我刚到德国的时候觉得不可思议的是企业参与学生培训的高度热情,他们非常愿意花费时间和金钱来承担学生的培训任务,而在我们国内通常是,企业到学生毕业时间来挑选员工,至于培养学生那应该是学校的义务,和他们无关,学生

应该是我们的产品,产品的生成与他们无关。而在劳动力极其匮乏且极其昂贵的德国,企业则完全不同,他们是为了自己企业更好的发展而做好人才储备做准备的,这样他们可以得到顺心的、忠心的员工。

随着我们国家经济转型以及产业的改革,我们的劳动力市场也会逐渐匮乏,并且现在已经变得昂贵,那么企业参与学校的教育应该也是不远的事了,当然现在在我们学校的一些专业里已经有所体现了,我们期待着。

二、充分理解了行动导向教学法的真谛

这次培训中,德国老师的精讲,同学们的积极参与,特别是行动导向教学法给我们的心灵带来了很大的震撼。行动导向教学法正是让学生自己动手自己思考,最大限度的掌握理论和实践技能,通过以下图表。

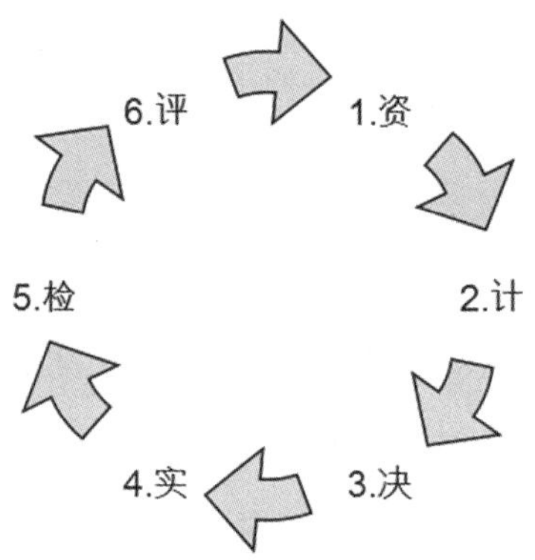

其中它的理论模型是六步:资讯—计划—决策—实施—检查—评估。其中可以将其归纳成三步:即事前(计划)—事中(实施)—事后(评估)。而我们目前的教学主要缺少的是第一步:计划,当学生养成事前做计划的习惯和能力后,那么对他职业能力的养成有很大的决定作用,而其中的职业能力已经不再是我们所说的专业能力和技能,而是将其与企业的用人标准与学生个人将来的长远发展融合进去的职业能力的培养,具体包括:专业能力、方法能力、社会能力、个人能力,而想要在日常的教学过程中培养学生的这些能力,就需要老师认真设计这样的情境,将实际化的企业的模拟或真实案例搬到课堂上,并在其中融入冲突等元素,让学生实现跨界的能力及知识的学习。我们清楚的看到,行动导向教学法真正的体现了以学生为主,突显学生的创造力,教师引导、师生互动,以学生为核心。可使学生更快更好地掌握专业技能，又培养了学生解决实际问题的能力、创造力、独立性和团队精神，符合“学中做，做中学”的理念。

行动导向教学法有多种的教学方式，如：计划演练教学法、实验法、引导文教学法、项目教学法、设计任务教学法、角色扮演教学法、考察法等，这些好的方法，满足了我们不同学科的需要。行动导向教学法有多种学习组织形式：老师讲解、学生独立学习、学生在小组内学习、学生作报告、学生展示工作成果、头脑风暴法、小组比赛法、外出参观、课堂作业等等。教学媒介也多种多样：PPT、软件、发任务单等。老师的角色发生了重大的转换：老师需要在课前收集大量的专业资料及给学生的专业信息资料，在上课时只布置学习性工作任务，学生计划实施的过程中老师只是一个陪伴者、咨询者。学生的学习成果以方案、海报、操作结果、PPT等形式展出。下面是我们在任务设计教学法的作业。

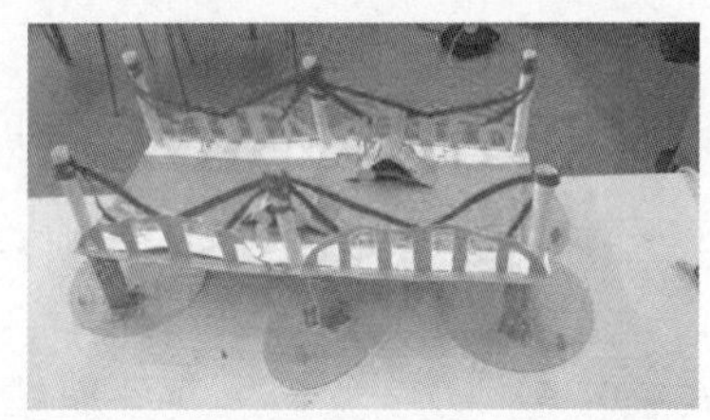

任务设计教学法的作业

计划演练教学法教具

这就需要打破以往的教学体系（学科教学体系），根据专业及企业的实际工作过程及岗位来制定一些学习领域，这些领域是跨学科、甚至跨专业的，但是在实际工作过程中又实际存在的，在每一个领域又设置三个以上的学习情境，模拟真实的工作场景，给学生设计一个任务，让学生进行：计划、实施、评估，在这个过程中，让学生学会四个职业能力，尤其是方法能力的培养，计划、评估就是对方法能力培养的最好的办法。

但是这个办法对老师提出了很高的要求，需要他在课前精心地设计这个学习情境，并用在情境进行的过程中，他能够掌控整个教学过程，并且多种教学方法及教学组织形式灵活运用，同时将如何引导、启发学生去解决遇到的问题，从而培养学生的方法能力，这是一个老师在不断地摸索过程中才能做到的。还有在整个教学过程及情境的设计中要融入冲突等元素，不断设置障碍，让学生从而获得社会能力及个人能力。另外学生的学习积极性如何被调动起来？需要情境的设计思路、趣味性等要求很高。

对于社会发展的今天，面对中国企业的转型，我们培养的不应该是流水线工人，而应该培养能可持续发展的高素质人才，也就是说我们应该授之以渔，而不应该授之以鱼。

三、对于课程开发有了一个根本的全方位的认识。

课程开发是通过需求分析确定课程目标，再根据这一目标选择某一个学科（或多个学科）的教学内容和相关教学活动进行计划、组织、实施、评价、修订，以最终达到课程目标的整个工作过程。以前在国内，我们经常提到课程开发，但是我们做好课程开发不是一件容易的事情，是一项系统综合的工程。但通过德国的学习之后我们对课程开发有一个全新的认识，学得更切实的方法，具体将课程开发归纳为“二三四七”。

课程开发始终是人才培训的核心，它分为两步骤：分析步骤、实现步骤。三个开发程序：行动领域→学习领域→学习情景，四个维度：专业能力、社会能力、个人能力和方法能力。七个阶段：社会经济背景、复杂情景分析、劳动教育定位、学习目标与能力、课程大纲的制定、教育的实施与评估认证。

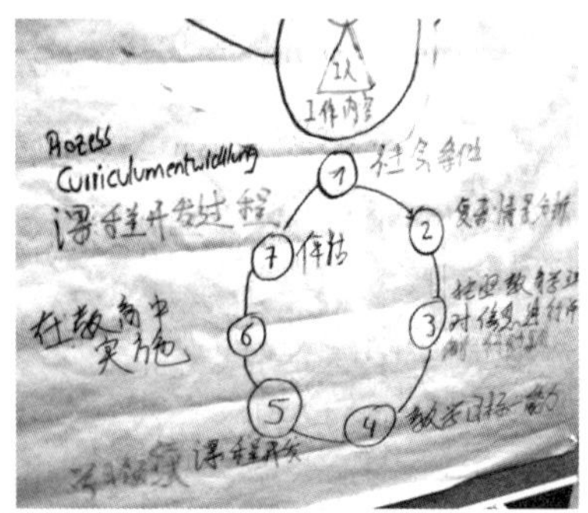

课程开发的过程是将工作过程导向有效融入专业教学。做好典型工作任务分析，针对专业主要工作岗位进行企业调研。确定典型工作任务，划分行动领域，将行动领域与学习领域对应。确定基础学习领域、专业学习领域、拓展学习领域。设计学习情景，引入现场实际项目，由难到易、由繁到简设计教学情景。学习过程要融入社会能力、个人能力和方法能力培养。但是无论怎样，超前性、多元性、基础性、实践性、灵活性是永恒的，Kai先生为我们讲的这张图表是最好说明。

四、德国培训“学而思”

这次培训使我对如何开发我们的职业课程，如何组织好我们的课堂有了一个全新的认识。

1. 给学生更多的参与机会、赞赏的眼神是老师调动课堂气氛的关键。

以往的培训大都是老师讲学员听，类似我们传统的课堂教学，有像做报告性质的，大家都在下面睡觉，也有实际操作性质的培训，只是老师示范，学员在下面模拟操作，学习效果不理想，课堂气氛不活跃，培训完成了同学之间还不认识的也大有人在。而这次培训让我刮目相看，不是单纯的进行教学法的语言传授，而是通过完成一个个的具体任务带领我们亲自体验，让我们在课堂上行动起来，在培训的几天里，我们就是“学生”，每次课都要独立负责任的、在团队的条件下完成工作任务。在这个过程中，学生的专业能力、方法能力和社会能力得到锻炼和提升。

在上课时老师经常会让我们发表意见和看法，总是心情忐忑，习惯了做学生的“听”，总怕说得不好，事实证明我的担心是多余的，同学们积极主动，心情放松，因为老师从来都是用一种赞赏的眼神，鼓励的语言来对各小组的作业进行分析点评，从来不批评。这种老师对学生劳动成果的尊重带给我们很大的动力，让我们竭尽全力完成每一次任务。由此给了我很大的启示：教师在课堂上，一定不能打消学生的积极性，无论学生的成果如何，都要从不同的角度给予肯定，课后指出不足和改进的方面，这样学生很容易接受，同时也达到了教师教学的目的。

2. 教学方法的灵活多样、教学内容的精心设计

行动导向教学法主要是培养学生的四种职业能力，它的组织形式多种多样：老师讲解、学生独立学习、学生在小组内学习、学生作报告、学生展示工作成果、头脑风暴法、小组比赛法、外出参观、课堂作业等等。教学媒介也是，如PPT、发任务单等，运用这些教学方法的目的就是让学生在课堂上行动起来，使学生在行动中训练能力。

我们现在的课堂几乎都是千篇一律，拿我们计算机专业的课堂来说吧，几乎都是老师先展示任务要求与结果，操作演示给学生看，学生一步步完成，之后再分组讨论不同的任务，完成即可，老师进行简单的评价，学生对课堂没有任何期待，知道都会用什么方法讲课，只是内容不同罢了。我们可以考虑运用行动导向法的多种教学组织形式，如角色扮演法、头脑风暴法、卡片复习法等直观、生动的方法

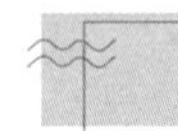

运用于课堂的某一个小环节,在某一个知识点上运用这些生动有趣的方法,即使浪费些时间,可是达到的效果会很显著的。另外可以在一些适当的内容上多让学生自己去计划、去参与,我想比每次都是老师告诉学生答案要来的生动多了。当然这需要老师去精心设计每一堂课,我想国外的培训老师都能把我们这些“老学生”的学习积极性调动起来了,我们也应该能把十几岁孩子的积极性调动起来吧!

3. 多种形式教具的使用,会给学习带来不一样的感受。

在我们参观的学校及我们接受培训的教学场所,除了我们常用的黑板、电脑及投影设备外,还有很多人性化的或者利于组织教学的设备和工具。

教学场所人性化的配备,如:教室里的洗手盆、衣架;实训室里的医药箱等。

有利于组织教学的设备,如:可随意组合的桌子、带轮子的教师演示台、带十字标记的黑板、老师上课的工具箱、可随意粘贴卡片的板子、可折叠展开的黑板等。

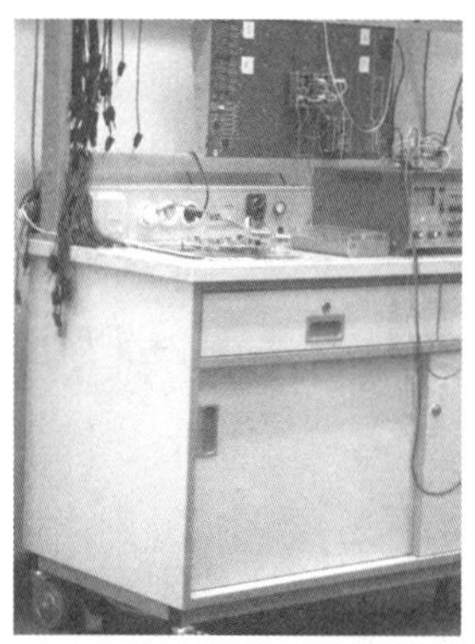

带轮子的教师演示台

老师的工具箱

可放置在课桌上的椅子和可随意组合的桌子

带十字标记的黑板

五彩的粘贴板

这些小小的教具可能不会有什么大的功能,但是却可能会给教学带来意想不到的效果,老师可以自己创造这些小道具,没有太大的投入,却能对学生、对课堂产生大不相同的效果。

4. 利用实习及毕业生的回访机会,建立专业老师与企业之间的沟通纽带。

在德国学习的这段时间,感觉他们对职业学校的老师入门要求非常高,一般是本科三年加研究生二年,第1次考试加实习二年,第2次考试通过后成为职业学校的老师,也就是说一个职业学校的老师经过至少七年的学习,其中不只学习专业知识,还要学习教育相关理论,而其中必须有去企业实践的经验才行。相对而言我们国家的职业学校老师入门就比较简单些,本科毕业,有老师资格证,参加国家招考即可就任,缺了企业实践环节,致使现在的老师大部分缺少企业实践经验,学校里也实行了一年到企业实践两个月的要求,但是大部分老师都是流于形式,如何增加老师去企业实践的机会,是我们目前需要解决的一个问题。我想何不借鉴德国的经验,学生在实习期间让老师进行跟踪回访,从而让专业老师被动地与企业进行沟通联系。

对实习学生进行探访、调查,配以问卷、深入企业访问等多种形式,让班主任及专业骨干老师参与进来,通过这种方式可以让老师被动地去了解企业及专业情况,也就为以后的专业设置及专业教学打开了思路,这种方法也相当于老师去了企业见习。参与人员可以是系教学副主任、班主任、专业方向课程组长、专业骨干老师。时间可以安排在学生实习后,这时老师们大都有时间,课时量减少,可以采用电话、邮件等多种形式对多个学生,再有重点地实地访问一部分学生,可以考虑分专业方向等。就此可以了解我们的学生到底去了哪里,在从事什么样的职业,有多少对口就业的。如果有必要可以建立一个毕业生档案,记录部分优秀毕业生的工作单位、联系方式、工作职务、工作照片等资料,为以后学生的就业与宣传工作准备好资料。

5. 多让老师参加一些实质性的培训,可迅速转变和提高大部分一线老师的思想意识。

俗话说百闻不如一见,这次培训我感同身受。以前学校里也有几位老师参加了德国的专业教学法的培训,在学校里也做过报告,但是因为没有实质性地参与学习,所以总是感觉不到实实在在的东西。通过这次真正去参与了培训,才感觉到以前老师们讲的内容。我想如果多给老师提供机会参加这种类似的培训,即可以让老师开阔眼界,拓展思维,又能让他们转变观念,主动地去考虑如何调动课堂,如何改变课堂。如果将老师们的教学观念由被动变革变成主动改变,我们的教学改革离成功也就不远了。

6. 德国人的做事作风让我叹服。

在培训的这两个月里,我对德国人做事的认真态度叹服不已。无论是给我们培训的老师,还是去参观企业的人员,他们都非常热爱自己的工作,从内心里感觉他们的工作对社会、对他人是有好处的,他们是在为人类的发展做贡献,他们的工作是神圣的,是“事业”。而且他们在每一堂课每一个环节非常注意教授给学生环保的思想,要求我们在每堂课设计的任务或项目里都得考虑环保因素,我想如果我们的老师都把自己的工作当做事业来做,在教授学生时都考虑学生的发展、社会的将来,那么我们的学生将来在社会上也会立于不败之地的。

我们应该借鉴先进的德国职业教育理论体系,营造一个以学生为中心,在老师的指导下对自己的学习过程进行自我组织,发挥学生主动性、创造性,还课堂于学生的教学大氛围。这次难得的学习经历,对于我以后的学习和生活具有深远的意义。我想只要用心去做,必然会改变我们的课堂,改变我们的学生,改变我们的教育。

五、名师引路下的成长点滴

在求知求学的路上离不开专家的指导和引领,教委、学校和朝阳区教研中心给我的成长搭建了很好的平台,我有幸 2016 年参加了张俊英特级教师工作室,2018 年入选匠心工作室成员。在特级教师和专家的引领和帮带下,使我对课改理念、教学方法和教学模式的改革又有了科研层面和实践探究认识的提升,主持或参与了多项课题研究,科研能力有所提升,经过培养顺利成长为市级骨干教师。在专业建设方面张俊英特级教师、苏佳换专家以及吴晓川院长帮助我明确专业建设的思路,坚定了我对德国“双元制”本土化和工学结合教学模式实践探索的决心和信心。

【名师引领的成长】

个人三年发展规划

——张俊英特级工作室成员个人三年计划(2014—2017)

自1999年9月毕业至今,我一直从事教学一线工作,2005年9月至2009年7月担任金融财会组备课组长工作,2009年9月至2013年6月担任金融财会教研组长工作,2013年7月至今担任金融商贸集群专业副主任工作。

工作十五年来,教育教学经验逐步丰富,所带班级成绩也是年级中的佼佼者,三次被评为区级优秀班集体,近五年里个人曾被评为区级优秀班主任、区级骨干教师;2010年11月被朝阳区政府评为"优秀青年人才";在市、区级教学设计比赛、说课比赛中均获得良好成绩,三次参与课题研究工作,并主编出版发行了自编教材。作为区级骨干教师,也具有一定的引领作用,帮助、指导青年教师进步。近两年来由于示范校建设的需要,担任专业副主任工作,组织和协调专业教师教学、教科研以及教师企业实践工作,能够进行教师思想转化工作,并且能够很好地带动组内教师进行教育教学工作的有效开展。

我的不足主要表现在教科研能力上,虽然参与了课题研究和教材的编写工作,但是水平上还需要较大提高,特别是课题研究方面还没有独自主持过。此外由于金融、财会行业的特殊性,我们实践的难度很大,这就使得我在实践能力方面也是十分欠缺的。依据自身优势和不足制定本人三年发展规划:

一、突破实践瓶颈,努力成为"双师型"骨干教师

通过名师工作室的带领,我希望成长为市级"双师型"骨干教师,具备一定的教学、科研、行业实践水平均较强的骨干教师。重点发展方向是"双师型"的专业骨干,能够在金融和财会专业实践能力方面有所增强,教科研能力方面有所提升。

由于金融和会计行业的特殊性,使得企业实践的难度较大,但是我计划这三年要突破更大些,争取在银行和会计师事务所能够进行企业实践,而且要务实,切实有效的提升实践业务能力。

二、弥补薄弱环节,力争教科研能力有所提升

在教科研方面力求主持一项课题,能够参与团队成员的2~3项课题研究,并

且能够带领金融商贸专业集群教师共同研究教科研课题。此外还要撰写教育教学论文，把工作中的思考形成成果性的论文，注意日常的积累，在工作室成员的共同探究和帮助下教科研能力能够有所提升。具体计划如下：

1. 企业实践与调研计划

2014—2015 年争取去金融（银行）进行参观沟通，了解银行前沿信息和发展态势，和银行洽谈下企业实践方式、时间、实践岗位和内容。初步设想，能实践“大堂经理”“银行柜员”“投资理财”岗位，由于银行业的涉及客户信息保密和大量货币，使得银行柜员的实践可能会有困难，如果不能实际柜面操作，能够跟随师傅口口传授学习也是有效的。

2015—2016 年做好会计专业的调研工作，制定会计的专门化方向，形成会计专业人才需求调研报告。此外还要做好互联网金融方向的调研工作，形成调研报告。

2016—2017 年计划去会计师事务所进行实践学习，学习如何进行审计、纳税申报、代理记账等业务，弥补实践经验的不足。

2. 教科研方面

2014 年负责主持组织一项课题研究工作，根据教学中的问题进行研究，提升自我的教科研能力。2015—2016 年积极参与其他同仁的课题研究工作，计划参与 2 ~ 3 个课题；2015 年做一节市级研究课，提升教育教学水平。

此外，2014—2016 这三年内每年撰写教育教学论文 1 篇。

3. 教材编写方面

2014—2016 年计划编写教材两本，主要是《银行大堂服务》和《银行外包业务》。

三、结合学校专业建设工作，将专业工作与个人成长相结合。

结合我校示范校建设工作，在专业规划的基础上也把专业发展中出现的问题、好的做法进行积累、思考，形成论文或是课题研究成果，在大量繁琐的工作中形成有价值的研究。

在教育教学的积累和专业管理的经验上，使自身能够丰满、厚实，把“市级骨干教师”作为目标，不断努力。

以上是我的三年规划，在工作室张主任和成员的帮助下，不断探究，不断实践，实现个人的人生价值。

第二章

实践探索之路

职业学校是培养技术技能型人才，一个重要的前提是让学生学会应用知识，打造好培养过程。职业教育的学生特点是更适合于在“做”中学习，要以恰当的方式开展教育教学，才能既让他们学会做人做事，又能激发他们学习知识的兴趣。因此，教学设计上，要把知识的学科体系变为工作过程技能应用体系；教育过程上，要把知识认知过程为综合实践过程；评价标准上，要把学过什么知识变为能做好什么事情。职业学校学生的智商并不比普通教育学生的智商低，两者只是在接受知识的途径上，有着感性入手和理性入手的一些差别，只要职业教育的教育方法适应了学生的学习方法，职业教育同样可以出人才辈出。

一、课程改革，找到专业建设的突破口

2009年职业教育进入课程改革时期，课程改革是为了着眼于符合行业岗位人才素质的需求，突出专业课程体系以岗位典型任务为直转的构建特色，打破学科课程体系，重视教材的开发和重组，突出学生主体性的发挥，传授知识与技能的培养和创新意识与思维并重。这是课程改革的目的，也是专业建设的突破口。

2012年回国后我带着对职业教育的热爱，对德国职业教育成功经验的借鉴，开始在课堂教学中尝试行动导向理念下理实一体化教学模式改革、学业评价改革，探索“做中学”的研究，并在教学实践中寻求专业建设的改革方向。

（一）理实一体、“做中学”教学模式

2009年课程改革初期，我开始探索理实一体化“做中学”课堂教学改革，任务驱动、项目教学法、角色扮演法和案例分析法等教学方法在课堂教学进行尝试，形成教学设计课例进行推广，并将“理实一体化‘做中学’”作为课题进行研究与实践，通过实践与研究发现问题，寻找改革策略，促进专业发展。

“收银员日终结算”教学设计

本教学设计以行动导向为教学理念，采用项目教学法进行教学设计，课堂教学中也采用了微观教学法，例如：鱼骨图和卡片调查法。本节课是一节综合实训课，设计的想法是将学生在前三个学期所学的手工点钞，机器点钞，传票和票币算技能综合运用到收银员岗位业务中，训练学生对四种技能的综合运用能力。在教学设计中采用项目教学法，5人编制一组完成项目。工作具体如下：

首先展示项目任务，让学生明确工作任务；然后进入计划阶段，让学生小组讨论制订完成任务的工作步骤和人员分工以及所需要的用具准备；第三阶段是决策阶段，教师和学生共同探讨交流计划的可行性，决定最后的实施方案以及任务完成的评价标准；第四阶段是学生实施阶段，小组分工完成工作任务；第五阶段是评价阶段，每个小组评价完成情况，总结任务完成过程中遇到的难点以及各组员技

能掌握情况;然后请企业人员针对学生实训过程中结合行业标准对技能的规范性和熟练程度、分工的有效性、合作的顺畅性进行评价,最后是教师进行总结,强调操作要点。

一、学习内容分析

1. 本课时所在教学单元的目标分析

本课时是“收银岗位综合技能训练”模块中的第四课时,前三课时学生已经了解了收银员的岗位职责;训练了超市收银员应具备的迎客送客的礼貌用语;熟悉了收银中的操作步骤和注意事项;训练了处理突发事件的方法和措施;掌握了识别假币的方法等。本课时是收银工作结束时收银员所做的结算票款上交出纳的工作。“收银员日终结算”训练需要三课时,第一课时,先让学生对日终结算的工作流程初步了解和把握;第二课时是对收银中长短款的处理;第三课时是强化训练,对技能间的动作转换、衔接和流畅性提高训练。本节课为第一课时。

2. 教学单元在课程的地位和作用

“收银岗位综合技能训练”是“综合技能训练”中第一模块,这一模块是对前三个学期所学的单项技能的整合和岗位训练,也是对后续模块“出纳岗位综合技能训练”的学习起到铺垫的作用,本模块的多项技能综合运用的熟练程度关系到学生对后续模块训练能否尽快把握。

二、学情分析:

1. 学习者分析

“专业技能”这门课程主要授课的班级是2012级高二金融1～7班、证券、会计1和2班,共计10个班。各班在之前三个学期中各项技能市级通级情况如下(从高到低):

班级	各项技能市级初级通级率		
	点钞	传票算(计算器技能)	票币算(计算器技能)
会计1	96.88%	90.63%	78.13%
会计2	86.67%	80.00%	86.67%
金融2	84.38%	64.52%	31.25%

续表

班级	各项技能市级初级通级率		
	点钞	传票算(计算器技能)	票币算(计算器技能)
金融3	83.33%	65.52%	36.67%
金融4	83.87%	61.29%	16.13%
金融1	83.33%	60.00%	26.67%
证券	80.07%	53.57%	33.33%
金融6	83.87%	45.16%	29.03%
金融7	81.48%	40.74%	14.81%
金融5	80.00%	36.67%	6.67%

会计班学生女生占班级人数87%,外地学生居多,学生学习基础和学习习惯都比较好,具有较强的求知欲,动手操作的主动性很强,成绩突出。金融2、3、4、6和证券班的学生有3/4的学生能在老师引导和鼓励下完成技能训练任务,另1/4在老师的督促下才能完成,但认真程度不高。此外最弱的班级是金融1、金融5和金融7班,这三个班级有1/3学生能在老师引导和鼓励下进行技能练习,1/3在老师督促下能够完成技能训练,其余学生存在应付学习或不学的现象。特别是本学期对于已经学习了三个学期的专业技能产生懈怠情绪,同时又临近实习,学生比较浮躁,练习的劲头不如高一。

学生在高一和高二第一学期已经单项训练和强化了手工点钞、机器点钞、传票算(计算器)以及票币算(计算器)四项技能的学习和训练,对各项技能指法和操作技巧已经掌握。但是熟练的程度和准确性还是不高的,动作衔接的流畅性还有待提高,用具的摆放和整理的意识还很欠缺。本学期前三周学生主要学习了收银岗位的职责、应具备的职业素养以及处理突发事件的措施,模拟了超市收银岗位接待顾客的技能训练。

2. 学习需要分析

高二年级学生面临毕业实习,实习的岗位主要有出纳、收银员、大堂经理等岗位。在工作中所学的点钞、计算器技能不是单一存在的,它是贯穿在岗位工作中交替综合运用的。因此模拟岗位进行综合技能的训练是学生就业的需要,同时也让学生在训练中体会岗位工作的复杂性和所需技能的多样性和交替性，帮助学生做好就业的心理准备和技能准备。

本学期主要将四项技能综合在岗位中进行训练和强化提高。而本模块“收银员日终结算”对学生四项技能综合操作的能力以及技能间的动作转换和衔接提出了更高的要求，这对学生来讲有一定的难度。

三、教学目标确定：

针对以上学情制订本节课教学目标：

（一）知识目标：

1. 准确说出收银员日终结算的工作环节；

2. 清晰阐述收银员日终结算时所涉及的点钞和计算器技能的操作步骤和动作要领；

3. 正确阅读、合计销售小票。

（二）能力目标：

1. 正确、规范、有序的进行现钞的手点和机点，正确计算现钞总额；

2. 读懂收银员缴款单，并能正确、规范、完整的填写；

3. 准确找到销售小票中应合计的金额，并能对现钞和销售小票的合计数进行核对；

4. 会合理捆扎现钞并装入钱袋；

5. 协作查找钱票不符的原因。

（三）情感态度价值观：

1. 做事之前要学会思考和计划，在做的过程中保持认真严谨的工作态度；

2. 对于工作中出现的问题先冷静思考，沉稳细心地查找原因，学会采取合规合理的更正方法，不要投机取巧。

3. 能够学会客观自评和评价他人，沟通合作中取长补短。

四、教学重点和难点的确定

教学重点：正确清点现钞，合计销售小票。

设计意图：要想达到钱票相符，最重要的是正确清点现钞、合计销售小票，只有完成日终结算的要点。

教学难点:现钞金额合计等于销售小票金额合计

设计意图:收银员日终结算工作的合格与否关键在于钱票相符,这是收银工作的关键所在,在工作过程中难免会出现钱票不符的情况,收银员容易出现急躁情绪,克服急躁、耐心核对是关键。以此定为难点。

五、教学方法和策略的制订

本节课以"行动导向教学理念",采用项目教学法。课堂教学采用小组合作式,将学生五人编制为一组:

组员1:负责手工清点现钞;

组员2:负责机器清点现钞;

组员3:负责记录收银员缴款单;

组员4:负责销售小票的合计;

组员5:负责核对、捆扎现钞以及装袋,上交钱票给出纳。

设计意图:实际工作中整个工作过程都是由收银员一人完成的。但在课堂教学中考虑到学生的已有水平以及本节课是"收银员日终结算"第一课时的训练,学生对初次接触四项技能的综合运用需要一个适应了解的过程,本节课的关键点是让学生对日终结算的步骤和技能操作的流程能够整体了解和初步把握,需要学生在讨论探究中完成。因此我采用小组分工形式完成工作任务,这样降低了初次训练的难度,便于学生记忆工作的步骤和建立单独完成工作任务的信心,也让学生通过讨论探究,集思广益的对工作步骤和技能要点加以总结。

此外本节课还采用了卡片调查法和制作海报流程等微观教学法来调动学生参与学习的积极性,充分发挥学生的能动性。

六、教学过程的设计

1. 课前准备

实训平台设备的开启和检验;计算器、个人名章、笔和实训任务书的自查。

设计意图:用具的自查体现工作严谨性,培养学生上岗前的责任意识。

2. 信息导入(明确任务)

任务情境:2013年3月20日,作为超市收银员,当我们一天工作结束后,要做日终结算工作后方可下班。工作台上是今天收到的现钞以及销售小票,需要核对无误后上交出纳才能下班。
提出任务:1.请各小组讨论描绘这项工作任务的操作步骤,并将每个步骤中涉及到的专业技能标注出来。2.实施任务之前做好人员和用具的分工。

设计意图:通过情境创设明确并进入岗位角色,引出项目任务。

3.计划

教师下发彩纸,学生将讨论后形成共识的操作步骤写在彩纸上并加以讲解,讨论中教师巡视各小组情况,记忆学生思维碰撞中的亮点,在评价中予以点出。

设计意图:制订计划是帮助学生明确先思后行的重要性,避免错误的实施结果或重复性的劳动。通过讨论的方式学习同伴正确思考问题的角度和方法。

4.决策

教师根据学生讨论结果提炼总结,展示日终结算的操作步骤和任务评价标准。

1.日终结算的操作步骤

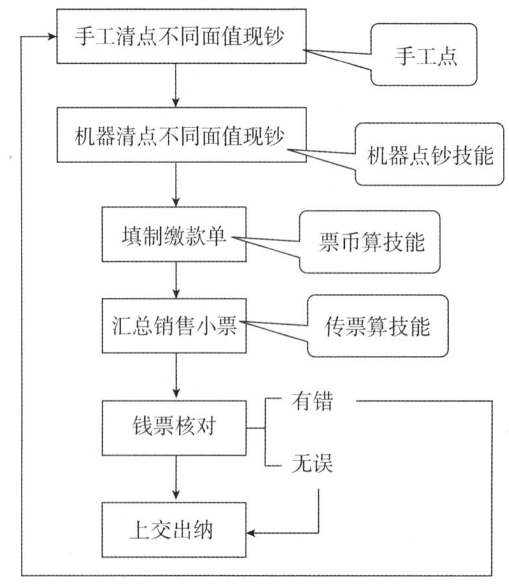

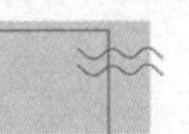

教师给出人员分工和用具准备的建议(仅作参考,不强求学生一致):
组员1:负责手工清点现钞;(现钞)
组员2:负责机器清点现钞;(点钞机)
组员3:负责记录收银员缴款单;(计算器和收银员缴款单)
组员4:负责销售小票的合计;(计算器和销售小票)
组员5:负责核对、捆扎现钞以及装袋,准备上交钱票给出纳。(皮筋和钱袋)

设计意图:采取任务分工的形式是让学生在协作中体会团结协作的重要性,实施前进行任务的分工和用具的准备是培养学生养成良好的工作习惯,有意识的做好工作前准备工作。

2. 日终结算的业务操作的评价标准

现钞清点	现钞汇总	销售小票汇总	钱票核对	考核时间	评价标准
正确	正确	正确	正确	20分钟	合格
或有误	或有误	或有误	有误		不合格

20分钟是整个操作环节由收银员独自完成所需时间,但在分工操作情况下,考核时间为10分钟。

设计意图:评价标准的讨论让学生明确工作效果评价的关键点在哪里,秉持着操作中的合格标准完成任务,使工作更有目标性。

5. 实施

学生小组独立操作完成,教师不参与讲解,教师计时和巡视,并记录操作中存在的亮点(如:技能熟练的同学,有耐心,动作衔接顺畅的同学)和违规或不合理的操作方法(如:点钞机的清点方法、用具的摆放等)在评价时予以说明。

设计意图:学生只有在独立操作的过程中才能体验工作的复杂性,体悟熟练技能和心理素质的重要性,并在操作中了解自己的技能弱点,利于在今后强化训练。同时,在操作中教师考查学生实施任务的能力和突发事件处理的能力,便于今后教学的针对性。

6. 拓展思考

教师提出问题:如果清点现钞和计算销售小票时核对不符,是由哪些原因造成的呢?采用微观教学法——鱼骨图来总结,启发学生钱票不符的情况很可能不是清点和计算错误,可能存在长短款,长短款的处理在实际工作中也是有规定的处理方法的。

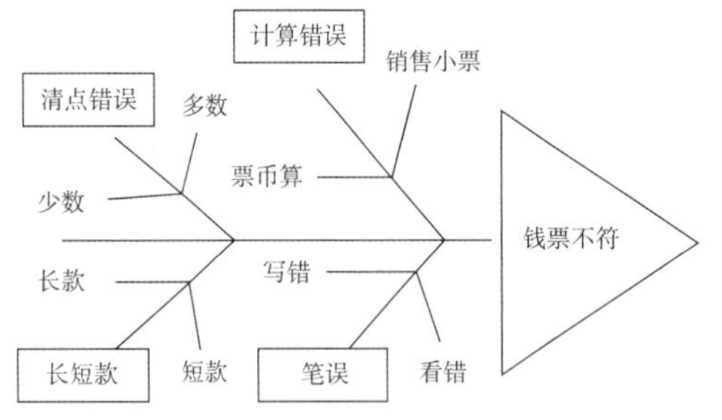

设计意图:采用微观教学法进行总结更直观,启发学生的多向思维,同时引出下节课要解决的问题。

七、教学评价的设计

结合任务评价标准采取自评、互评、教师评价方式对任务完成情况给予点评,在评价中学会客观评价自我和他人,学会真诚的赞扬和诚恳提出不足,激励彼此不断进步。

教师从学生操作中体现的工作态度、技能熟练程度、处理突发事件的能力上加以评价。表扬操作中严谨认真、动作流畅准确的学生,鼓励暂时工作态度、技能和心理素质还有欠缺的学生,引导学生在彼此互助的轻松氛围中携手进步。此外,对于收银员日终结算操作中的关键点和容易出错的地方加以强调。

设计意图:学生在自评和互评中学会认识自我和他人,找到不足,能够学会客观诚恳的评价和真诚的赞扬,才会在工作中拥有良好的心态,工作也会有成效。教师的引导和鼓励帮助学生建立掌握技能和适应岗位的信心和决心,为学生就业做准备。

8. 板书设计

收银员日终结算

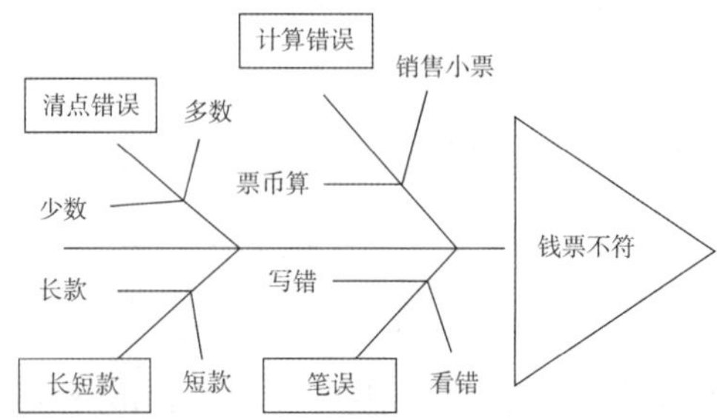

设计意图:采用微观教学法鱼骨图表明现钞和销售小票核对应该相符,把归

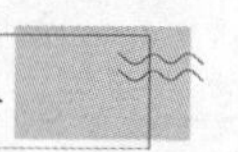

纳不符的原因用鱼骨图展示更直观，启发学生的多向思维，同时引出下节课要解决的问题。

中职金融专业“做中学”课堂教学模式对学生主体性引导的应用

【内容摘要】中职金融专业“做中学”课堂教学模式对学生主体性引导的应用研究基于北京市行动导向理念下的课改研究经验，在探究实践金融专业理实一体化教学模式的基础上，来探究通过“做中学”来引导学生发挥学习的能动性，以学生为主体，在探究中学习，提高学生的职业能力，提高课堂教学质量。通过探究得出“做中学”的教学模式，强调学生在实践中学习，获得认知，提高能力，在“做中学”的过程中强调学生主体性的发挥，通过教学方法的选定、教学策略的选择来设定教学任务和教学目标，让学生在“学做合一”的过程中，全面提升职业技能和职业素养，提高课堂教学质量。在整个教学环节中，教师通过行动导向的教法引导学生主体学习，充分调动和激发学生学习兴趣，在“做中学”的过程中学习理论知识和操作技能，突出学生动手能力和专业业务水平。

【主题词】理实一体化　做中学　学生主体

一、研究背景

中职学校金融事务专业课程具有很强的职业性、技能性、实践性的特点，必须做到学用结合，学以致用。在金融事务专业课教学中采用“做中学”来引导学生主体性发挥的教学法，使教学从注重“教法”转到注重“学法”，让学生成为教学活动的主体，突出“能力本位”“个性发展”的理念，这种以学生为中心“做中学”的教学组织形式，既能培养学生团队精神，又可以引导学生个性发挥，变“要我学”为“我要学”，在“做中学”的探究中完成知识和技能并重的学习，每个学生在“做中学”的教学中，其主体作用能够得到进一步的加强，其学习的自觉性和探索性得到有效增强。本课题通过对中职金融事务专业学生主体性内涵的分析和重构，对金融事务专业课教学中影响和制约学生主体性发挥的原因进行系统梳理，并在此基础上提出相关的对策建议，特别是对于“做中学”教学的探究，来分析学生主动性是否仍然存在局限性，寻求对策。

通过前期开展“金融专业理实一体化教学探究基础上来进行此课题的研究，主要目的是在进一步探究“做中学”的教学在实践中的意义，以其在实践中诠释教改理念，同时也探究如何真正做到“做中学”的教学与学生岗位对接的零距离，使金融事务专业学生更能适应社会经济发展的需求。

二、研究意义

金融专业教学一直以来受传统学科体系影响较深，加之教师岗位实践能力较薄弱，因此在实施课改探索过程中存在难度，但是在行动导向职业教育课改理念下，教师仍然能够尝试多种教学方法将工作领域中的任务与教学任务对接，通过仿真的教学环境，充分引导学生在“做中学”的基础上发挥自我的主体性，从而提高教与学的效果，促进学生综合职业能力的提高。此外教师通过推进“工学交替”机制，结合学生在真实实训环境中遇到的难点反馈回课堂，教师在进行集中的讲解和强化训练，学生的能动性来自于实践后的认知，扩大了“做中学”教学环境，学生的能力在实践中得到了提升，学生的主体性得到很大程度的发挥。这正是本课题研究的价值所在。

通过研究，金融专业学生由以往的被动学习变为主动学习，学会在做中思考、探讨、实践、反思、提高的过程，通过仿真和真实实训环境的“做中学”，学生的专业知识、专业技能与未来岗位实际工作有了更加紧密地联系。学生在真实的工作环境和工作过程体验中建构知识、习得技能、获得能力，更符合工学结合的职业教育人才培养模式。通过工学交替的“做中学”，企业对学生在校期间储备的知识和技能给予了充分的肯定，能够胜任相应岗位的工作，也对学生的进一步能力的提升给出了建议，为学生今后毕业顶岗实习奠定了很好的基础。

三、研究方法

采取的研究方法主要有：

1. 文献研究。针对研究要点，对国内外研究概况进行文献搜索和归类分析，找出可借鉴的思路与经验，从而把握好研究的基本点，确定切入点，提出关键问题。

2. 调查研究。课题组对企业、毕业生进行重点追踪访谈，并以此为基础，确定关键性问题，研究可行性对策。

3. 行动研究。借助教师企业实践、教研组互动、课堂实践教学等方式,以有效实施“做中学”引导学生主体性为着眼点,在实践中边分析研究,边总结完善,使认识不断深化,从教师观念、教学模式、学法探究、校企合作等不同层面促进研究不断推进。

四、学生主体性引导的主要方式

本研究主要定位于在“做中学”引导学生发挥主体性的教学设计方法的研究层面,通过开展的大量教改实践性活动来实现。具体说来,中职金融专业“做中学”课堂教学模式对学生主体性引导的主要方式有如下几点:

1. 不断推进行动导向教学理念下的教学方法和教学模式,充分调动学生学习的主动性。

行动导向理念下的教学方法的应用能够让学生在工作过程中“做中学”,并且能够帮助学生形成团队意识,学会沟通,主动探究学习,能够发挥学生的主体性,学生在“做”的过程中思考、体验、探究、实践,能够变“被动学习”为“主动学习”。

2. 课堂教学设计要对接工作领域与学习领域,发挥学生学习的能动性。

学生在仿真模拟和真实实训情境中完成工作任务,掌握相关专业知识、形成职业能力,培养良好职业道德、职业意识和职业行为习惯。教师仿真和真实的实训环境中,学生真正能够做到在工作中学习,建构自身的知识体系,能动性才能得到有效发挥,并且针对自己实训中的不足进行针对性的弥补,对于未来从事职业进行有效规划。

3. 教师构建和强化“做中学”、以学生为主体的教学理念是符合岗位需求的。

在教学实践中体会到,教师观念要有所改变,理论教学与实践教学交互进行,融为一体,而不是简单的理论和实践的拼接。教师将理论知识融于实践教学中,让学生在做中学、学中做,在学练中理解理论知识、掌握技能,这样的教学效果更有实效,学生的主体性才能有效发挥。

4. 教师教会学生在“做中学”捕捉知识要点,习得技能,让学生由“客体”变“主体”。

好的教学方法和模式,一定会对学生学习产生影响和作用。在教学活动中,教师教法改变，更需要考虑学生如何适应新的学习方式。在实施理实一体“做中学”教学时，合作学习，共同促进，使学生学会学习、学会做事、学会与人相处。根据学生各自的个性特点、学习情况进行分组，合理搭配，在小组中要选好领军人物，即能起到学习的榜样作用，同时也锻炼学生组织、协调管理才能，从而带动小组成员共同学习。

5. 推进教师企业实践的常态化，利于理实一体“做中学”的教学效果。

“做中学”教学模式对教师提出了更高的要求，教师企业实践会让教师与时俱进，深入企业顶岗锻炼，了解一线生产发展情况、了解企业人才需求，真正成为高技能“双师型”教师，在不断自我学习的过程中，结合理论知识点有效进行课堂“做中学”，从而使教学效果具有实效性。

6. 构建仿真实训与真实实训场所的交替教学，使学生真正做到“学岗对接”。

教师的课堂教学设计来自于企业真实的工作情境的任务，学生在真实的工作情境中获得经验，习得本领，它能够弥补课堂仿真环境教学的不足，工学交替的初步尝试收到了很好的企业评价和学生认可，学生的能力在工学交替实训期间得到了很大的提升。

五、研究的突破性进展

课题组针对仿真教学环境存在的不足寻求校企合作的突破点，推进了工学交替机制的建立，课题组对“做中学”教学模式引导学生主体性的研究过程中有了深入的理解，在研讨过程中，大家逐渐理清思路，通过开展教学设计、教学研讨、企业实践等活动，对采用“做中学”如何引导学生主体性存在的问题进行认真思考，寻找对策，使课题研究内容更有针对性和实效性。校企合作得到了实质性的进展，

六、研究中存在的问题

在研究的过程中，大家对职业教育行动导向的教学方法应用选择上还存在不明确性，理解上存在一些偏差，再加上教师企业实践经验优先，对于按照工作过程导向来进行设计教学任务上还存在局限性，和企业的真实工作任务还存在差距。

七、今后的研究设想

随着研究的深入，今后要着重研究如何构建“做中学”的教学环境，特别是和

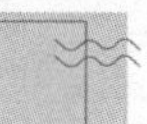

企业的紧密合作,工学交替过程中教学内容如何设计,如何将教师企业实践进行常态化,依次做到教学相长等,这是今后要深入研究的问题。我们计划在未来二到三年中不断深入推进校内仿真实训基地的建设,同时探究工学交替机制,完善工作交替实训的内涵,使学生在仿真和真实的实训环境中职业能力和职业素养都有明显的提高,并且能够适应岗位的需求,实现零对接。

会计理实一体化教学中引导学生主体性发挥的问题与策略

一、问题的提出

"理实一体化"教学作为一种创新的教学模式,它不仅做到了理论与实践的沟通和联系,而且激发学生主动学习的兴趣和激情,丰富课堂教学和实践教学环节,提高教学质量。通过对专业课程的综合化和模块化的整合,打破了传统的单科独进式专业课程体系。但在理实一体化会计课堂教学中学生的主体性并未充分发挥,如何在理实一体化课堂教学中有效的发挥师生双方的主导性和主体性,是当前教育教学中值得探讨的课题。

二、"理实一体化"课堂教学中引导学生主体性发挥存在的问题

随着新课改的逐步推行,新的理念逐步深入人心,"理实一体化"教学中教师主讲、学生被动接受、枯燥的课堂气氛少了,出现了教师运用多种教学手段、学生主动参与、课堂气氛活跃的"繁荣"景象。但冷静审视即可发现,在这"繁荣"的背后,教师和学生主体性的发挥还存在着不平衡、不深入的问题。

(一)学生主体性发挥不均衡

1. 学生主体性发挥失衡,存在边缘化学生

学生与学生之间主体性发挥的不平衡主要表现在:少数思维活跃的学生的主体性得到了发挥,而思维不活跃的学生主体性的发挥还停滞在原有的水平上。例如:会计教学中为了调动学生学习的积极性,突出岗位意识,将学生按出纳、会计、稽核、主管等角色进行小组编制,分工进行实操。让学生既体会合作的重要性,同时也体会各岗位工作的任务和职责。但是在实践中发现,有的组内学习薄弱的学生存在依赖性,任务的完成由他人代劳,这使得充分发挥每一个学生主体性的愿望破灭,学生主体性发挥失衡,使得个别学生被边缘化,这也与他们的已有认知、

个性特征、知识基础、学习方法和思维习惯等诸多因素有关，适应现代课堂教学还需要一个过程。

2. 学生的主体性和教师的主导性发挥失衡

在会计理实一体化教学中，教师的“导”和学生的“学”容易发生失衡。主要有两种情况：一种情况是教师的主导性过度发挥，学生的主体性没有充分发挥。

例如：我在讲解工资薪酬核算的内容时，教学中每一步的启发、设疑都是为了让学生在课堂教学中，按照老师的设计的环节、步骤完成教学任务。在授课过程中，学生引申出关于下节课要讲授的个人所得税的计算问题，我对于生成的问题只是做了粗略的解答，然后又“导”回了本节课的内容，未能让学生充分的讨论和探究，主要基于课时的考虑。而这种做法使得学生的创造性思维没有得到发挥，失去了真正发挥学生主体性的机会。

另一种情况是学生的主体性极度膨胀，教师的主导性受到抑制，其结果仍然是学生的主体性不能很好地发挥。

例如：在讲解“银行存款余额调节表”时，各组学生讨论的热火朝天，纷纷发言、阐述，而教师引导和调控讨论秩序还有欠组织，使得课堂出现未能完成教学任务和秩序有些杂乱等，教师成了观众、听众，不利于学生主体性的发挥。教学中未能充分理解“以学生发展为核心”的真正含义和理实一体化课堂教学中教师的角色定位。

(二)学生主体性发挥还不够深入

1. 重视认知目标的实现，轻视思维训练和思维品质的培养

在目前的课堂教学中存在思维训练简单化的现象，教师很少给学生预留思维的时空，很少创设让学生思维相互碰撞的条件，很少引导学生对问题深入研究。教师在实现认知目标时常用观察、分析、比较这些方法，相比之下，综合、抽象、概括、归纳、演绎属于较高层次的思维方法，教师往往被忽视。但高层次的思维方式更能训练学生思维的灵活性、敏捷性、创新性和批判性。

2. 小组合作学习成效甚微或流于形式

小组合作学习是一种能够充分调动学生积极性的一种方式。但有时由于分组的不合理，或是组员任务不明确，任务分析不透彻就操之过急的行动，从而导致

课堂气氛沉闷，学习效果不佳；有时合作讨论的过于频繁，削弱了师生间信息的交流与反馈，使教学目标无法在短时间内达成；有时合作时间不充裕，教师就喊停，制约了合作学习的深入开展；有时教师对小组探究的启发和引导跟不上，学生得不到及时、有效的帮助。在这样的情况下，教师的主导性和学生的主体性都没有得到很好的发挥。

3. 学生的过程性体验与情感性体验缺失

在当前的课改下，课堂教学中教师开始俯下身倾听学生的声音，努力实现书本知识与学生已有经验链接，力求使知识与学生生活息息相关，以唤起学生学习的兴趣。但是，教师对如何引导学生学会发现、有所发现乃至创造性发现，往往思考得不够，成功得不多，台上教师声情并茂地“演说”，台下学生无动于衷，“教师有情学生无情”情景很大程度上仍然存在，以维护课堂秩序为由扑灭学生激情的火花，学生的主体性未能得到充分的释放和发挥。

（三）引导学生主体性发挥的手段上有偏差

目前会计理实一体化的课堂教学中看似热闹、形式化的场景实则是有悖于新课程“为了每一个学生的发展”这一核心理念的，对主体性发挥的理解不够透彻。

1. 把“满堂问”当成启发式教学来调动学生的主体性

一部分教师对启发式教学方法存在着误解，将启发式教学简单地等同于提问题，认为只要自己提出了问题，学生就会受到启发，就会主动思考，就会活跃课堂气氛。教师一连串问题的提出，使学生无暇顾及、无暇思考。这不仅不利于学生主体性的发挥，反而还会压抑学生主动参与的积极性，教师也只是机械地按照预先的设计进行教学而已。

2. 盲目制作和依赖多媒体课件来调动学生主动性

教师为了体现教学手段的现代化，增加课堂教学的趣味性，一味地追求多媒体教学，几乎要把所有的教学内容都用课件来完成。从表面上看，学生的兴趣的确很浓，积极性也高，但事实上，这样的课堂教学信息在传递过程中的干扰过大，学生的无意注意过多，许多学生只记住了有趣的方面，而忽视了知识性强但“无趣”的重要内容。

三、会计“理实一体化”课堂教学中引导学生主体性发挥的策略当前会计理实一体化教学中学生主体性发挥存在的诸多问题，究其原因，是我国这种特定的传统文化下形成的对教师和学生角色定位的教育状况的外部因素，但更多的是教师和学生的主体意识不高或者存在偏差、引导发挥学生主体性的能力不强、教师的人格魅力不完善，这些内部因素在很大程度上起着关键性的作用。因此，笔者就解决目前理实一体化课堂教学中引导学生主体性发挥所存在的问题谈几点策略。

（一）教师主导和学生主体意识需在理实一体化教学中进一步领悟和强化

“所谓主体意识，是指作为认识和实践活动主体的人对于主体的主体地位、主体能力和主体价值的一种自觉意识，是主体自主性、能动性和创造性的观念表现。”教师和学生主体意识的强弱，对于其主体性的发展有重要影响。针对课堂教学中主体性发挥存在的问题，教师和学生需要领悟和强化主体意识主要体现在以下四个方面：

1. 充分意识到学生是教学活动的主体

教师和学生都要意识到课堂教学中主体性的发挥是全体学生的主体性的发挥，教师要将全体学生看作教学活动的主体、自身发展的主体，真正培养学生的主体意识，充分调动全体学生的积极性，面向全体学生，因材施教、分层推进，满足各个层次学生的学习要求，使每个学生在原有的基础上都得到发展。引导学生意识到自己在课堂中的主体地位，勤于思考，敢于质疑，勇于提出自己的见解。而且，这种主体性的发挥不仅仅是指少数思维活跃的学生，而是指全体学生，特别是那些思维不甚活跃的学生，要尽自己所能地抓住时机，在课堂中发出自己的声音。

2. 教师要意识到理实一体化课堂教学中三维目标的不可替代性

学生主体性的发挥是为了实现学生的主动、健康、全面地发展，真正领悟到知识、能力、情感态度价值观三位一体的课程目标的不可分割性。既要重视认知目标的实现，又要重视思维训练和思维品质的培养，同时强化学生的过程性体验、情感性体验。

例如：在讲解资产负债表时，既要教会学生各项目的填列项目方法，同时也要引导学生讨论资产债表的重要性，让学生在体验操作、讨论探究中思考报表中数字背后的内含，体验工作严谨的重要性。

3. 理实一体化教学中发挥学生主体性的作用重在教师的“导”

虽然在理实一体化教学中教师不再是主体，但是教师的“导”却是教学活动中的重中之重。在课堂教学中，在创设课堂情境，提出有弹性的问题，对课堂上出现的信息资源准确地捕捉、及时地点拨，将课堂教学引向高潮等方面，都需要充分发挥教师的主导性。正确处理“学”与“导”的关系，教师的“导”应体现在组织学生积极主动地参与学习过程，独立思考，自己得出结论，必要时还应参与学生的讨论，巧妙地把讨论引向深入，恰当的驾驭课堂节奏和秩序。

例如：在工资薪酬核算这节课中，学生提出了个人所得税的问题，为了激发学生这种求知欲，又不能偏离本节课的轨道，可以调动全体学生对个人所得税的兴趣，适时地作为课后的小组探究的作业，让他们从了解父母的个人所得税开始，让他们去计算探究所得税的缴纳问题在工资中的比例来探究企业个人所得税的核算，这样学生的主动性很好的得以发挥。

（二）追求和谐的课堂活动，在师生的思维碰撞中，发挥学生主体性

学生主体性的发挥，要在民主、平等的氛围中出现，更要在科学、和谐的教学活动中进行。目前的会计专业课教学中，我们教师仍然是在唱主角，在尽情地灌输，即使是分组教学，讲练结合的情况仍然存在，这种教学方式的课堂里往往充满着严肃，刻板沉寂的的氛围。要营造和谐的课堂活动气氛，让学生的主体性充分的发挥出来，需要创造一个宽松的课内环境和融洽的师生关系。和谐的课堂教学活动应该有效的借用多媒体手段充分地利用脑、眼、手等感觉器官，进行理实一体化教学。教师在教学中还要有敏锐的观察力和发现力，能迅速地捕捉到学生在课堂上的各种反应，调整教学手段及教学内容，及时设疑、解疑。在学生紧张又兴奋的学习过程中，通过教师的点拨、引导，张弛有度的控制教学节奏。可见，课堂教学中学生的主体性的发挥需要教师的引导。教师要根据经济业务的不同特点，启发思维，在训练中培养学生的各种能力，和谐的教学活动，师生双方都能产生求知的愉悦，学生的主体性才能得到充分的发挥。

（三）教师的主导和学生的主体能力需要在理实一体化化教学实践中发展和提高

教师和学生的主体能力，不是生来就有的，需要不断地学习、总结和积累。教师主体能力的提高，离不开教学经验的积累、教育规律的掌握以及教学能力的锻

炼，离不开教师之间的互相交流、师生之间的有效互动，离不开教师自己的不断反思、不断尝试及教师强烈的责任感和事业心。学生主体能力的提高，离不开知识的不断积累、学习方法的不断掌握，也离不开教师的关心、热爱、信任和期望。教师的主导和学生的主体能力需要从以下几个方面得以发展和提高：

1. 通过解决教学形式运用中出现的问题来发展和提高

针对小组合作学习和启发式教学中出现的问题，教师需要考虑如何创设自主探索的情境，并让学生在该情境中有一定的时间根据自己的体验进行自主探索、自主建构；要考虑问题的适宜性，把那些需发挥集体智慧才能解决的问题让学生在合作学习中解决。考虑如何组建学生小组，分配成员任务，及时地给小组提供必要的帮助，

例如：教学中关于增值税为什么既要在销售方核算，又要在购货方核算？可以引导学生分成两组进行核算，对比探究、讨论，这样更有针对性讲解增值税的核算还需要从税法上的考虑。再例如，在讲解采购业务的核算时引导学生按岗位角色来划分任务，各自完成岗位任务，然后进行组间互评。根据教学内容的不同，教师的“导”是不同的。

2. 通过解决课程内容整合过程中出现的问题来发展和提高

教师和学生要成为课程的开发者和建设者，就需要走进生活。教师要努力利用、开发好各种信息资源，以学生的发展为本，遵循学生的年龄特点和学习的心理规律，结合教材的内容，激活学生的生活经验，开发教学的育人价值。学生的热情被激发出来，教师就要准确地判断，及时捕捉时机，推动教学向更深层次的多向互动发展。在这一过程中，教师不断地学习、领悟、探索、创新，学生的思维处于活跃状态，他们的主体能力都会得到发展和提高。

3. 教师和学生的主体人格需要在课堂教学实践中进一步发展和完善

主体人格指人作为主体所表现出来的本质特性和独特个性品质。如果没有主体人格的推动、激活和引发，主体即使有再大的主体能力，也难以发挥出来。当前课堂教学中出现的诸如情感性体验缺失等问题，主要与教师和学生的主体人格不够完善有关。因此，教师和学生的主体人格需要在课堂教学实践中进一步塑造和完善。

在课堂教学实践中，教师和学生主体人格进一步塑造和完善的有效途径是互

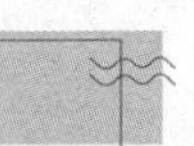

动。主体人格是在积极活动和交往中形成和发展的。教师不断地创设情境满足学生的依恋需要、尊重需要、理解需要、成功需要，学生就会更加尊重教师和理解教师，师生在情感上就会相互支持、反馈和接纳。在这样的互动过程中，教师和学生都会得到情感上的满足，他们的主体人格也会不断地完善和丰满。

四、结论

综上所述，在会计理实一体化课堂教学中，引导学生主体性的发挥需要不断思考，从中发现问题，善于总结和反思，从而再到课堂实践中加以验证和提高，只有这样才能使学生在课堂教学中成为真正的主体，教学效果才能真正的显现出来。

（二）课堂教学评价改革

1. 改革背景和思路

随着中职课改的逐步深化，以行动导向理念下的教学方法和理实一体的课堂教学模式已经深入到我校的日常课堂教学中，在教学方式上我们改变了以往传统守旧的灌输填鸭式教学，转变为以学生为主体，采用任务驱动法、案例教学法、角色扮演法等教学方法进行专业课教学。教学模式的改革必然产生与之相适应的学业评价改革。

传统教学采取终结式评价方式，对学生的评价比较单一，不能够全面反映学生的学习能力和职业素养。课程改革要求注重学生过程性评价，课堂教学采用个人课业成绩、小组合作成绩、竞赛成绩、笔试成绩、操作成绩等多种形式引入学业评价，力求考核项目涵盖学生的能力、知识、态度、素养，各项考核项目分值合理，比例适当，考核内容既要突出个人独自完成任务的部分，又要具有团队协作完成的比重，从而综合全面评价学生。要求达到的能力目标要用阶段性任务完成的效果来考核，强调知识与技能并重，过程性评价与终结性评价相结合的改革实践。

2. 改革做法

学业评价改革主要包括过程性评价和终结性评价两部分。

(1)过程性评价中加强职业素养的考核

过程性评价旨在考查学生在课程（技能与知识）学习期间的学习表现，记录学生阶段性学习成果。其目的是促使学生关注学习的总体目标，积极参与学习过程，以其对学生自觉学习、提高综合能力产生作用。考核内容应与课程的教学内容(技能与知识学习)紧密结合。过程性考核不仅关注的是学生阶段性学习效果,更是重视日常学习中学生职业素养的养成。

根据调研显示,用人单位在招聘人才时,很注重员工的工作态度、言谈举止、遵规守纪、诚实守信、团体协作和吃苦耐劳精神,是否具有独立工作的能力等,提升职业素质,可以增强学生的就业竞争力,引导、激励他们增强自信心,为未来职业发展奠定基础。因此,在专业课教学中,老师重视学生职业素养的培养,加大学生平时的出勤情况、学习态度的量化,上课是否有积极性,学习中职业习惯的养成教育等,有意识的对学生进行职业素质的培养和考核。

例如:我在《专业技能》评价改革中,调动学生制作小组评价海报和阶段性技能竞赛海报,激发学生练习的兴趣和小组作战的热情和决心,培养了学生很好的团队协作意识。

<table>
<tr><td rowspan="8">《财金专业技能》</td><td rowspan="7">过程性评价</td><td rowspan="3">平时成绩</td><td>工作态度和出勤</td><td>5</td><td rowspan="3">20%</td></tr>
<tr><td>工作习惯</td><td>5</td></tr>
<tr><td>团队协作(海报制作、小组成绩)</td><td>10</td></tr>
<tr><td rowspan="4">阶段模块化考核</td><td>数码字训练</td><td>10</td><td rowspan="4">60</td></tr>
<tr><td>单把清点</td><td>10</td></tr>
<tr><td>散币清点</td><td>30</td></tr>
<tr><td>整把挑错</td><td>10</td></tr>
<tr><td>终结性评价</td><td>期末成绩</td><td>取证通级考核</td><td>20</td><td>20%</td></tr>
</table>

(2)过程性评价重视阶段性模块化考核

阶段性模块化考核的目的是引导学生积极参与平时的学习过程。单项模块训练是教学过程中质量控制的杠杆,是反映和检验学生在学习过程中努力程度的标志。阶段性模块化考核能帮助学生在学习过程中加深对基本概念和知识的理解,有利于学生强化基本技能,为进一步完成后续内容的学习训练打下基础。我组教师为了让学生将学习的重心落在日常学习中,加大过程性评价比例,采取阶段模块化考核,激发学生学习的常态化,调动他们平时学习的积极性、主动性。

(3)过程性和终结性评价采取多种形式的考核方式

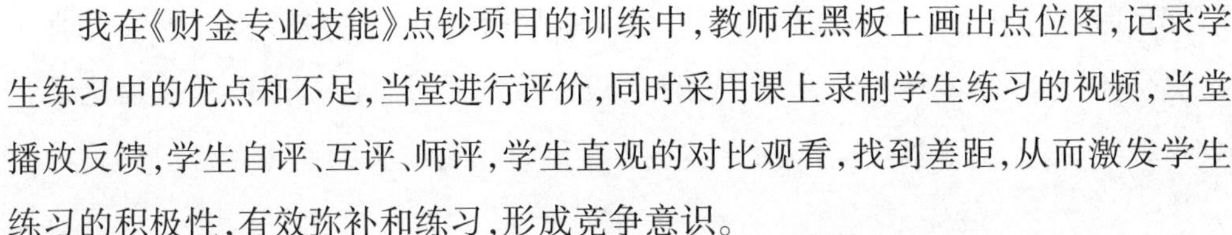

我在《财金专业技能》点钞项目的训练中，教师在黑板上画出点位图，记录学生练习中的优点和不足，当堂进行评价，同时采用课上录制学生练习的视频，当堂播放反馈，学生自评、互评、师评，学生直观的对比观看，找到差距，从而激发学生练习的积极性，有效弥补和练习，形成竞争意识。

3.改革效果

通过学业评价改革，使得学生团队协作水平有了显著提高，从最开始工作混乱、分工不明确、相互埋怨到现在各组成员间相互配合、小心谨慎、有条不紊地完成自己的工作任务。各组成员都分配有不同的会计角色，相互之间有传递流程，又相互审核监督，彼此之间息息相关，体会到了分工协作的重要性。期末的口试则更加显现出学生在小组闭卷考试中所无法检测出来的效果。多种形式的评价方式以及加强过程性评价的比重，对学生学习习惯、职业素养的提升、综合能力的培养都起到了很好的效果。

二、示范校建设全面提升专业建设水平

在理实一体化“做中学”的探究中，我发觉在仿真实训教学中学生动手操作能力变强了，团队合作能力提高了，但是距离企业用人需求标准还是存在差距，学生仍然无法在真实业务操作中很好对接。在课堂评价中采用自评、互评或师评，但学生到了企业仍然无法完全满足企业评价的标准，学生的综合能力和职业素养还有待提高。这样的教学改革还缺少什么呢？缺少职业体验，缺少真实岗位的实训。

带着这样的困惑，2013 年我校迎来第三批国家改革发展示范校建设契机，这是专业建设转型升级和内涵发展的良好契机。结合示范校建设契机，我开始探索工学结合教学模式，开始推进校企深度融合，专业内涵发展，从市场调研、推进工学交替实训、人才培养模式、课程体系重构、校企共建共享实训基地、教学模式、师资队伍建设方面进行改革实践。

(一)“一横五纵”管理理念实施专业顶层设计

在学校“让教育适应学生，让学校适合学生，让幸福伴随学生”办学理念下，

学校管理理念采取“一横五纵”，扁平化管理促进管理层更好地统筹，为各专业服务，学校倡导专业集群主任做好专业顶层设计，形成规划，这是推进示范校建设和专业集群“双元制”的本土化、探索实践工学结合不可缺少的保障条件。

金融商贸专业集群“十二五”发展规划

一、金融商贸专业集群发展中取得的主要成绩

（一）调整金融事务专业集群定位，准确定位人才培养目标

中职人才培养要为区域经济发展服务。我校毗邻 CBD 中央商务区，随着经济的发展，银行业务正处在扩张期，需要大量的基层服务人员，我校金融专业按照“朝阳区十二五发展规划”的要求，培养与区域金融行业发展相适应、从事银行基层工作的金融服务技能型人才，对金融专业中职生的培养重在良好的职业道德和行为规范的养成上，强化团队合作、沟通与表达能力的提升，并具有服务意识和自觉遵守企业制度责任意识。在知识技能上要求金融专业学生掌握一定的文化基础知识，加强身体素质训练，具备银行工作相关的基础知识与操作能力的人才。

金融事务专业通过调研，根据银行业的动态调整，金融事务专业进行了人才培养目标定位的调整，由传统的主要面向银行内部的柜员岗逐渐拓宽到银行大堂引导、银行外包业务中的手机银行激活员、电子银行岗、后台票据处理岗、互联网金融业务等相关岗位。探索出“校内模拟实训 + 工学交替实训 + 顶岗实习”的“学岗对接，能力综合”的人才培养模式，突出螺旋式的能力综合发展是其人才培养的核心。

（二）进一步深挖校企合作的广度和深度

1. 根据岗位对人才专业能力的要求，调整完善课程体系

经过行业调研和论证，金融专业课程体系进行了调整，以适应行业岗位变化和用人需求。如大堂引导员工作岗位，要按大堂引导员一天工作流程进行课程内容的设置，实现“学岗对接”。另外还有现金整点岗、银行信用卡营销、银行呼叫客服岗、银行后台数据处理等银行外包岗位，以及互联网金融公司相应岗位的工作，还有部分学生进入到企业出纳、公司收银等岗位，岗位群的变化，对专业建设提出了新要求，在课程内容、课程标准和考核上均需要做出相应的调整，不断完善课程体系。

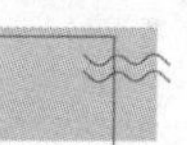

2. 企业实践提升教师的操作能力

提高教师素质和能力，将企业工作内容转化为教学内容。近两年，在校企合作中，我校专业课和文化课教师分别深入到企业实践，做到了专业课教师顶岗实践、文化课教师以参观培训、观摩、记录业务为主进行企业实践，从根本上解决专业课教学内容与企业相关岗位要求脱节的问题，形成学岗对接的教与学，文化课老师对企业岗位的了解和认知也为其在文化课教学中如何渗透专业内容提供了渠道，课堂教学的内容变得厚实而丰富，效果较为明显。

3. “工学交替”的推进突破了专业发展的瓶颈

在人才培养的创新中，金融事务专业的工学交替一直是个难题，能让学生走进企业，学校和企业交替实训，是专业发展遇到的瓶颈。在今年依据示范校建设的契机，金融事务专业工学交替的瓶颈得以突破，学生能够顶岗进行银行网点大堂引导员的实训。此外着眼互联网金融迅猛崛起的态势，拓展专业人才培养方向的多元化，今天寻求拓宽了互联网公司相关岗位的工学交替，在实训中得到了相关行业的高度认可和评价。此次突破使得专业教学中实现了仿真实训与真实岗位实训交替进行的教学模式，完善和践行了人才培养目标中“能力综合”的内涵。校企合作的深度再一次得到加强。

4. 真正实现了学岗位对接、工学交替、能力综合的专业发展设想

本学期引进了“中税亿阳会计师事务所”和“宏运通程连锁公司”进入校园，实现了“校中企”，这为金融商贸专业集群的会计专业和连锁经营与管理专业学生，包括教师校内企业实践和教学实训奠定了良好的环境基础，在真实的业务中实践、获知，实现了校内实训基地，真实岗位业务实训的人才培养设想。

（三）进一步深化教学改革，提升教师教学水平

教师通过在企业实践及北京市课改的指引下，对课堂教学设计、课堂教学模式、教学方法、课堂教学评价等进行了有效地行动导向的改革，并且尝试开发信息化教学资源和平台，在教学中运用理实一体化的教学模式，采用情境创设法、案例教学法、任务驱动法、项目教学法、角色扮演法等多种教法进行课堂教学改革，引导学生学法进行改革，多启发多探究的形式激发学生思维方式的变革，在理实一体中不断认知和建构。

二、金融事务专业集群发展的问题与思考

(一)校内实训基地急需改造,加大信息化资源开发

无论是行动导向理念下的课改,还是校企的深度合作,都有赖于实训基地环境匹配,因此更新校内实训基地以及"校中企"的建设都显得尤为重要,配套设施的建设以及信息化资源的开发都是要快马加鞭的,否则很多发展的机会可能就会由于硬件的落后而功亏一篑。

(二)行动导向理念下的教学改革与取证课程的衔接和融合还存在差距

行动导向理念的教改对于应试取证课程的讲授是一种冲击,如何将课改中理实一体的课堂教学与取证课程进行衔接是需要思考的。例如会计证的取证,由传统的教学到新的教学理念对会计证的取证内容的讲解就存在差距,这需要在今后课堂教学中注重两者兼得。

三、金融商贸专业集群的发展建议与设想

(一)拓宽金融专业发展方向的多元化,延伸新型的互联网金融领域

金融事务专业(银行方向)学生毕业后大部分进入银行网点工作,随着网点机具化的发展、互联网金融的发展,大量银行业务出现外包现象,银行也对人才岗位需求发生变化。针对这种变化,金融专业人才培养方向要逐步拓宽到银行外包公司,拓宽中职生的就业岗位群。

(二)深挖校企合作,寻求优质资源。

在金融市场的大环境下,需要顺势而为的进一步拓宽校企合作的领域和合作的契合点,选择优质的企业和具有发展潜力、符合市场发展态势的新型企业作为专业发展的合作伙伴,既要做"校中企",同时也要试图突破"企中校"合作模式,使得产教融合真正做到"融",在互赢中对接企业需求,寻求金融专业转型发展的亮点,使得金融专业具有鲜活的生命力。

(三)实现"校中企"的设想

由于金融专业实训设备资金投入较大,而且更新速度快,如果只是依靠学校自筹资金的话会增加学校的开支,如果一旦资金跟不上会使得专业发展中实训环境落后于企业,为了使校内实训基地的设备实时符合行业发展的要求,就需要引企入校,实现"校中企",企业运作实训基地,又作为学生实训场所,实现双方的共

赢。可以借助教学西楼的改造引进工商银行自助网点，既能服务于专业建设，又能服务于社区居民。这个突破需要学校、企业的共同努力。

（四）中高职衔接迫在眉睫，力求突破。

金融商贸专业集群中的金融和会计专业都属于高端行业，而且发展态势强劲，涌入这个行业的大专、本科毕业生也是不断增加，行业的门槛不断提高，在学历上使得中职毕业生的优势不够明显，这对一部分具有潜力的中职生来说是一种劣势。因此需要寻求多方力量，搭建中高职衔接的平台，形成五年制中高职办学模式，使得金融专业的发展具有强劲的生命力。

（二）基于调研为依据的改革实践

基于规划，若要实现专业设想，取得探索改革的实效，就先要从市场调研入手，了解企业对人才需求的标准，才能定位人才培养方向，做好人才培养目标的确定，制定人才培养路径和模式，从而产生改革实践的效果。2014—2015 年我带领团队陆续对金融事务、会计两个专业都进行了市场调研，通过确定调研目的和思路来对调研问卷的设计、调研样本范围的确定、调研方法的选定进行调研，从而获得实践改革的思路。

金融事务专业（银行方向）人才需求调研报告

前 言

为了解中等职业学校金融事务（银行方向）专业人才需求状况，进一步明确我校金融事务专业（银行方向）的定位与内涵，分析中职学校金融事务专业（银行方向）毕业生的职业岗位群，以及职业岗位对学生知识、能力和职业素养的要求，为制定我校金融事务专业（银行方向）人才培养方案提供依据。我校结合国家级示范校建设成立金融事务专业（银行方向）人才需求调研组，并于 2013 年 12 月进行了北京市中等职业学校金融事务专业（银行方向）人才需求和职业能力、职业素养需求的调研活动，获取了大量的第一手资料。在此基础上，进行分析、归纳和总结，进而得出结论，形成此篇调查报告。

本报告共分四个部分，分别为：调研的基本思路与方法、中等职业学校金融事务专业（银行方向）人才需求状况、我校金融事务专业（银行方向）专业人才培养现状、我校金融事务专业（银行方向）调研问题与建议。由于此项工作时间较紧，加之水平有限，报告中难免有不妥之处，敬请广大专业教师和专家学者提出批评意见。

第一部分:调研的基本思路与方法

1. 调研的背景和目的

(一)调研背景

“十二五”期间,我国金融业发展迅速,金融行业全球化、信息化的混业经营趋势为金融人才提供了巨大的需求空间,银行功能更多样化,中间业务和金融服务外包行业势头强劲,区域金融人才需求结构不断调整,岗位需求日趋多样化,这对金融专业人才的培养提出了新的挑战。特别是我校地处北京CBD,金融机构繁多,首都经济的快速发展势必对工作效率和服务水平要求更高,如何培养出既具区域特色,又能够适应首都应用型金融人才成为日益迫切的问题。需要我校金融事务专业(银行方向)的人才培养方向、课程体系设置要与细化多变的岗位需求实现对接。因此需要我们对银行机构及外包公司进行调研,了解人才需求状况,进一步明确我校金融事务专业(银行方向)的定位与内涵,分析中职金融事务专业(银行方向)毕业生的职业岗位群,以及行业对学生知识、能力和职业素养的要求,为制定我校金融事务专业(银行方向)人才培养方案提供依据。

(二)调研的目的

本次专业调研目的是通过行业调研了解金融事务专业(银行方向)的人才市场需求,掌握岗位需求变化和用人标准,找准金融事务专业(银行方向)定位和发展,确定银行方向人才培养目标,进一步探索银行方向岗位群变化,深化专业内涵,为合理制定人才培养方案和课程体系建设提供依据和帮助,推动金融事务专业的改革与发展,真正体现“学岗对接,能力综合”的人才培养目标。

调研的效用:

1. 明确区域经济与行业发展对金融事务专业(银行方向)人才的岗位需求变化;

2. 明确金融事务专业(银行方向)适合中职生的职业岗位群及能力要求;

3. 确定与金融事务专业(银行方向)培养方向相关的职业资格证书;

4. 征求行业单位对金融事务专业(银行方向)课程设置提出修订建议,使专业核心课程体系更加符合当前行业对金融事务专业(银行方向)人才的需要。

2. 调研概况

(1)调研的对象和内容

本次调研的的对象:

一是银行机构及银行外包公司，银行机构包括21家44个营业网点，主要包括国有银行5家、股份制商业银行7家、地方银行6家和外资银行2家等银行类型。调研的主要岗位为银行网点的银行柜员、大堂经理、客户经理、理财师等。调研对象包括：高层管理人员、中层管理人员、人力资源管理人员、一般职工，重点了解企业的人才需求状况。

二是北京市开设金融事务专业（银行方向）的中职学校，调研的主要对象是从事金融专业建设的专业主任和教师，重点是了解中等职业学校同类专业的发展现状。

三是我校已毕业3～5年的毕业生，主要了解毕业生对工作岗位职业能力和职业素养方面的要求。

本次调研取样范围主要是北京市。

（2）调研人员组成

调研人员主要是金融事务专业（银行方向）专业教师、部分文化课骨干教师以及实习就业处教师，直接参与调研的人数为21人（调研人员名单见附件一）

3. 调研方法

本次调研采用随机抽样的方法，主要采取问卷调查、个人访谈、小组座谈会、实地考查、资料调研等方式。发放企业调查问卷46份，回收问卷46份，回收率100%；针对毕业3到5年的毕业生发放调查问卷共计56份，回收52份，回收率92.86%；中职学校开设同类专业的共有10所，调查问卷发放10份，回收10份，回收率100%；访谈银行行长、部门主管、客户经理、银行柜员、大堂经理等4人，召开座谈会3次，实地考察银行网点15家。

1. 问卷调查

问卷是高质高效地收集信息的最有效的方法，也是调研时首先或主要采用的方法。问卷的问题设计是该方法的关键。通过反复论证，我们设计了企业调查问卷、毕业生调查问卷和北京市中职同类专业学校调查问卷三种。通过问卷的回馈信息了解用人单位对金融事务专业（银行方向）专业人才数量、质量、能力、素养等方面的需求和毕业生对专业知识和技能、职业资格证书、职业能力、职业素养的理解和体会，以及中职学校金融事务专业（银行方向）专业建设现状。（调查问卷见附件二—附件四）

表 1　调研问卷统计情况

调研类别	类型	调研方法	样本量	发放问卷	有效问卷
企业调查问卷	国有银行	问卷、访谈	23	23	23
	股份制银行	问卷、访谈	9	9	9
	地方银行	问卷、访谈	10	10	10
	外资银行	问卷、访谈	2	3	3
	银行外包公司	问卷、访谈	2	2	2
毕业生调查问卷		问卷、访谈	52	56	52
中职学校同类专业调查问卷		问卷	10	10	10
典型毕业生访谈提纲		访谈	4	4	4
合计		——	112	117	113

2. 个人访谈

调研组设计了访谈提纲，由调研人员向对方说明此次谈话的意图，并根据访谈提纲了解相关情况（访谈提纲见附件五）。

3. 小组座谈会

调研成员还分别召开了人才培养方案研讨会，邀请了金融行业专家、毕业生以及专业教师座谈会，了解中职学校金融事务专业（银行方向）行业发展现状，对金融事务专业（银行方向）岗位需求变化、职业能力、职业资格证书以及职业素养的要求进行了深入的讨论，并归纳提炼出金融事务专业（银行方向）岗位核心技能。

4. 实地考查

调研人员还通过实地观察和讨论分析，与银行相关人员进行交流等了解到了更多的信息。

5. 资料调研

调研组充分利用行业图书资料、互联网等信息渠道，更广泛地收集有关信息，并对这些信息的真实性、可用性进行过滤和筛选。

第二部分：中等职业学校金融事务专业（银行方向）人才需求状况

一、首都金融业（银行方向）发展现状与发展趋势分析

伴随着我国在世界政治、经济格局中地位的不断上升，北京作为国家首都，在

承接国家高端要素转移、提升中国金融话语权和软实力等方面具有得天独厚的条件。经济转型发展的加速和社会管理水平的提升将进一步提高对金融服务的要求。银行机构作为金融业重要的组成部分,银行功能也在悄然发生着变化。通过调研,我们了解到,近年来“银行中间业务”已成为商业银行激烈竞争的创新领域。随着我国金融体制改革的深入和社会经济的发展对金融需求的推动,我国各商业银行现在越来越注重中间业务的创新,逐步认识到中间业务作为商业银行三大支柱业务之一的重要意义,积极探索新的服务方式,倡导新的服务理念。各商业银行利用现有资金、技术、网点、结算等方面的优势发展各项中间业务。同时,在机构设置、组织建设、制度建设、监控管理、人员培训等方面做了许多工作,使我国商业银行的中间业务有了良好的开端和明显进展。此外,网上银行业务的开展,不仅涵盖传统银行业务,而且突破了银行经营的行业界限,深入到证券、保险甚至是商业流通等领域。网上银行业务的迅速发展必将推动着银行业新的革命。因此,银行业的变化势必对中职人才需求有着新的变化,对其职业能力和素养要求产生新的要求。

二、企业对金融事务专业(银行方向)中职生胜任岗位群及能力素养分析

(一)金融事务专业(银行方向)所对应的岗位群分析

我们随机抽样调查了 5 家国有银行、7 家股份制商业银行、6 家地方银行和 2 家外资银行。从人才需求数量来看,国有银行、股份制银行、地方银行和外资银行综合表明,每年 63% ~70% 的银行网点所需要的员工数都在 20 人以上,对人才需求还是非常大的。以我校毕业生就业比较多的国有银行统计图为例。

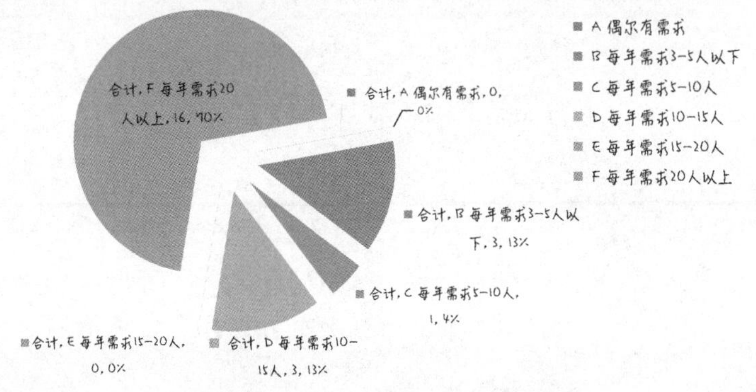

国有银行对人才需求量统计

从人才需求层次上来看,银行对于员工的学历要求有所提高,外资银行和地方银行已经不接收职高学历的学生,国有银行每年需求职高生在 4% 左右,股份

制商业银行需求量在6%左右，说明银行内部对于人才的需求存在学历方面的要求。但在调查、访谈中我们了解到，银行把很多简单业务、需要重复劳动技能的业务外包给第三方公司来进行，银行外包公司相对比较注重实际，强调技能，看重的是员工的职业素养、专业技能，并非以学历高低为条件，每年对职高学历的人员需求量在75%左右。

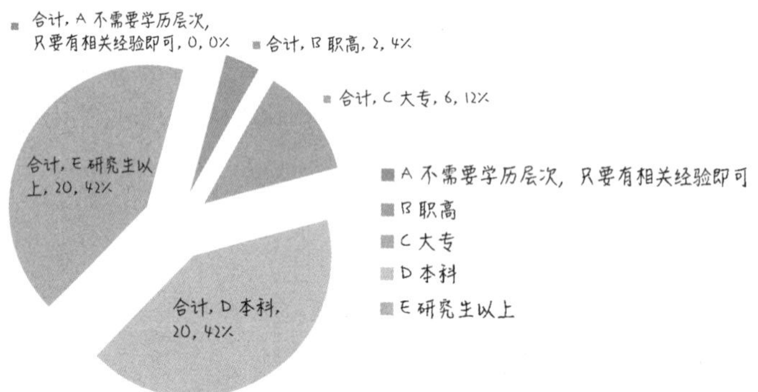

国有银行对人才学历的需求图

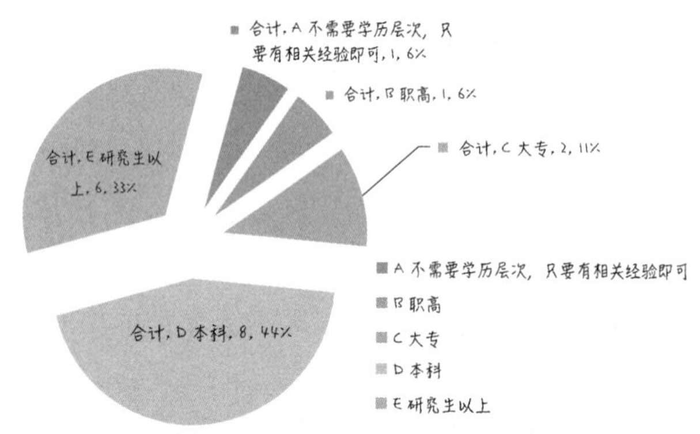

股份制银行对人才学历的需求图

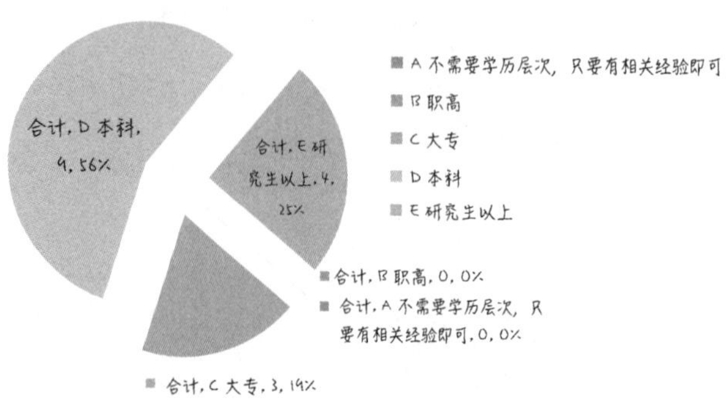

地方银行对人才学历的需求图

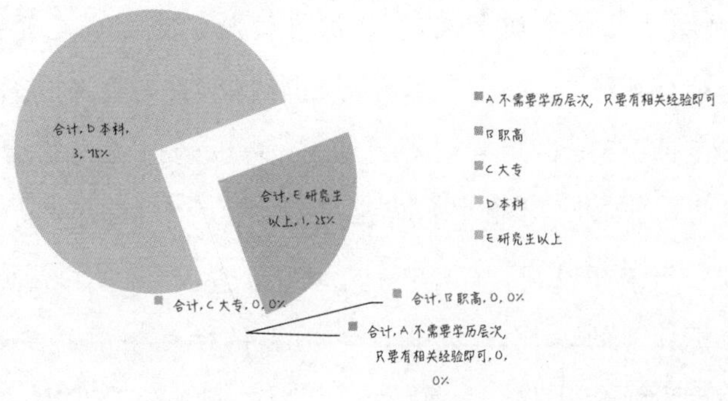

外资银行对人才学历的需求图

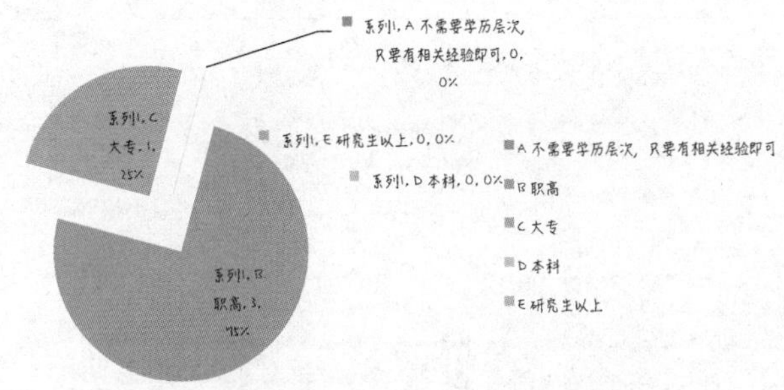

银行外包公司对人才学历的需求图

从调查问卷反馈情况来看,中职生能够胜任的岗位有:大堂引导员占22%,个人业务(柜员)占21%,对公业务(柜员)占13%,外汇业务(柜员)占11%,客户经理占到10%。从调研和访谈银行外包公司来看,中职生完全可以胜任的岗位有:票据审核、票据录入、现金整点岗、银行呼叫中心岗。

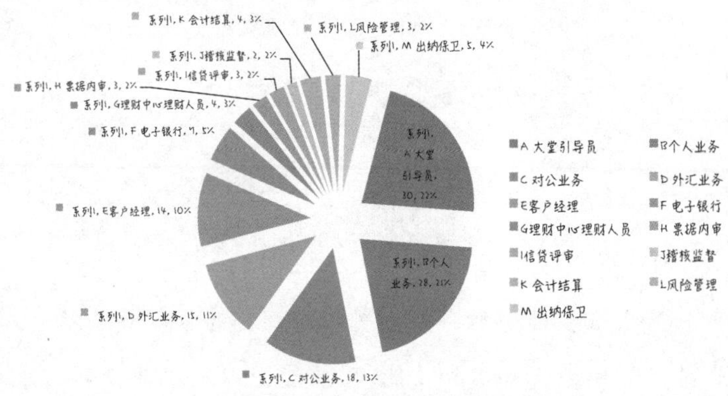

中职生能够胜任银行内部岗位统计图

但是银行对于中职生可以胜任的岗位也需要有条件限制的,从调研问卷反馈数据来看,对于刚刚毕业的中职生来说,能够直接胜任的岗位主要是大堂引导员、个人业务柜员和对公业务柜员、电子银行岗、出纳保卫,而电子银行在很多银行网点中通常不单设岗位,而是由大堂引导员兼任,而出纳保卫岗通常是雇佣退伍军人或是保安公司招聘,因此,对于中职毕业生而言主要能够从事的大堂引导员、个人业务柜员和对公业务柜员岗,访谈中了解到虽然从中职生掌握的专业技能来看是可以胜任业务柜员岗的工作,但是由于近两年银行对学历的要求,中职毕业的学生大约在1年后才能晋升前台柜员业务的操作,而其他岗位需要工作满一定工作年限或取得相应资格证书以后才能胜任。

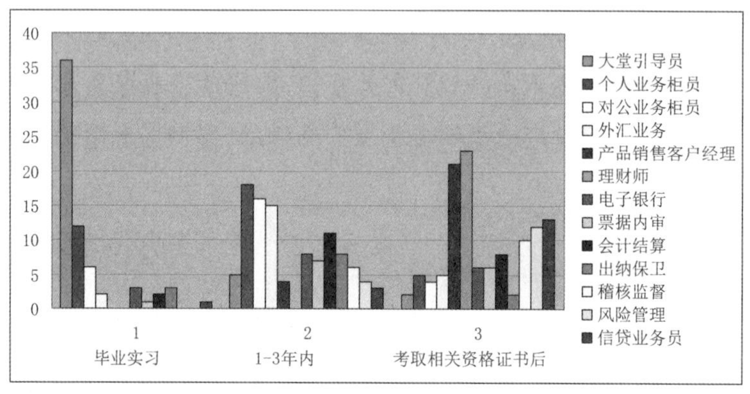

银行对中职生相应岗位胜任的条件要求

从调研和访谈银行外包公司来看,中职生完全可以胜任的岗位有:票据分拣与审核、数字化信息处理、现金整点、银行呼叫中心等岗位。

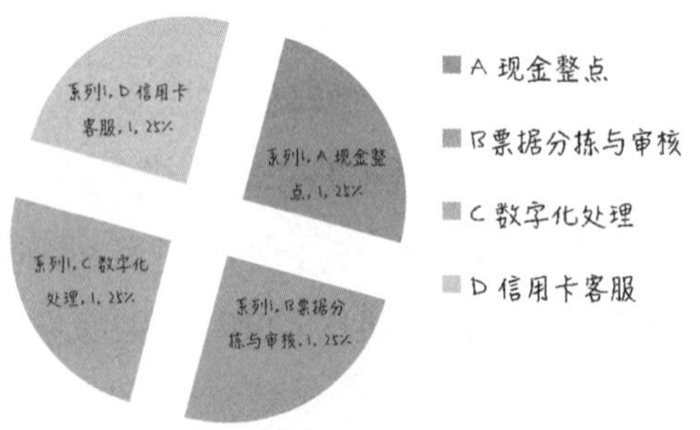

中职生能够胜任银行外包公司岗位统计图

(二)企业对中职生专业知识和技能、职业能力以及职业素养需求分析

1. 知识与技能分析

从调研问卷反馈数据来看,银行对学校所开设的专业课程中,比较看重的是:

金融基础占12%，金融法规10%，银行柜面业务10%，理财产品8%，营销技巧8%，客户服务技巧占8%，电子银行知识占8%，信用卡知识占7%。

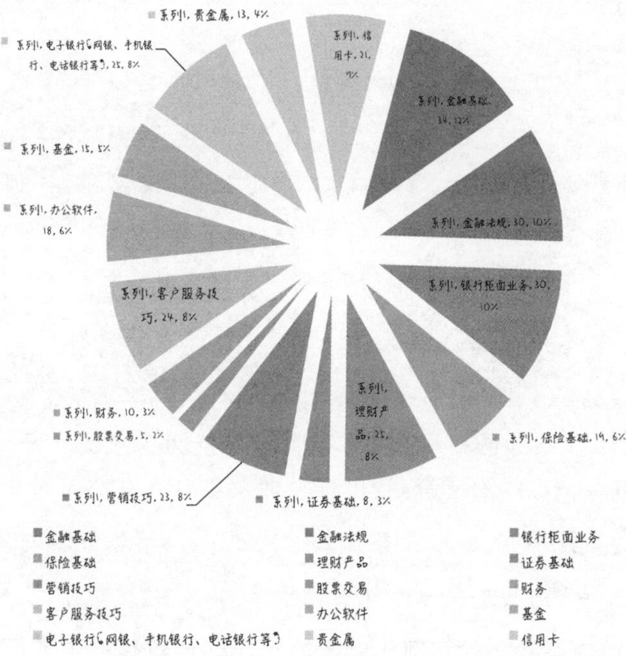

银行对中职生专业知识需求的统计图

从调研问卷反馈数据来看，银行对于中职学生专业技能更为看重的是点钞技能，其次是中英文录入技能（含数字小键盘），此外是传票技能，而对票币算技能要求弱化了很多。

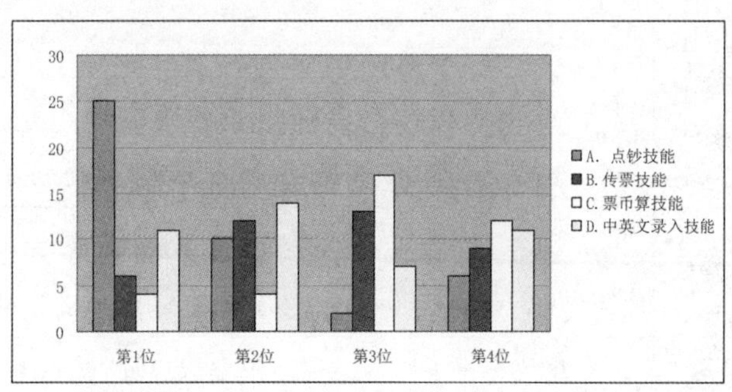

银行及外包公司对中职生专业技能需求统计图

2. 职业能力分析

从调查21家银行44个营业银行网点及2个银行外包公司的反馈和访谈来看，银行对中职生比较看重的职业能力依次为：沟通与协作能力、学习能力、处理突发事件能力、口头与书面表达能力、团队协作能力与服从能力、独立工作能力、抗挫能力以及发现和解决问题的能力，而对中职生的外语应用能力、计划能力、创新能力、信息收集与处理能力和组织管理能力要求不高。

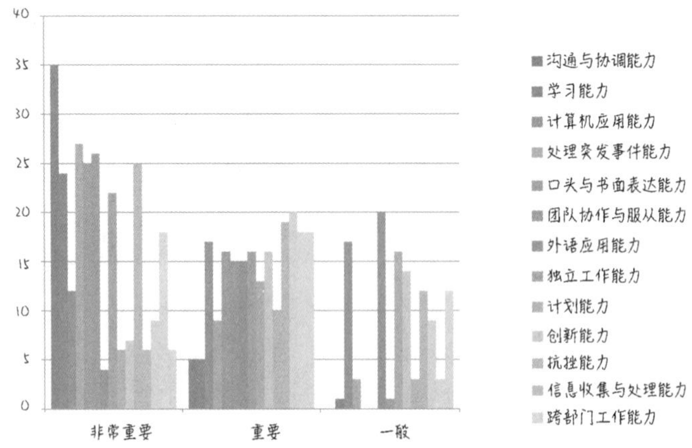

银行及外包公司对中职生的职业能力需求统计图

从调研的问卷和访谈中了解到，银行内部及银行外包公司对中职生能够胜任的岗位主要有大堂引导员、个人业务岗、对公业务岗，票据分拣与审核、数字化信息处理岗、现金整点岗，其主要核心能力见表2。

表2：银行及外包公司对中职生应具备的岗位核心能力统计表

中职生可以胜任的岗位		核心能力
银行内部	大堂引导员	分流和初步识别客户能力；较强的沟通能力；能解答一般业务；单据填写能力；具有自助机和网上银行操作能力；配合大堂经理做好销售产品的能力。
	个人业务	具有点钞技能和小键盘和汉字录入能力；熟悉业务流程、业务规定和风险点、产品原理，具有服务意识、适度沟通能力和营销能力。
	对公业务	具备点钞、汉字录入和小键盘录入能力；熟悉业务流程、业务规定和风险点和产品原理；具有服务意识和票据审核能力。
银行外包	票据分拣与审核	熟知相关会计和金融知识；具备良好的辨识票据、整理票据的能力；具备良好的眼手配合能力。
	数字化信息处理	具备数字、汉字录入能力。
	现金整点	具备熟练的点钞技能，鉴别残币，假币和整把挑错的能力。
	银行呼叫中心	熟知金融业务知识；具备利息计算能力；具备标准普通话的能力。

3. 职业素养分析

从调研和访谈中了解到，银行及银行外包公司关注的因素中最看重的依次是中职生做人的品质、很强的专业素质和技能、再学习的能力和愿望以及相关法律法规的学习。

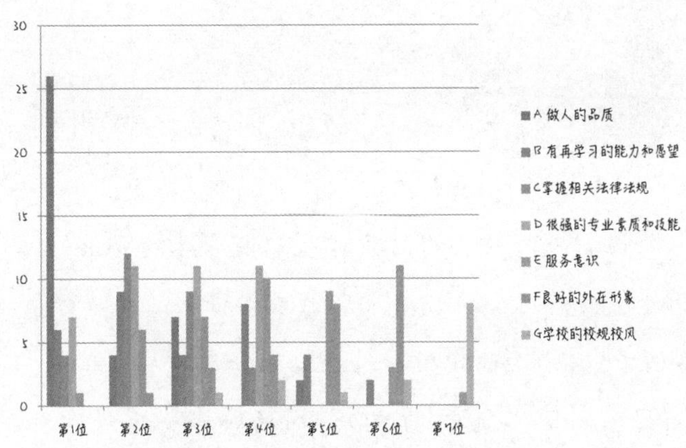

银行及外包公司对中职生最关注的因素图

此外我们调研还了解到，企业对员工的职业道德要求还是很高的，特别是守法遵规、保守商业秘密和客户隐私、正直诚信、专业胜任、礼貌服务更为看重。

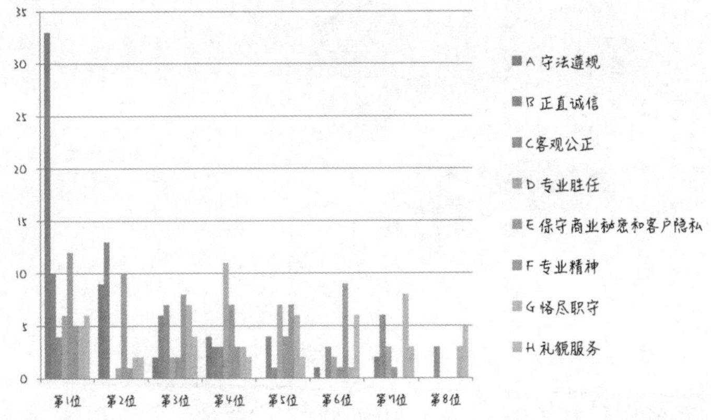

银行及外包公司对中职生职业道德的要求图

从银行及外包公司对员工的职业素养要求来看，企业最为看重的职业素养依次为：守法守规守纪、职业道德、工作态度、服务意识、团队精神、心理素质、吃苦耐劳、忠于职守、事业心和身体素质。在访谈中了解到，银行及外包公司对中职生守规守纪和工作态度首先最为看重，而心理素质、团队精神、事业心是可以在工作中不断培养的。

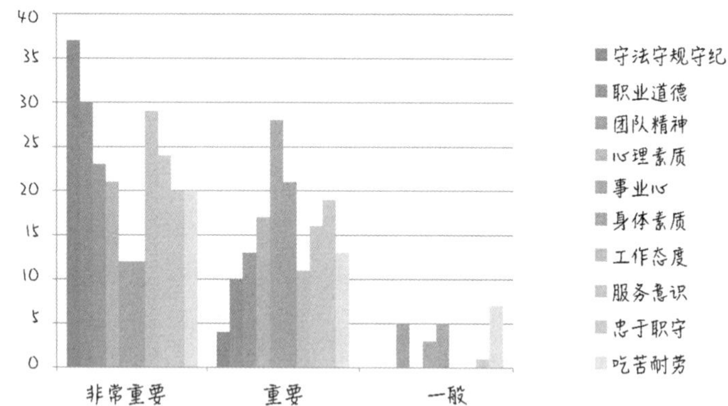

银行及外包公司对中职生职业素养的要求

（三）银行及外包公司对公共证书及职业资格证书的需求分析

从调研问卷反馈数据来看，银行及外包公司在对中职生公共证书的需求调查中发现，银行及外包公司依次看重：学历证书、技能比赛获奖证书、英语等级证书以及计算机等级证书。

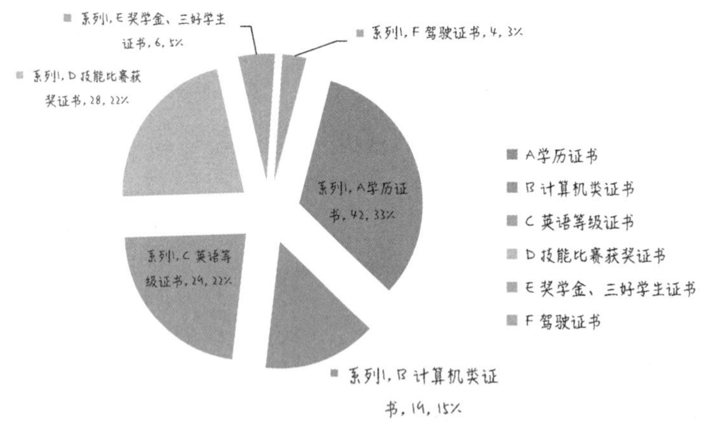

银行及外包公司对中职生公共证书需求统计图

银行对于有些岗位还是非常看重相关资格证书的。（见图 8 所示）银行对于客户经理和理财师是需要考取相关资格证书后才可以胜任的。银行最为看重的是银行从业资格证书，其次是会计从业人员资格证书，最后是保险从业人员资格证书和证券从业人员资格证书。访谈银行外包公司反馈的信息了解到，外包公司比较看重的是数字和汉字录入水平、点钞水平以及会计从业人员资格证书。

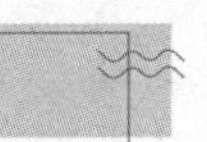

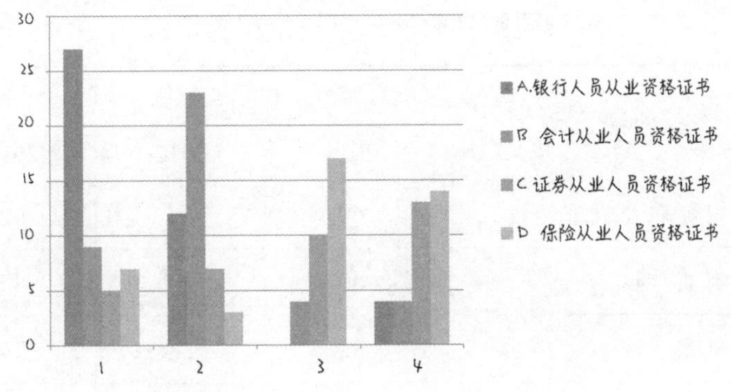

银行对职业资格证书的需求统计图

三、对北京市中职学校同类专业情况调研分析

结合社会、行业以及企业对中职金融专业人才知识、技能、素质要求的变化和趋势,为专业人才培养目标定位,为推进专业建设改革提供依据,我们对北京市7所开设金融事务专业的中职学校进行了全面调研。通过本次调研,我们收集和分析了北京市中职金融事务专业的教育资源现状,了解了北京市中职金融事务专业办学特点,以进一步探索我校金融专业(银行方向)建设方案,尽快提高金融事务专业(银行方向)人才培养质量及就业质量,推动我校金融事务专业(银行方向)的改革与发展。

(一)规模情况

目前,北京市有10所中职学校开设金融专业,分别是:北京市商贸学校、北京市商业学校、北京市供销学校、北京市外事学校、北京市实美职业学校、北京市国际职业教育学校、北京市财会学校、北京市信息管理学校、北京市黄庄职业高中、北京市求实职业学校。从调查问卷的反馈数据来看,近三年来北京市中职金融事务专业的招生规模平均每年在700多人左右,其中我校招生规模约占到全市同类专业招生人数的24%左右。各校金融事务专业招生人数整体来看呈现逐年递减趋势。原因主要有两个:一是初中毕业生生源的减少;二是北京市中招政策变化的影响,限制中职学校的本地和外地生源的招生人数。这给本专业的发展带来了危机和压力,要从根本上缓解中职金融专业招生与就业的供求缺口,就必须增强专业人才培养的竞争力,提升特色专业的认知度,确立可持续发展的人才培养方案,从而提高本专业招生的吸引力。

表3:同类专业近三年招生规模情况

学校	招生年份		
	2011	2012	2013
北京市国际职业教育学校	60	64	62
北京市商业学校	40	40	40
北京市供销学校	32	28	34
北京市商贸学校	100	90	76
北京市外事学校	70	55	20
北京市实美职业学校	20	20	40
北京市财会学校	112	92	76
北京市信息管理学校	218	196	123
北京市黄庄职业高中	27	30	20
北京市求实职业学校	228	198	101

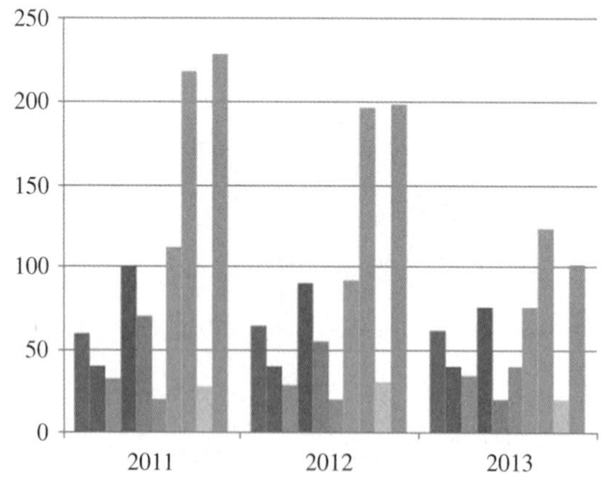

北京市同类金融专业近3年招生人数统计图

(二)专业建设情况

1.人才培养方案分析

调研中了解到,同类专业院校在人才培养方案中都存在共同需要解决的问题,依次是专业定位、课程体系及课程内容结构、专业教学模式、师资力量、培养目标和规格。

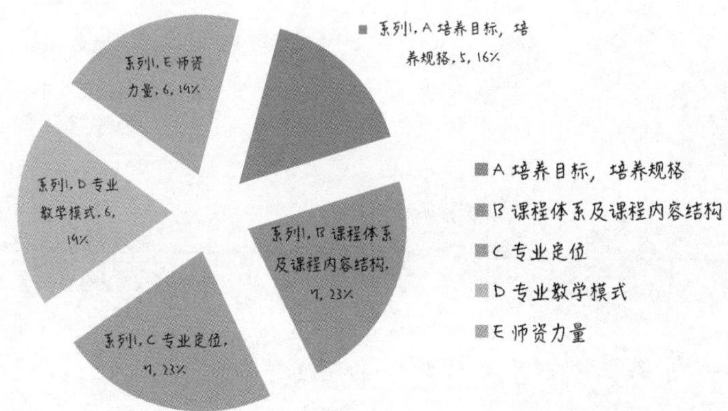

同类专业院校人才培养方案需完善的内容统计图

2. 课程改革情况

从调查反馈数据来看，学生对于金融专业课程的学习存在一定难度，主要的原因有三个：教学内容太深，学生难以理解；学生缺乏学习动力；教材职业特色不明显，内容脱离实际。

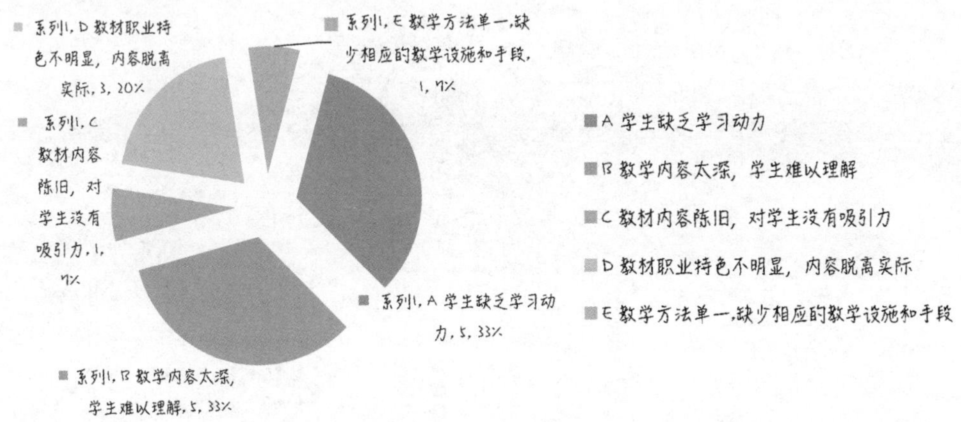

学生对与专业课程学习存在困难的原因统计图

从同类专业学校调查问卷反馈了解到，专业建设中普遍认为专业课程改革的难点主要是：一是课程模式的构建；二是课程与专业知识和生产实际的结合点，对教学内容的有效整合，构建新的课程体系；三是缺乏支持课程改革的新教材；四是教师教学观念的更新、教学方法的改进和教学水平与能力的提高以及教师工作量大，缺乏课改积极性以及课改新教材的开发等。

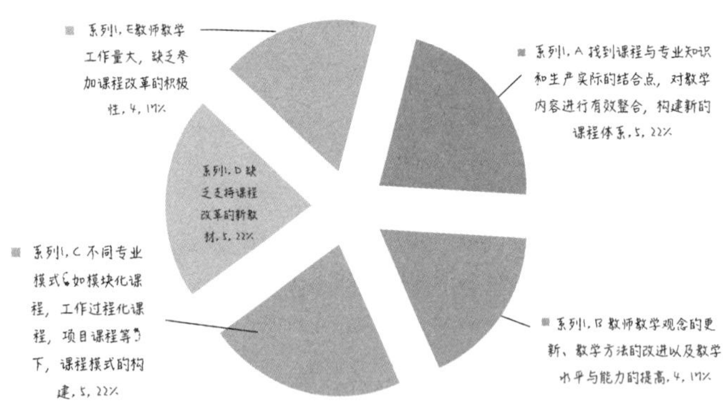

同类专业学校对专业课程改革难点分析图

3. 职业资格证书引入和考取情况

由于行业对员工的职业资格证书的重视程度，使得同类专业院校对于职业资格证书也十分重视。调研中了解到，56% 同类专业学校引入职业资格证书或是技术等级证书，结合就业岗位需求，银行从业资格证书、会计从业资格证书、收银员证书、证券从业人员资格证书、财会综合技能证书这五种证书要求学生必须考取。

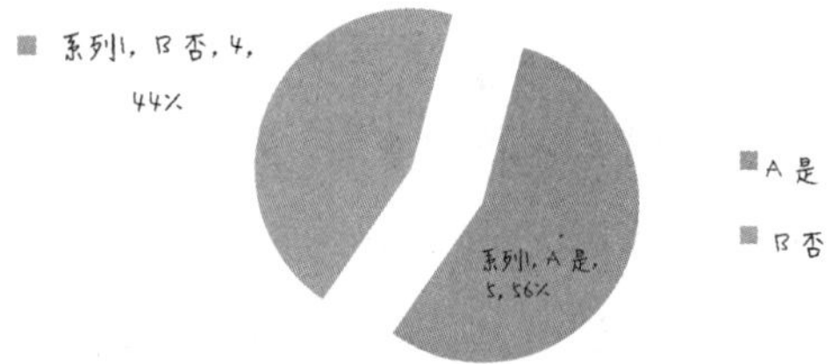

同类专业学校职业资格证书引入统计图

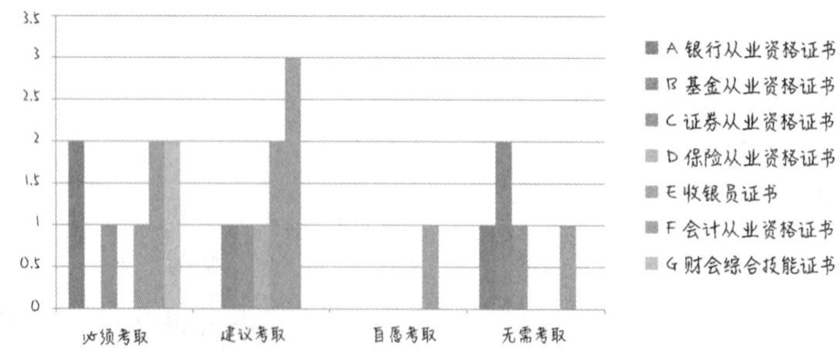

同类专业学校考取职业资格证书

4. 实训基地建设情况

从调查问卷反馈了解到，同类专业学校实训基地与工作环境的匹配程度达到 90%。

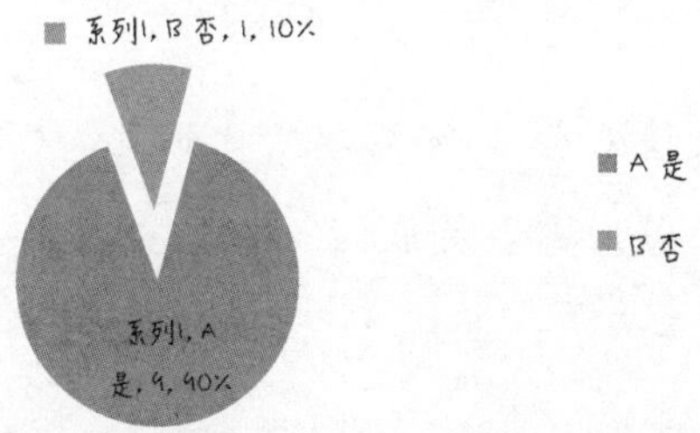

同类专业学校实训基地是否与工作环境接轨统计图

5. 校企合作和工学交替情况

从调研中了解到,北京市同类专业院校44%学校存在“工学交替”机制,67%学校拥有校企合作机制。

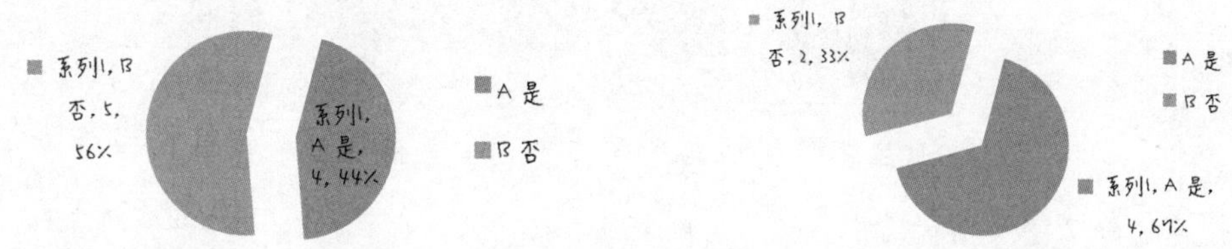

同类专业学校工学交替机制统计图　　同类专业学校校企合作情况统计图

四、我校金融事务专业(银行方向)毕业生情况调研分析

(一)就业情况分析

1. 对接岗位

本次调研访谈典型成功毕业生共计4人,发放毕业生调查问卷56份,其中有效问卷52份,无效问卷4份。主要涉及银行中层管理人员2、部门主管1、一般职工44人、外包人员和部门专业人员5人。

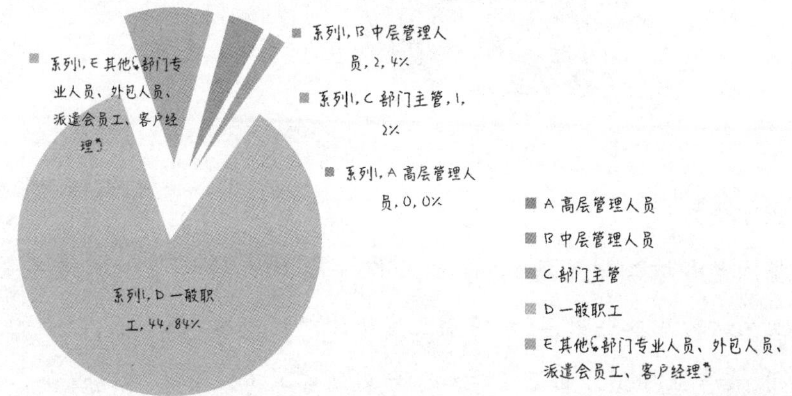

毕业生工作岗位统计图

2. 专业对口率

从毕业生调查问卷反馈来看,44%的学生就业岗位与所学专业能够达到完全对口,37%达到基本对口,17%有点关联,2%不对口。说明我校毕业生就业岗位的对口率还是比较高的。

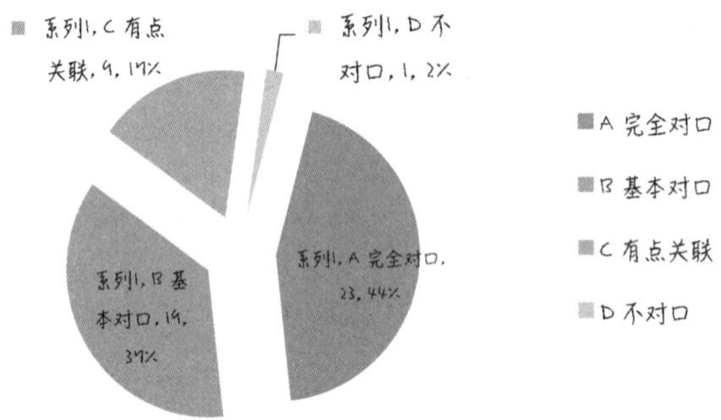

毕业生工作岗位与所学专业对口率统计图

(二)在校学习情况分析

从毕业生调查问卷和访谈中了解到,98%毕业生认为职业教育是值得的,也有2%毕业生认为不值得,主要原因是认为职业教育还需加强职业素养方面的教育。

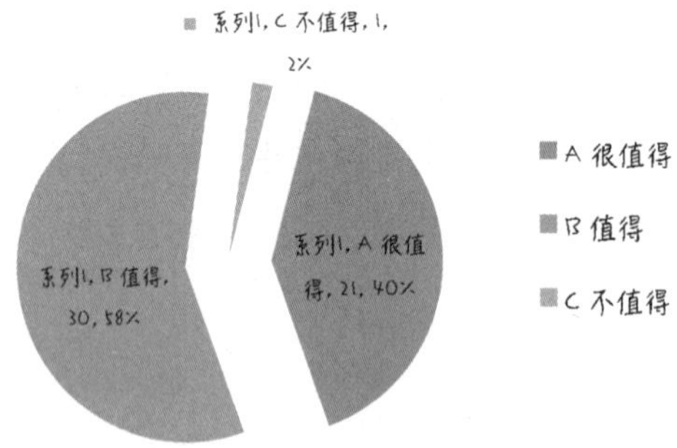

毕业生对职业教育的看法分析

1. 专业理论知识

从调查问卷和访谈中了解到,专业知识方面10%的毕业生认为完全够用,29%的毕业生认为基本够用,48%的毕业生认为能用一些,但不多,13%的毕业生认为不够用,在专业知识方面毕业生对于学校所学的专业知识的建议是需要根据岗位需求有针对性性的增减专业理论知识。

2. 专业技能

在专业技能教学方面，17%的毕业生认为可以直接顶岗，不用重新培训，62%的毕业生认为基本可以顶岗，但要再自学一些新技能，21%的毕业生认为不能顶岗，必须重新培训。毕业生认为学校里学习的专业技能中，点钞、传票算、票币算技能是能够达到岗位需求的，而对于数字小键盘和汉字录入技能在岗位中要求很高，建议加大训练课时。

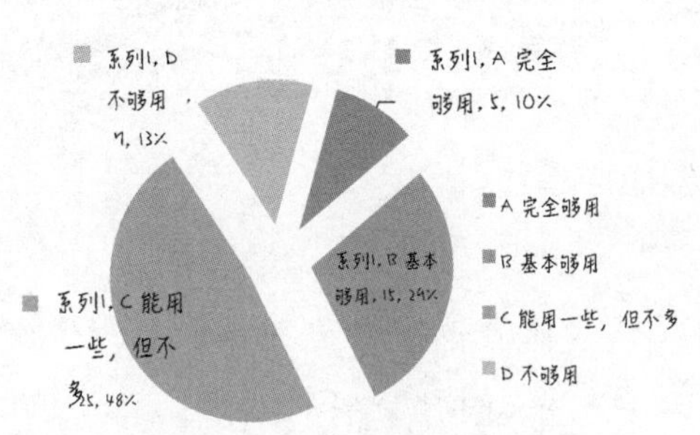

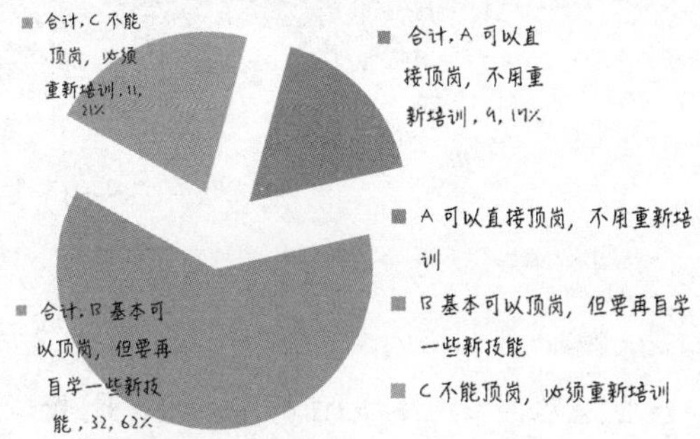

专业理论知识适用岗位情况分析　　　专业技能适用岗位情况分析图

3. 专业知识与技能对接岗位差距分析

从毕业生反馈中了解到，专业知识和技能对接岗位存在差距的原因依次是：专业知识内容陈旧、工作单位要求太高、实践工作中才能积累以及自己学得不好等原因。

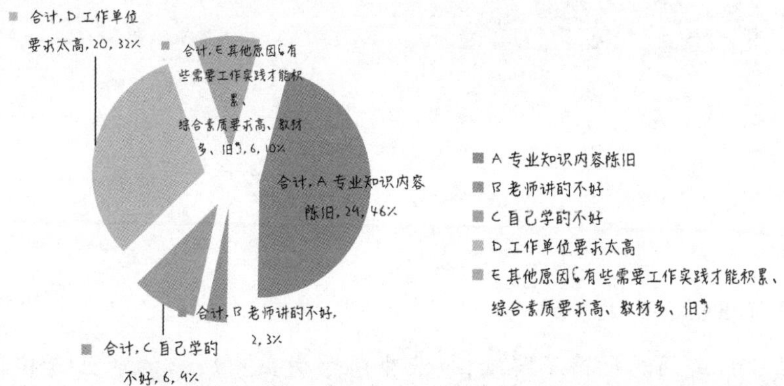

专业知识和技能对接岗位存在差距的原因分析图

同时也了解到，毕业生对专业课评价中，57%认为专业课和专业技能对工作很有帮助，技能训练到位，43%认为有些课程与工作脱节。

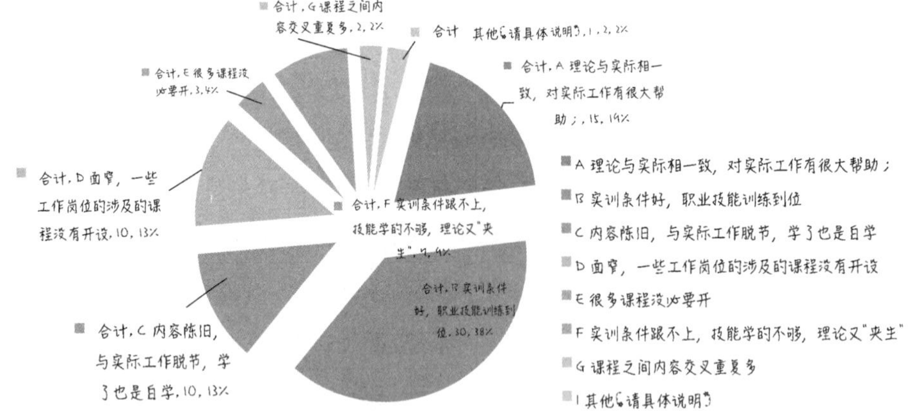

毕业生对学校专业课评价统计图

4. 实践活动分析

从调查问卷反馈中了解到，毕业生认为对就业最有帮助的活动主要有四项：专业课程教学、技能比赛、实训基地教学、“工学交替”的社会实践活动。访谈中了解到，学生对于学校中动手操作的实践活动印象最深，对后来的岗位工作帮助最大。

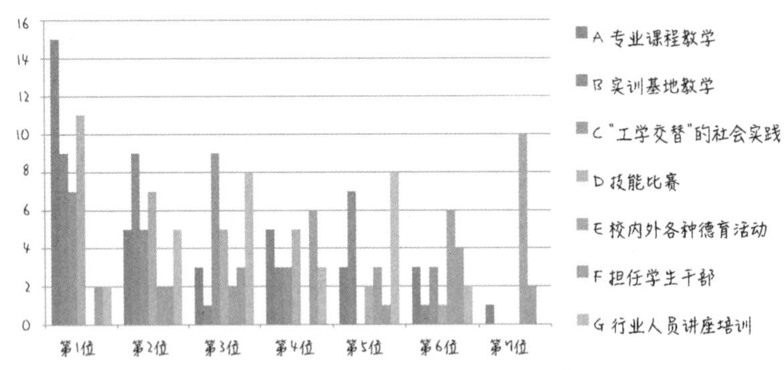

毕业生对学校活动评价统计图

(1) 毕业生对岗位相关需求情况分析

1. 职业资格证书需求分析

从毕业生调查问卷反馈了解到，毕业生对于岗位中所需的职业资格证书，最重要的前四位依次为：银行从业资格证、金融理财师资格证书（AFP）、会计从业资格证书和保险资格职业证书。

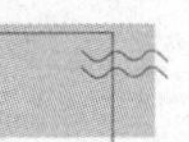

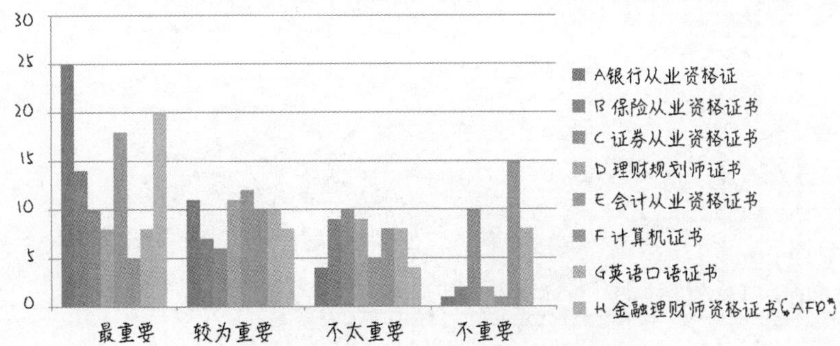

毕业生对岗位所需证书的分析图

2. 职业能力需求分析

从毕业生调查问卷反馈来看,毕业生认为职业能力中最为重要的依次为:沟通与协调能力、学习能力、发现和解决问题的能力、口头与书面表达能力、团队协作能力、抗挫能力,其中半数以上的毕业生认为沟通与协调能力是最重要的。

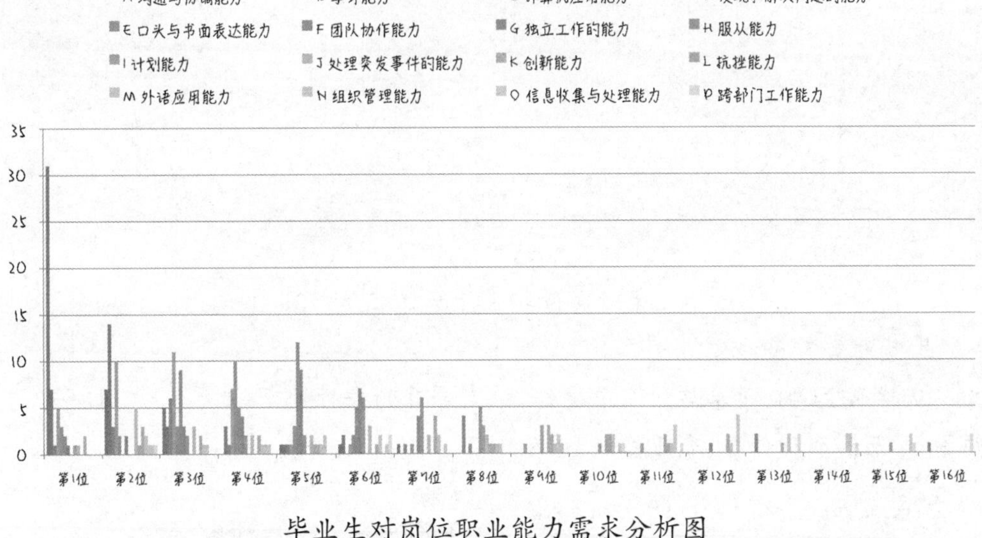

毕业生对岗位职业能力需求分析图

3. 职业道德需求分析

在职业道德方面,毕业生认为最重要的前三位是:守法遵规、保守商业秘密和客户隐私、正直诚信。

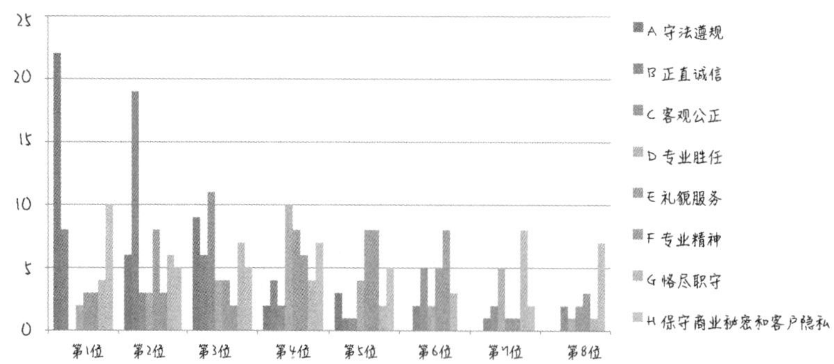

毕业生对岗位职业道德需求分析图

4. 职业素养需求分析

在职业素养方面，毕业生认为最重要素养依次为：守法遵规、工作态度、心理素质、团队精神、服务意识、事业心。

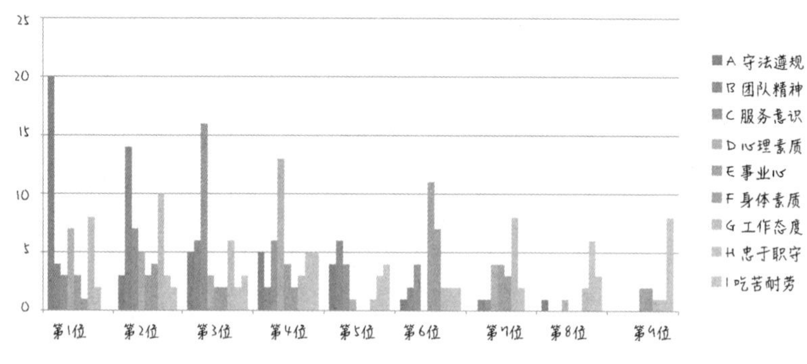

毕业生对岗位职业素养需求分析图

5. 岗位晋升条件分析

从毕业生调查问卷与访谈中得知，学生晋升的条件主要取决于：工作效率与质量、学历和职称证书、专业知识、为人处事、工作年限和技能水平。

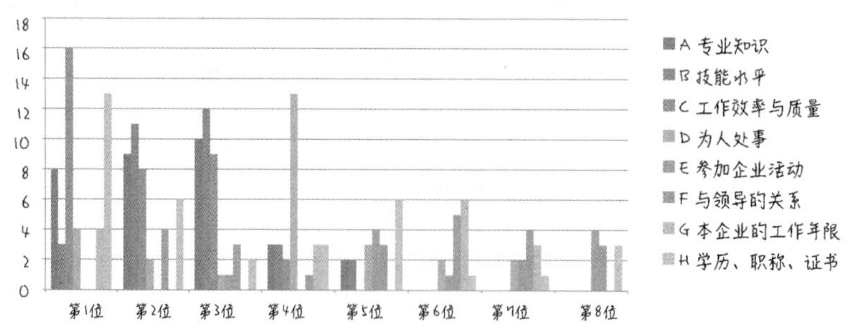

毕业生岗位晋升条件的分析图

第三部分：我校金融事务专业（银行方向）人才培养现状

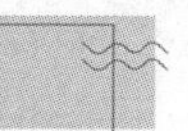

一、我校金融事务专业(银行方向)发展优势分析

我校金融事务专业开设于1985年,是金融商贸专业集群的龙头专业,是北京商贸职业教育集团理事单位。2004年被评为北京市骨干特色专业,2012年被评为北京市示范专业,是第三批国家改革发展示范校重点建设专业。

(一)外部环境和人力资源

我校金融事务专业有着良好的办学经验,在北京市同类专业中我校招生规模稳居前列。一来得益于我校地处首都CBD区域,金融机构众多,给专业发展提供了良好的外部条件;二来得益于我校多年积淀的扎实办学理念,一支致力于勤恳钻研、不懈努力的教师队伍;三来得益于深度的校企合作和大量丰富的毕业生资源,他们中的很多已经成为了单位的中坚力量,为我校专业的发展积蓄了很好的人脉资源。

(二)师资队伍优势

金融事务专业是北京市朝阳区专业创新团队。专任教师44人,高级教师占到50%,拥有市、区级学科带头人及区级优秀青年教师9人。其中专业教师全部是双师型教师,具备满足专业教学改革需要的素质与能力。

(三)校内外实训基地优势

我校建有金融专业技能实训室、金融电算化实训室、银行业务模拟实训室、综合实训室等,能满足理实一体专业课和实操训练的基本需要。结合国家级示范校建设任务的推进,将不断对实训基地进行完善和建设工作,更好的为专业建设服务。

此外,金融事务专业与工商银行、建设银行以及银行外包公司初步达成了“校企合作”和“工学交替”的意向,从而满足学生校外实践的需求。

二、我校金融事务专业(银行方向)发展存在的问题分析

随着金融行业岗位需求的变化,我们在课程内容和职业能力要求上与岗位需求开始存在差距,课程体系建设还不能符合行业典型工作岗位的要求,需要我们对专业建设有更好的想法和规划。

第四部分:我校金融事务专业(银行方向)调研问题与建议

1.调研问题

(一)专业定位需要调整

通过调研行业和毕业生访谈反馈,我们感到专业定位需要调整,对于中职生而言,一来银行对于银行柜员和客户经理是有大量需求的,但是由于银行机构对

员工学历上的要求,使得中职学生毕业时能够直接就职的机会减少,需要通过学校搭建学历提升的平台;二来由于银行中间业务的发展,使得银行将业务难度低、单一重复性的业务外包给第三方公司进行,这就产生了很多适合中职生就业的新岗位。因此,根据行业的变化对金融专业(银行方向)进行重新定位,不仅要面向银行内部,同时也要拓展到银行外包公司,满足相应岗位人才的需求。

(2)适合中职毕业生的职业岗位群

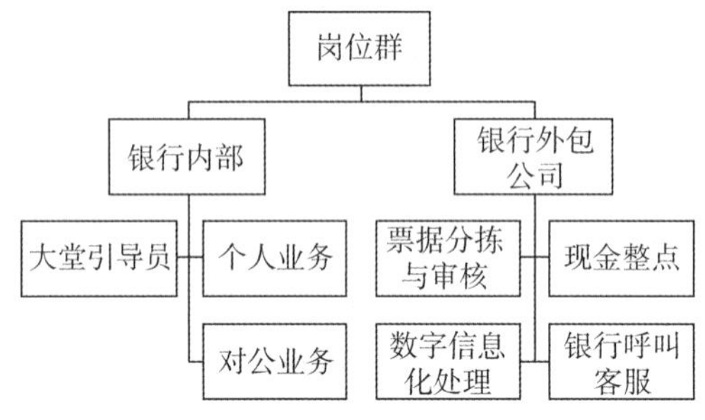

适合中职毕业生的职业岗位群统计图

(三)职业岗位群对应的主要职业活动和核心能力

工作岗位		主要职业活动	核心能力
银行内部	大堂引导员	能够分流和初步识别客户;指导客户填写相关单据;解答一般银行业务知识和理财产品知识;引导、指导客户使用自助机和网上银行操作业务。	具有分流和初步识别客户的能力;具有良好的语言表达能力;具备单据的辨识和填写能力;熟练掌握自助机和网上银行的操作;具有良好的服务意识;具有较强的沟通协调能力;具有良好的团队协作能力。
	个人业务	运用银行业务系统按照业务流程和业务规范进行日常个人业务的操作。	具有票币清点、挑残、真伪鉴别、凭证识别、小键盘和汉字录入、翻打传票、票币折算、平打账表等相关业务技能;具有规范服务意识;能够进行利息计算;具有银行凭证识别和审核能力;具有熟练操作银行常用设备和简单故障的排除能力;具有服务意识、适度的沟通能力和营销能力。

续表

工作岗位		主要职业活动	核心能力
银行内部	对公业务	运用银行业务系统按照业务流程和业务规范进行日常对公业务的操作。	具有票币清点、挑残、真伪鉴别、凭证识别、小键盘和汉字录入、翻打传票、票币折算、平打账表等相关业务技能;具有规范服务意识;能够进行利息计算;具有银行凭证识别和审核能力;具有熟练操作银行常用设备和简单故障的排除能力;具有服务意识、适度的沟通能力和营销能力。
银行外包	票据分拣与审核	熟知相关会计和金融知识,根据票据种类进行分拣、整理和审核。	具备良好的辨识、审核、整理票据的能力;具备良好的眼手配合能力。
	数字化信息处理	按照信息处理的要求和规范进行票据的录入操作。	具备熟练的数字小键盘、汉字录入的操作能力。
	现金整点	正确清点银行大库现金,残币挑拣和假币识别工作。	具备熟练的点钞技能,鉴别残币,假币和整把挑错的能力。
	银行呼叫中心	熟知信用卡等金融业务知识,根据客户询问进行答疑;做好银行产品营销工作。	熟知金融业务知识;具备利息计算能力;具备标准普通话的能力。

(四)职业资格证书和相关岗位技能证书

从调研中了解到,银行看重的职业资格证书主要是:银行从业人员资格证、会计从业人员资格证书、保险从业人员资格证书和证券从业人员资格证书。学生能够在学校考取的证书是会计从业人员资格证书,而另外三项学生需要满18岁才能考取,需要学校在专业课教学中要增加相应知识,为学生毕业后能够及时考取奠定基础。

此外对于点钞、汉字录入和数字小键盘、传票算的水平也有相应要求,因此学生还需要考取财会综合技能证书。

二、调研建议

（一）对接岗位需求，调整人才培养目标

中职金融专业（银行方向）的人才培养主要面向银行柜面操作、大堂引导、客户经理等岗位就业，瞄准第三方支付平台、信用卡中心等本科生或研究生不愿去或不稳定的新兴金融技能岗位进行错位竞争，为现代金融服务业的发展提供人才的有效支撑。

金融事务专业（银行方向）人才培养方向立足首都金融行业，培养具有良好的职业道德和职业素养，掌握金融事务专业（银行方向）职业岗位群必备的文化基础知识、专业理论知识和专业技能，具备良好的沟通协调能力、口头与书面表达能力、团结协作能力、抗挫折能力以及良好的服务意识，能从事银行大堂引导、银行柜员、银行外包业务等岗位的金融服务业技术、技能应用型人才。

（二）对接岗位需求，优化课程体系设置

优化课程设置是实现人才培养目标的核心环节，也是人才培养方案中专业教学内容的集中体现。随着金融业的快速发展，金融机构越来越迫切地需要具备过硬的专业知识和技能、拥有综合能力和职业素养的应用型金融人才。因此，对于我校金融事务专业（银行方向）而言，根据岗位群所需的相关知识、技能、职业能力、职业道德与素养的要求，结合职业资格证书考试内容，优化课程设置，完善课程体系，使之适应新形势下的人才需求。

1. 构建综合化、模块化课程体系

在课程设置上，按照开放性、实践性、职业性和可持续性的内在要求，强化通用能力的基础课程，增设应用型和技能型实训课程，拓展与金融行业密切相关的职业资格证书考试内容，构建“专业基础 + 应用技能 + 职业证书”的综合化、模块化课程体系，为学生可持续的职业发展留下空间。

对接岗位需求，将专业课程内容进行设计或是整合，体现课程的综合化，同时构建行动导向理念下“工作过程”课程体系和模块化课程体系，并在教学中融入职业资格考试相关知识，契合行业岗位需求进行课程设置。

例如：银行外包岗位中的银行呼叫中心岗，它主要涉及到信用卡相关知识和服务业务，这部分内容可以在讲解《金融基础》这门课程时作为一个独立的模块进行相关内容和服务技巧的讲解与训练，既有不同专业课程内容的整合，同时又

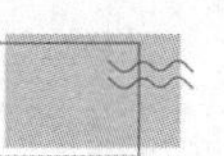

对不能独立成为一门课程的细化岗位知识和技能以模块的形式融入到某门课程中,优化了课程设置。

2. 推进理实一体的课堂教学模式,培养职业能力,提升职业素养。

根据调研,专业课程设置必须与职业岗位群和职业岗位能力相对应,而培养职业能力的最有效方法就是在工作过程中实践。这次调研的学校都开展了以工作过程为导向的理实一体化课程改革。通过分析岗位工作中的典型任务和关键能力,对接岗位能力设计教学内容和模块。基于工作过程构建理实一体的课程体系,形成有利于学生职业能力及素养形成的学习情境。在结构完整的工作过程中,通过理实一体的课堂教学模式,让学生参与明确任务、制定计划、实施检查到评价反馈的整个解决专业问题的全过程,让学生学会"做中学,学中思,思中悟,悟中建构"的能力,从而掌握知识和技能,提高职业能力,提升职业素养。

3. 对接岗位职业能力和素养要求,优化文化课教学设计。

文化课如何更好的为学生的专业发展服务一直是很多老师困惑的地方。通过这次调研我们感到文化课老师也需要走进企业,了解岗位知识和能力需求,从而进行针对性的教学设计。例如岗位职业能力要求中的沟通能力、口头与书面表达能力、普通话能力、利息计算能力、团队协作能力、抗挫能力等都可以通过一个任务载体融入到文化课教学设计中。因此,文化课老师如何更好的为专业服务?我们认为需要将文化课老师细分并固定服务于某个专业,这样文化课老师更有针对性的依据不同专业的需要进行教学设计。

(三)对接岗位需求,完善人才培养模式

本次调研的同类职业学校都在积极开展了人才培养模式的改革与探索。我校金融事务专业紧紧依托优势教学资源,以完善"校企合作、行校联合、校校合作"为改革切入点,以培养学生的职业知识与技能、职业能力与职业素养为主线,推行"课堂教学、工学交替、顶岗实习"为一体的人才培养模式,着力培养一专多能,拥有毕业证书和职业资格证书的金融人才,推动人才培养模式的改革进程。

1. 有效推进"工学交替"机制,加强校外实训基地建设。

本次调研访谈中我们也了解到企业对于有过实习经验的学生是优先录用的,企业更希望学生能够在最短的时间里迅速适应岗位,胜任工作。这就需要"工学交替"企业实践要做实、做深入。从学生角度来看,"工学交替"可以让学生体验岗位工作、试探能力、检验水平,令后续知识的学习更具目标性和有效性;从教师角度来看,长效的“工学交替”机制创建了教师和企业沟通的桥梁,对企业前沿信息的获得、岗位技能的延展和需求变化都会达到迅速、有效的反馈和搜集;从专业建设来看,“工学交替”长效机制的建立和推进为校企的深度合作创造了良好的机遇,专业发展更趋于良性发展;从学校角度来看,“工作交替”机制既可以推动校外实训基地建设,又可以为学校赢得很好的社会口碑和效益。

2. 推进“引企入校”机制,共建生产性实训基地。

行动导向理念下的课程体系和理实一体化课堂教学模式的构建需要具备集课堂教学、培训强化、技能鉴定的多功能实训基地,而这些仿真的实训基地的配备和真实的企业实践还是有差距的。在这次调研中,我们了解到企业是有意愿和学校进行深度合作,尝试订单培养,共建生产性实训基地、企业化运作,学生在真实工作环境下参与工作全过程,使人才培养模式真正符合行业的要求。双方能够达到互赢才能让“引企入校”成为可能。“引企入校”从学校角度来讲,学生有了“工学交替、顶岗实习”的场所,既便于学生实习体验,又便于学校对实习学生的管理;从企业角度来讲,节省了企业办公地点的租赁成本和劳动力成本。因此,“引企入校”的推进十分有必要的。

3. 寻求中高职衔接,为学生学历教育搭建平台。

由于金融行业对岗位学历要求的变化,需要我们为学生寻求中高职衔接的平台,为学生高层次的学历教育提供可能,满足一部分有学习要求和更高职业追求愿望的学生。

(四)推动教师企业实践,加强双师型队伍建设

金融行业的迅猛发展势必需要大量高素质的实用性人才,而这些人才的培养势必需要一支理论实践融为一体的“双师型”队伍,在专业建设中提升专业教师的教学水平和实践能力显得尤为重要,这就需要有计划、分批输送教师进行深造和培训,促进教师理念的更新,寻求长期有效的校企合作机制,推进专业教师企业实践的常态化,从而提升教师的实践水平、职业能力和职业素养,形成有效的良性循环。

(五)校园文化建设中要有效融入金融行业的企业文化。

在调研中我们了解到企业要求员工服从企业决定,遵规守纪,能够融入企业。这就需要我们对学生进行企业文化的渗透,这种渗透不仅体现在专业课程中,也可以在校园文化建设中。将企业文化融入校园文化建设,能够帮助学生树立职业意识。例如:我校组织的“求是创业场”的活动,有效的将德育与专业课教学内容

有机的结合起来；再如企业海报设计、学校专业技能比赛的开展等。另外还可以试行“公司制”的班级管理方式，布置以国内外知名金融企业家图片与寄语、优秀毕业生图片等形式，让学生在耳濡目染与亲身体验中，培养良好的道德修养，促进学生与企业员工的从业品质、自身素质相对接。

结合企业调研和实践　谈金融专业发展思路

一、依据行业调研和企业实践，分析金融专业（银行方向）岗位群变化

金融专业（银行方向）在2013年12月—2014年1月进行了市场人才需求调研，2014年2月底—3月首批安排了4名专业课教师进行了银行实践工作，6月—7月正陆续安排11名专业教师进行第二批企业实践。分别在建设银行、农商银行、会计师事务所进行银行大堂引导员、银行柜员、个人理财、代理记账工作。根据银行调研实践来看，银行业务主要由银行网点、银行后台和外包给第三方公司承担。

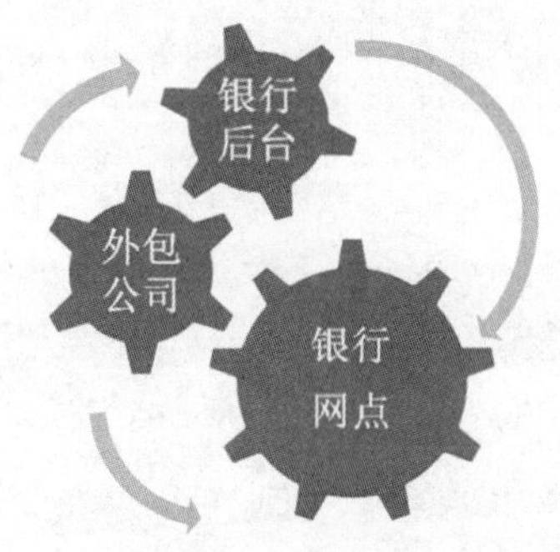

银行业务

银行业务主要涉及的岗位有：银行柜员、理财岗、内审岗、大堂引导、手机激活员、后台数据处理岗、现金整点岗、ATM补款员、信用卡客服等。如图所示：

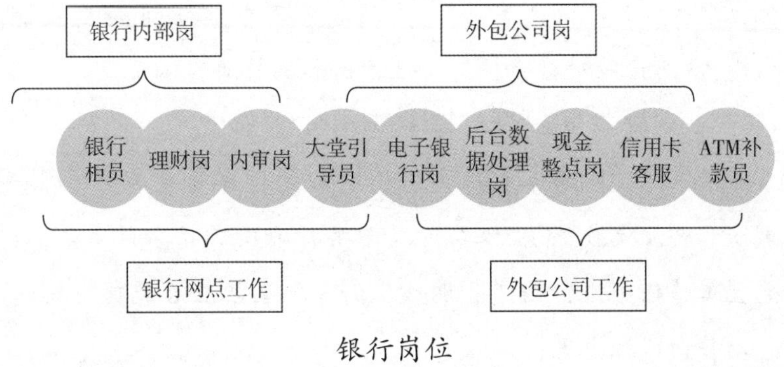

银行岗位

银行柜员、理财岗、内审岗属于银行内部岗位，而业务都外包给了第三方公司，把大堂引导、电子银行（手机激活员）、后台数据处理（票据的审核与录入）、现金整点、信用卡客服、ATM 送款等单一、重复性的简单业务外包给第三方公司。新产生的这些岗位中大堂引导员和电子银行岗都是在银行网点工作，而其他岗位的工作地点是在银行外包公司。

二、依据行业调研和企业实践，金融专业需要转型

目前银行业由于用人制度的改变，使得中职生毕业后能够直接胜任的岗位主要是银行外包业务岗位。也就是只能从事一些初级岗位，工作一段时间后有晋升银行柜员岗和理财岗的机会。根据银行业发展变化，我校金融专业必须进行转型或是调整，由原来对接的银行柜员和理财师岗逐渐转变为面向银行外包公司所对应的大堂引导员、后台数据处理、电子银行、现金整点等相应岗位。

金融专业转型前后对比

因此依据现代银行业的发展态势，应该顺势而为，依据市场变化调整专业发展专门化方向，从而按照对接岗位针对性构建和调整课程体系。

三、依据行业调研和企业实践，构建和优化课程体系

（一）按照岗位一日流程和任务内容构建模块化、综合化课程体系。

根据调研和企业实践，课程体系设置需要打破原有的学科体系，按照岗位一日流程和典型工作任务进行构建和调整。例如学生毕业后能够对接的大堂引导员岗构建行动导向课程设置：

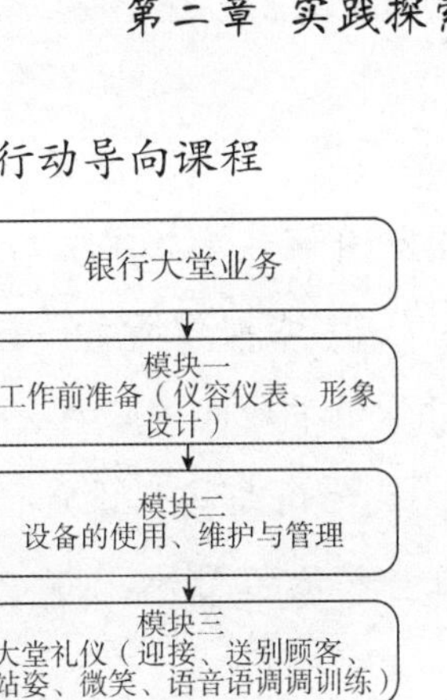
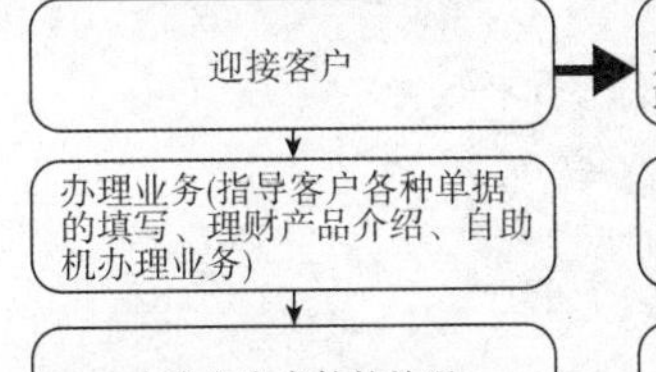
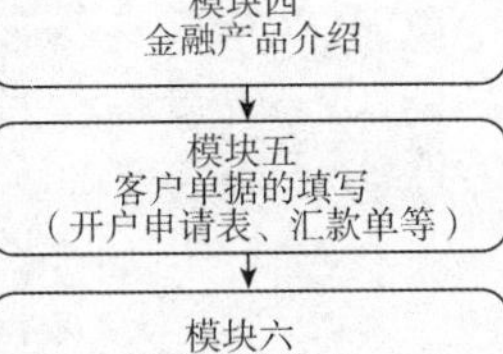

银行大堂业务课程设置

基于工作过程构建行动导向课程体系，将学科体系中的课程以模块化形式整合到行动导向的课程中来，对接岗位所需要的知识、技能以及综合素养的要求。在结构完整的工作过程中，通过理实一体的课堂教学模式呈现出来。

再如：银行外包业务中"信用卡客服业务"这一模块，也是需要将不同学科知识进行整合讲解与训练，也体现了"学岗对接，能力综合"的人才培养目标。

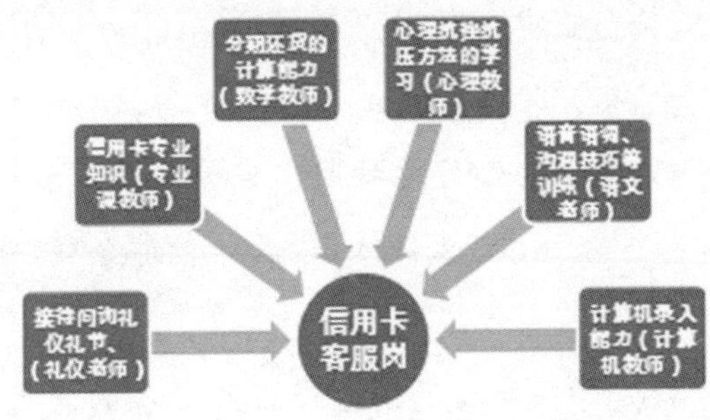

信用卡客服岗必备知识与能力

（二）对接岗位职业能力和素养要求，优化公共基础课教学设计。

公共基础课，教师在教学中也希望能够更好的为所教专业学生进行针对性的课堂教学。通过调研和实践，我们感到公共课教师也需要走进企业，了解岗位知识和能力需求,从而进行针对性的教学设计。

例如:美术课,看似只是教学生画画而已,其实不然,他对学生的审美情趣的培养是非常重要的,只是要做好和专业的契合点。如果是给金融专业学生上课,可以让学生进行信用卡封面的设计;如果是连锁经营专业,可以让学生结合专业进行"门店设计"或是商品陈列设计;如果是会计专业可以让学生用卡通图画来描述一笔经济业务的流程图等。

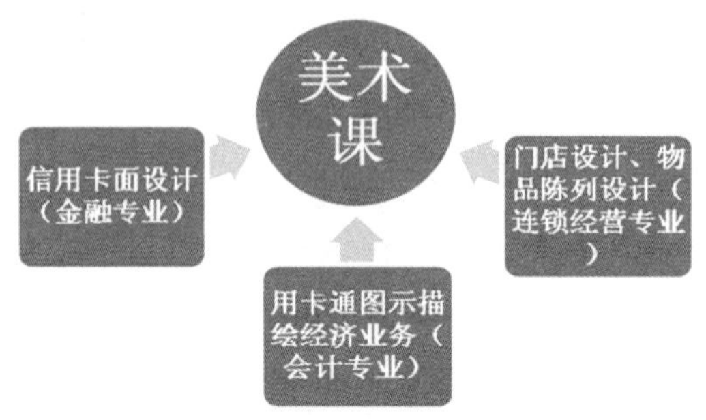

美术课与专业结合点

调研中岗位最重要的沟通能力、口头与书面表达能力、普通话能力、团队协作能力、抗挫能力等都可以通过一个任务载体融入到公共基础课教学设计中。当然,公共基础课教师如果能够更好的为专业服务,我认为还需要将公共基础课教师细分并固定服务于某个专业,这样更有针对性的依据不同专业的需要进行教学设计。

四、依据行业调研和企业实践,解析"学岗对接,能力综合"人才培养目标

"学岗对接"就是金融专业需要设立专门化方向,学习的内容和操作的流程要与就业岗位能够匹配,课程的设置要按照岗位的工作流程或是主要工作项目、任务来设计学习课程和内容,打破学科体系,设计成综合化、模块化,符合对接岗位流程的逻辑性。

所谓"能力综合"就是学岗对接的这些岗位所必备的能力不仅仅指的是职业技能,还需要有一些宽泛的能力,是需要不同学科的老师共同培养,才能形成学生的综合能力。这其中既需要一些职业素养,也需要一些人文素养的内涵在其中。例如:银行大堂引导员,需要具备客户服务意识;规范的大堂接待和送客礼仪;能够介绍各种银行产品的种类和功能;自助设备的使用、维护和简单故障排除的能

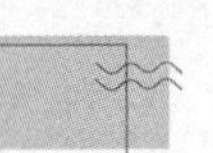

力，也需要具备客户沟通技巧和处理突发事件的能力；训练学生在沟通过程中语音语调的把握以及网点内不同岗位间协调合作的能力；同时也要掌握不同客户心理，对突发事件发生时自我心理调适的能力，积极乐观的工作心态等都是需要在岗位任务的实施中综合渗透和培养的，这些综合能力表现出来就是企业所说的“员工要有灵性”。

五、依据行业调研和企业实践，金融专业发展重在推进校企合作、校校合作

（一）感性认知，体验实践，“工学交替”机制要常态化

从调研中了解到企业对于有过实习经验的学生是优先录用的，企业更希望学生能够在最短的时间里迅速适应岗位，胜任工作。这就需要通过学生在学校两年的时间里以完成专业感性认知、职业规划、体验实践等“工学交替”的形式帮助学生做好就业前的心理准备、知识准备和实践能力的准备。“工学交替”的机制应该是有梯度的，高一年级学生应在开学初进行企业参观活动，对企业的业务和经营有初步的感性认知，了解企业的用人标准，从而帮助他们确立职业意识和职业方向。高二年级学生进行“工学交替”的岗位实操工作，让学生体验岗位工作、试探能力、检验水平，令后续知识的学习更具目标性和有效性。“工学交替”要做实、做深入并且常态化，它不仅可以让学生学有所获，也可以帮助教师搭建与企业沟通的桥梁，对行业前沿信息的获得、岗位技能的延展和需求变化都会达到迅速、有效的反馈，从而更好地调整课堂教学内容，使之更为有效。这也是让老师们下企业实践最为重要的原因。

（二）推进“引企入校”机制，共建生产性实训基地。

行动导向理念下的课程体系和理实一体化课堂教学模式的构建需要具备集课堂教学、培训强化、技能鉴定的多功能实训基地，而这些仿真的实训基地的配备和真实的企业实践还是有差距的。对于我校专业计划尝试引进一个会计师事务所和一个银行外包公司，订单培养、共建生产性实训基地，这样校企双方都具有经济效益，学生的工学交替和教师的企业实践更便捷和有效。

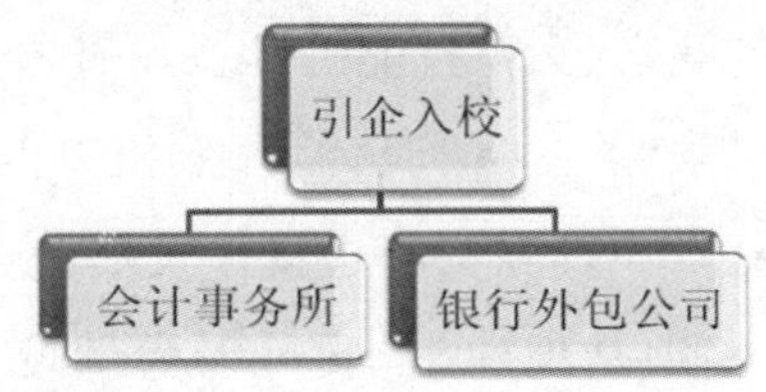

(三)推进金融专业中高职衔接步伐,为学生长远发展搭建学历平台。

由于金融行业对岗位学历要求的变化,需要我们为学生寻求中高职衔接的平台,满足一部分有学习要求和更高职业追求愿望的学生,也是为学生将来可持续的职业发展搭建平台。无论是公办还是民办,只要市场认可就可以去尝试搭建。

6. 改革学校管理体制,形成专业办公管理机制。

无论是从专业发展需要来看,还是从构建行动导向的课程体系来看,都需要建立配套的管理体制。建议将学科教师按服务专业进行人事调整,形成专业办公机制。即:将专业课教师、文化课教师、办公室职员分别按不同专业纳入到一个团队中为该专业服务,这样隶属在某一专业下面,更利于不同学科老师们的相互配合,在耳濡目染中逐渐深入到专业中来,更有针对性,恰当的管理机制是专业发展的润滑剂。

(三)探索"工学交替"教学实训

专业在调研的基础上确立了"学岗对接,能力综合"人才培养目标。"学岗对接"是以教学实训内容与工作岗位内容对接,通过理实一体课堂仿真实训环境与工学交替的企业真实岗位环境的交替运行,实现学生职业能力和职业素养的全面提升。"能力综合"是通过课堂仿真实训和企业真实环境的实践,帮助学生补充原有专业知识能力的不足,提高实践操作能力以及提升职业素养,从而达到符合岗位要求,能力综合的职业人。若要实现人才培养目标,需要让学生到实践中去,通过"工学交替"学习模式实现"能力综合"的实效性。

工学交替是指学生通过高一单项技能仿真实训环境的学习后,在高二进入企业真实环境进行实践学习,即是对已学知识和技能的检验和对教师教学的检测,也是对课堂理论和实训教学的弥补。

借鉴德国的"双元制"做法,"工学交替"的意义在于:从学生角度来看,"工学交替"可以让学生体验岗位工作、试探能力、检验水平,令后续知识的学习更具目标性和有效性;从教师角度来看,长效的"工学交替"机制创建了教师和企业沟通的桥梁,对企业前沿信息的获得、岗位技能的延展和需求变化都会得到迅速、有效的反馈和搜集;从专业建设来看,"工学交替"长效机制的建立和推进为校企的深度合作创造了良好的机遇,专业发展更趋于良性发展;从学校角度来看,"工学交替"机制既可以推动校外实训基地建设,又可以为学校赢得很好的社会口碑和效益。

作为专业主任我优先做好顶层设计,制定工学交替管理制度;协同外联部门做好校企沟通和实训岗位落实工作;教学部门做好学生全程指导的教师安排;德育部门落实班主任协助学生的管理工作,通过“三部管理,三师指导”,实现工学交替实训的效果。

1. 制定制度

制定制度是推进工学交替实训顺利进行的管理保障,我与教学、德育部门共同制定教学管理、德育管理、企业评价管理等制度,使工学交替实训更为有效落实。

北京市求实职业学校金融商贸专业集群
学生工学交替教学管理制度

(2014 年制定)

一、总则

工学交替是职业教育学(院)校人才培养模式的重要形式,是职业教育“实践性、开放性和职业性”的必然要求,有效促进“学岗对接,能力综合”人才培养目标的实现。做好工学交替工作也是建设高水平国家级示范性职业学校的重要内容。为进一步规范我校的工学交替实践教学工作,结合我校实际,特制定本制度。

第一条　工学交替主要是指按照专业人才培养方案要求和教学计划的安排,高二年级学生到企业生产服务第一线参加工学交替教学实训,此实训作为教学活动的组成部分。

第二条　学生参加工学交替,须经过所在教学部门、专业部门、德育部门根据学生专业审定同意后方可进行教学实训,由学校实习就业部门统一安排面试、复试、培训后方可参加工学交替实训活动。

二、细则

第一条　组织领导

工学交替工作,由学校教学校长总负责,并组成由教学部门、专业部门、招生就业部门、德育部门组成的工学交替管理领导小组。工学交替的日常管理工作由学生所在年级的教学部门、专业组、德育部门、实习就业部门以及企业共同承担。

第二条　工学交替安排

1. 工学交替根据人才培养方案进程，安排在第三学期—第四学期进行。

2. 工学交替的内容要求：对接岗位进行顶岗实训，实训内容具备专业性、综合性和可操作性。

第三条　指导教师职责

1. 指导教师要加强对学生思想政治教育和职业道德教育，定期帮助学生总结工学交替学习成果，做好工学交替成绩的评定工作。

2. 主动加强与工学交替单位和学生的联系，要建立专业指导教师联系学生制度，及时准确地掌握学生的工学状态，解决工学过程中出现的矛盾和问题，切实指导好学生的工学活动。

3. 熟悉专业工学交替方案和专业实训岗位内容，按要求参加工学交替学习动员大会，做好学生参加工学交替前的各项准备工作，负责与工学交替学生建立联系群，保持与学生的每日沟通联系。

4. 指导教师要及时了解、掌握及检查学生完成工学交替实训日志的记录情况，指导学生撰写工学交替学习总结，督导学生做好“工学交替学生自评表”的填写工作。（见附表一）

5. 负责学生工学交替实训日志的评语填写以及“工学交替学校评定表”填写工作。（见附表二）

第四条　工学交替实训学生职责

1. 工学交替是学校人才培养方案的重要组成部分，所有学生都必须按人才培养方案的要求按时参加工学交替活动。对于集中安排的工学交替，无正当理由不参加者，相应课程的学习成绩为不合格。

2. 对于正常安排的工学交替实训，学生应当严格遵守学校和所到单位的规章制度，服从管理。

3. 学生工学交替学习期未满，不得擅离或私自调换工学交替实训单位。个别学生确因特殊情况，中途调换单位的，须本人提出书面申请，报学校工学交替实训工作领导小组批准。学生未经批准擅离、调换实训单位的，实训成绩以零分记，其间发生的一切问题由学生本人负责。

4 工学交替实训期间，学生应积极主动与专业指导老师、工学交替实训单位

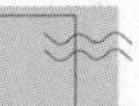

指导师傅及班主任保持紧密联系，完成工学交替实训。

第五条　工学交替成绩考核评定

学生在工学交替期间接受学校和企业的双重指导，校企双方要加强对学生的工作过程控制、指导和考核，实行以企业为主、学校与学生本人为辅的三方考核制度，分别填写“工学交替自评表”“工学交替学校评价表”以及“工学交替企业评价表”。

1. 工学交替成绩作为单独科目记录成绩。考核由三部分构成：一是企业指导师傅对学生的考核成绩，占总成绩的80%；二是学校指导教师对学生的考核成绩，占总成绩的10%。三是学生个人对工学交替实训的个人评价成绩，占总成绩10%。

2. 工学交替学生在实训期间由于违反企业纪律被退回者，毕业不予推荐优质企业，并且需要在毕业前完成校内补训任务，补训期间表现良好的，指导教师评价合格者，成绩记录为“补及”。

北京市求实职业学校金融商贸专业集群
学生工学交替德育管理制度

（2014年制定）

一、总则

学生工学交替是学生在校期间接受管理、教育的特殊学习环节，是学生的必修课。依据为培养合格中等职业人才的育人原则，维护正常的学生工学交替秩序，形成良好的校风。根据北京市教委《关于中等职业学校学生学籍管理的有关规定》，结合《北京市职业学校学籍管理规定》《北京市求实职业学校学生违纪处罚实施细则》等有关规定，特制定工学交替德育管理制度。

二、细则

第一条　学生必须遵守用人单位的安全保卫规定、金融行业规范、劳动纪律和操作规范。在工学交替专业实训前应接受岗位培训，实训中应严格遵守操作规程，不得擅自调换岗位和设备，更不得擅自动用与工学交替无关的企业设备、机具等物品，不得擅自接触钱款。

第二条 实训期间认真完成企业交给的任务,不得有影响企业安全的行为。

第三条 在企业工作生活期间,学生应注意饮食安全,严禁食用无照摊贩的食物。

第四条 学生实训期间,应注意交通安全,遵守交通法规,严禁驾驶、乘坐无照经营车辆。

第五条 不得私自离开工作和住宿场所,如需要请假必须由指导师傅审批,返回后须主动到指导师傅处销假。

第六条 在企业住宿期间严格遵守企业用电管理规定,不私接电源和随意使用电器。

第七条 不得私自到企业施工、装修及严禁进入等场所,避免个人伤害。

第八条 严禁在公共场所和宿舍吸烟、喝酒、打架。

第九条 不得随意进入他人宿舍、不得影响同学休息。

第十条 在工学交替期间的学生,要遵守企业所在地的地方法规,尊重群众的风俗习惯和宗教信仰,避免与群众发生冲突,做到文明礼貌,维护学校声誉,树立良好形象。

第十一条 学生工学交替期间的违纪处理细则:

学生违纪的界定:

学生违纪分为两种:一般违纪和严重违纪

1. 一般违纪包括:①迟到 ②早退

2. 严重违纪包括:①一般违纪屡教不改 ②吸烟 ③发布网上不良信息 ④旷课 ⑤打架 ⑥恶意顶撞企业管理人员 ⑦严重扰乱办公秩序 ⑧蓄意损坏公物 ⑨个人行为对企业带来损失 ⑩住宿生夜不归宿。

3. 学生违反工学交替德育管理制度,视情节轻重分别给予下列处分:

①通报公开批评 ②警告 ③严重警告 ④记过 ⑤留校察看,并签署试读协议 ⑥劝其退学或开除学籍。

4. 偷窃公共财产或私人财产者,造成严重损失和危害者,给予开除学籍处分。

5. 工学交替期间,凡经过司法部门行政或刑事处罚的,给予劝其退学或开除学籍处分。

6. 打架斗殴或聚众打架者，根据情节轻重给予记过处分或留校察看处分，凡造成伤害的，赔偿受害者医疗费同时，须从重或加重处罚。

7. 损坏公共财物者给予以下处分

凡无意损坏公共财物者应照价赔偿；凡故意破坏公共财物者，除赔偿外并根据损坏程度及情节轻重给予纪律处分；屡犯者，态度恶劣、情节严重的，给予劝其退学或开除学籍处分。

第十二条　违反考勤制度者给予以下处分：

（一）迟到或早退15分钟以内累计三次为旷课一节，填写过失单，旷课3节以上20节以下，通报批评。

（二）旷课：以下情况均记录旷课

1. 迟到、早退15分钟内，累计3次记一节旷课。

2. 迟到、早退超过15分钟，记一节旷课。

3. 未经请假，擅自离开企业或放假后未及时到企业报到的，以所缺课时数记旷课。

4. 请假未获批准自行离开企业的，按实际旷课节数记旷课。

5. 住宿生晚自习无故缺勤者，记旷课2节。

（三）处罚

1. 旷课3节以下，填写违纪单。

2. 旷课累计3节以上16节以下，通报公开批评。

3. 旷课累计16节以上者，给予警告处分。

4. 旷课累计24节以上者，给予严重警告处分。

5. 旷课累计32节以上者，给予记过处分。

6. 旷课累计40节以上者，给予留校察看处分。

7. 连续旷课两周或累计无故旷课一个月者，学校可以劝其退学或开除学籍。

第十三条　凡属下列情况之一者从重处分：

1. 违纪后，态度恶劣者。

2. 违纪后，处分尚未撤消又再次违纪者。

第十四条　具备下列情况者可酌情减轻处分，免于或提前撤消处分：

1. 违纪后主动承认错误，并有积极悔改表现，并能协助学校作好调查处理工作,可酌情减轻处分。

2. 违纪后,有立功或突出表现的,可酌情减轻处分或免于处分。

3. 受处分后,在青年志愿者服务活动中有突出表现,或有立功表现的,可以提前撤消处分。

第十五条 违纪教育、处分程序

1. 对学生的违纪情况,指导老师和班主任进行调查,了解事情的真实情况,并做好学生的思想工作(包括要求违纪学生本人做检查),事情调查清楚后班主任提出初步处理意见后报专业部门、实习就业部门和教学部门。

2. 专业部门、实习就业部门和教学部门做出处理决定后,通过班主任告知本人,同时由班主任通知并征得学生家长同意和签字。如果联系不到家长,学校会以公示的方式公告。

3. 违纪学生如对处理决定有不同意见,须在得到通知的第二天以书面形式向教育处反映,否则视为同意。

4. 教育处接到受处分学生的异议后,进行复议,再以口头形式告知本人并公布。

5. 凡记过以上处分,经教育处审核报主管校长批准;留校察看以上处分,须经学校行政会讨论审核,须同时签署试读协议,试读期限为一个学期。

第十六条 违纪学生撤销处分的条件

1. 警告处分的撤销:自接受处分之日起满二个月内,没有任何违纪现象,同时完成30次志愿者活动的,可以申请处分撤销。

2. 严重警告处分的撤销:自接受处分之日起满三个月内,没有任何违纪现象,同时完成40次志愿者活动的,可以申请处分撤销。

3. 记过处分的撤销:自接受处分之日起满六个月内,没有任何违纪现象,同时完成50次志愿者活动的,可以申请处分撤销。

4. 留校察看处分的撤销:自接受处分之日起满1年内,没有任何违纪现象,同时完成60次志愿者活动的,可以申请处分撤销。

5. 经本人提出撤消处分的申请,班委会及指导教师、班主任同意后,须报教育处初审,再经主管校长审批,方可撤消处分。留校察看以上处分,须经学校行政会讨论审核方可撤消处分。毕业前不能撤消处分者,按结业处理。

北京市求实职业学校金融商贸专业集群
学生工学交替企业考核评价制度

（2014年制定）

一、总则

工学交替单位要严格遵守国家有关法律法规，为学生提供必要的实训学习条件和安全健康的劳动环境。

二、细则

第一条　工学交替的内容要求

专业对口、分项目实训，具备专业性、综合性和可操作性。参加工学交替的学生由学校和企业共同管理。在工学交替期间，企业要维护学生的合法权益，确保学生在实习期间的人身安全和身心健康。

第二条　企业指导师傅职责

1. 企业指导师傅应具备一定专业水平和实践经验。每位指导师傅指导学生数最多不超过10人。

2. 指导师傅要按要求指导学生的实训、学习和生活，检查实训进度和质量。在业务指导中应注意培养学生严谨求实的工作作风和创新精神，并详细作好指导记录。

3. 指导师傅在学生工学交替结束后要指导学生撰写总结材料，保证学生的工学交替的学习质量。

4. 在工学交替即将结束时，代表单位做好对实习生的鉴定与成绩评定工作。

第三条　企业考核评价办法

学生在工学交替期间接受学校和企业的双重指导，校企双方要加强对学生的实训过程控制、指导和考核，实行以企业为主、学校为辅的校企双方考核制度，企业需要填写“工学交替企业评价表”（见附表三），企业评价占工学交替总成绩的80%。

第四条　企业处理学生违纪办法

1. 工学交替学生按照企业员工进行管理，如果出现违反企业员工管理规定

的，如出现迟到、早退，达到累计3次及以上，企业在评定成绩时给予相应扣除，同时在每月补贴中按员工管理制度扣除相应费用，

2. 学生无故旷训的，达到累计3次及以上，企业有权给予退回处理，终止该生工学交替实训，评定成绩为不合格，毕业推荐不能进入该企业工作。

3. 工学交替实训期未满，不得擅离或调换工学交替实训单位。个别学生确因特殊情况，中途调换单位的，须本人提出书面申请，报工学交替工作领导小组批准。学生未经批准擅离、调换实训单位的，实习成绩以零分记，其间发生的一切问题由学生本人负责。

4. 工学交替学生在企业应遵守单位纪律，尊重企业指导师傅，服从工作分配，认真工作，遵守所在单位的保密制度。若遇到问题，应及时与指导师傅和学校联系，企业与学校协商解决，学生本人不得擅自处理。若因学生原因给企业造成不良影响或损失的，学校将根据有关规定给予相应处理。

工学交替的探索与实践

一、案例背景

随着行动导向理念下的理实一体化课程改革的推进，金融专业课的教学场所需要在仿真的实训基地完成，但是由于最近几年金融行业发展变化大，银行业的业务在不断拓宽，互联网金融的崛起都给金融专业的教学带来了更大的挑战。首先，从设备和系统环境来说，金融事务专业（银行方向）校内模拟银行的建设逐年需要资金的投入，特别是银行设备系统的更新速度较快，使得教授教给学生的业务知识和技能缺少与行业同步更新的技术环境或是软硬件的支持，使得仿真实训基地与真实的工作环境之间存在差距；其次，从学生综合能力培养来说，依据对金融专业的市场调研，企业需要的人才所具备的素养除了知识技能以外，对沟通能力、表达能力、服务意识、抗挫折能力、规范意识、责任意识也是十分看重的，而这些关于情商、逆商的培养在学校的仿真实训环境中只能得到一部分的锻炼，因此要想让学生毕业后就能够与岗位进行零对接的话，在这些能力的培养方面就要寻求更为有效的尝试。因此，在2014年开始尝试组织学生进行工学交替，进入银行、互联网金融公司、投资公司进行为期三个月的工学交替，主要实训的岗位是银行大堂引导和互联网金融公司的订单处理、销售客服等，尝试让学生在真实的工

作情境中体验、获知、习得技能。

二、案例描述

在工学交替动员会上,我对参会学生说:“孩子们,知道为什么要进行工学交替吗?”有些学生一脸茫然,有些学生在小声嘀咕:“让我们去锻炼锻炼呗”。还有几个平时课堂上比较厌学和淘气的学生表现出来的是反感和无所谓的态度。于是我接着说:“你们经过了一年校内学习与实训,在仿真环境下你们能够学习理论知识和相关技能,但是和真实的工作情境还是存在差距的,你们所掌握的本领是否能够胜任岗位需求,这都需要你们到企业中去检验,在实训中发现自己的不足和业务知识的盲点,从而在实训结束后回到学校再进行针对性的弥补和训练。这就是让大家进行工学交替实训的初衷。”

安同学(金融专业学生,班内的优等生,是班干部,参加过北京市技能大赛的女生)问道:“老师,我们干不好怎么办?我怕碰到不讲理的客户。”

我回答道:“你行的,你是个能力很强的孩子,老师相信你可以。”

王同学(金融专业学生,班里的中等生)问道:“我们不就是干银行大堂引导吗,网点一开门就是迎客、刷卡、取号、分流、教客户怎么使用 ATM 机呗,有啥难的。老师放心吧,我们行的。”

我对他笑了笑,说道:“工作任务并不难,难在用心上,难在责任心上,看似简单其实学的东西很多,你工学交替时慢慢体会,然后回来告诉我,怎样?”

王同学说:“行,等我的好消息吧。”

我笑了笑,为他自信的态度还是要赞一个的。

冯同学(金融专业男生,课上经常睡觉而且还常常耍贫嘴的男生):“不就是一进银行门口‘站岗’的那个吗?迎接顾客、送别顾客吗,有什么可实训的,真烦,没什么用。”

我对他笑着说:“那样的话,银行网点摆个机器人不就可以了?你去了多余了。”全班哄堂大笑。我接着说道:“冯同学,你体验之后再告诉我,大堂引导员在银行网点是否有用?”

张同学(会计专业,上课纪律不好,平时比较懒散,爱迟到,大错没有小错不断,总像一个长不大的小孩):“老师,我们要在会计事务所里记账呀,那我可不会。”

我回答道:“你们暂时做不了审计和代理记账的,你们先做做审计助理,装订凭证和整理的工作。”

张同学说：“那么简单呀，就整理呀，有啥意思？”

我没在解答，因为此时太多的说教都是苍白无力的。我看着孩子们那单纯的双眸，思索着孩子们那简单的想法，心里期待他们能够在工学交替的日子里成长、绽放。

两个月的工学交替过去了，我走访了这几个孩子的实训单位，看到孩子们一张张渐渐成熟的脸和那有模有样的工作状态，听到了工学单位的指导师傅的高度评价，他们令我感到工学交替的效果达到了。

三、分析与反思

在经过了两个月的工学交替，孩子们和银行指导师傅谈到：

（一）优等生

安同学说：“工学交替的过程中学到了很多的专业知识，知道自己哪些方面不如别人，也知道了在社会中该怎么与人相处，怎样把自己的工作做到最好，尽管自己在银行员工的心里只是一个实训的小孩，也要把银行的总体利益放在最前面。”

（二）中等生

王同学：“我觉得在实训的这几个月比在学校一年学到的东西还多。在网点接触到过各种各样的人和事。碰到那些老爷爷老奶奶，真的需要特别的耐心，不能着急。刚开始实训时，看到老人就头疼不想帮他们，但是经过师傅和老师的教导，让我学会换位思考，我老了，不是也这样么，以后在处理事情上需要换位思考。还有实训这段期间，和其他的大堂工作人员处的很好，从他们身上学的东西是最多的，让我从不敢说话到现在热情的帮助客户，他们带我学习银行的业务，教我股票，感觉特别好。累是真的累，不过感觉真的长大了，感觉为人处事真的很重要，这两个月下来，学到的东西都是在学校里学不到的。等我回学校一定让您觉得我懂事了，还有好多好多想说的。”

（三）学困生

张同学：“比学校呆着更有意义，真正到社会上锻炼比读再多的书都有用，让自己也有一种学校没有的责任感，学校很懒散，老师能教育能批评，到了工作单位，你行你就上，你不行你就走，就这么简单。不管你个人能力再怎么强，首先最重要的还是出勤与交际还有效率！”

冯同学:“挺有意思的,累是真累呀,第一周站的我腿都不会打弯似的,而且还有很多奇葩顾客,不讲理的,脾气不好的,我都压着没发火,因为有时候出现吵架的经常是等着急了或是 ATM 机吞卡了发脾气的,但是换位想想,他们也是着急呀,所以我就得态度好,他们才能消火。实训中接触的人多了,解决问题的经验也就有了,慢慢的也就行了。”

银行指导师傅评价说:“这些孩子真的很不错,虽然刚开始还很拘谨,还不是很主动,服务意识还不是很强,但是经过两三天他们就慢慢能够胜任岗位,并且主动意识逐步增强,能够维护网点的声誉,积极解决突发事件,并且客服服务意识增强了,都很有责任心的,这些孩子真的很不错,我们很满意。”

职业教育具有鲜明的行业特点,创办新的教学模式,来适应现在社会需求。“校企合作”既能发挥学校和企业的各自优势,又能共同培养社会与市场需要的人才,是学校与企业(社会)双赢的模式之一。加强学校与企业的合作,教学与生产的结合,校企双方互相支持、互相渗透、双向介入、优势互补、资源互用、利益共享,是实现学校教育及企业管理现代化、促进生产力发展、加快企业自有人才的学历教育,使职业教育可持续发展的重要途径。从调研企业对中职学生需求来看,企业需要的人才是具有一定的工作经验,同时具有较强沟通协作能力和协调能力的中职生,在企业中也有大量的技术难度低、工作简单重复性的工作岗位需要中职生的参与,企业更希望学生具备实际的工作经验,一毕业就能够胜任岗位,减少培训和试用的环节或是时间,这就需要学生在学校里能够具备胜任岗位的业务操作水平和相关的职业能力,因此从人才需求来说,学生在校期间去企业进行工学交替是最为行之有效的方式,它能够真正实现学生与岗位的零对接。因此尝试探索和推进工学交替方式下的校企合作具有重要的意义。

工学交替能够弥补学生们在学校里无法习得的能力和获知的业务,学生们通过在真实的工作情境中体验岗位、获得经验,在真实的顾客接待中学会沟通和处理人际关系,无疑促进了学生的综合能力的形成,促进了孩子们内心的成长与成熟。学生们在经过这段工学交替的日子,逐渐发现了另一个自己,感觉到了自己的潜能和不足,逐步找到了自己发展的目标。老师也通过工学交替看到了学生们那可爱的一面、令人感动的作为和巨大的潜能,在欣慰他们成长的同时,更坚定了我们做教育者的使命,愿与孩子们同行,期待他们绽放得更加绚烂。

【工学交替期刊节选】

目　录 Content

工学交替刊首语

学校篇

金融事务专业集群情况简介

教师篇

学生篇

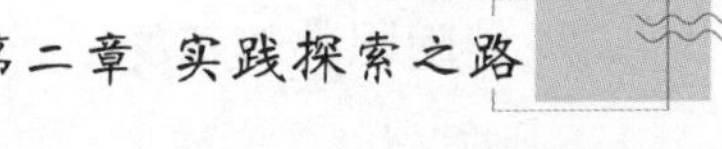

附 录

学校篇

金融事务专业集群情况简介

北京市求实职业学校金融商贸专业集群以北京市中等职业学校示范专业金融事务（银行方向）专业为龙头，涵盖会计、连锁经营管理等专业，拥有一支优秀的、专兼职结合的师资队伍，多年来秉承“学岗对接，能力综合”人才培养模式，坚持开展深度校企合作，努力构建以就业为导向、适应区域经济发展及现代金融商贸服务业需要的课程体系，校企双方共研共建实训基地，倡导“教学做合一”教学模式和学业评价模式改革，积极拓展工学交替、顶岗实习办学途径，为各大商业银行、互联网金融公司、会计师事务所和大型连锁企业培养了上万名优秀毕业生，“能力强、适应快、素质高”，良好的口碑赢得社会各界的广泛赞许。

工学交替的目的和意义 侯庆辉

“到实践中去，再从实践中来！”是金融商贸专业集群发展的必经之路，走进企业，了解行业动态、置身于真实业务情境的历练，是学生和教师成长的重要途径，也是弥补课堂教学的不足和“学岗对接零距离”的难以实现，校企合作、工学结合，共同培养专业技能型人才，是工学交替实训的目的所在。

北京市求实职业学校金融商贸专业集群经过不懈努力，与工商银行、会计师事务所、互联网金融公司等多家单位进行合作，开展工学交替，突破了金融商贸专业集群难以到企业实践的瓶颈，并取得了很好的育人效果。从2014年10月开始，高二年级学生进入企业进行工学交替实训，主要实训岗位有银行大堂引导岗、互联网金融公司订单处理岗、销售客服岗、会计师事务所审计助理岗、物流公司的理货岗等。通过工学交替一方面检测所学是否致用，另一方面通过工学交替实训找到不足，实训结束后回到学校再进行针对性的弥补，有的放矢的完善自己的知识技能与职业素养的提升。目前已形成了银行大堂引导订单班。为及时了解并掌握学生的实训情况，更好地提升教师的教学成效，在工学交替过程中学校循环配有教师进行实训指导，同步开展企业实践，近距离观察、记录企业工作任务、职业能力以及职业素养的要求，为课堂教学改革提供了实践经验，有效提升了教师对专业和行业的认识。工学交替让学生向“学岗对接的零距离”又迈进了一步，金融商贸专业集群的教师们会秉承务实、勤奋的精神做好专业，传承“让教育适合学生，让学校适应学生，让幸福伴随学生”的办学理念，努力为学生的成长和发展打下坚实的基础！

寄语金融商贸专业集群的我们：

“有一种爱叫守护，有一种信念叫传承，有一种坚持叫努力！”

高二年级金融、会计、物商专业学生通过学校的整体策划和安排、企业的支持和配合、教师的指导和关怀、学生自身的坚持和努力先后圆满完成了为期三个月的工学交替任务，通过此次工学交替，学生了解了企业的要求，学到了工作实践经验，也涌现出大量的学生优秀事迹，他们有的带病坚持工作，有的拾金不昧得到了企业的表扬，有的创出喜人的业绩，更多的是用规范、专业、热情的服务得到了企业的认可。其中金融专业学生通过企业提名、学校审核成立了高二年级银行订单班，在此祝贺榜上有名的同学，另外其他同学也有很多做得好的地方，但是有的同学因为出勤问题；有的因为遇到问题客户时的工作方法、态度问题；有的因为坚持、努力还不够等问题而没有进入订单班，希望这些同学反思并弥补自己的短板，完善自己。在此感谢为工学交替付出的所有同学和老师们！

工学交替促成长，经验交流传帮代 闫凌睿

高二年级金融1班、金融2班学生已经完成工学交替任务，金融3、4、5班会计和物商班即将完成工学交替任务从企业回归学校，这期间涌现出众多优秀学生的感人事迹，现在高二年级中职5个班级的学生就要走入企业进行工学交替，2015年4月16日我们在德育处的指导下，召开了“工学交替交流会”，请金融1、2班完成工学交替的优秀学生代表和中职班学生谈谈工学交替期间的优秀表现和值得借鉴的经验。

年级组长闫凌睿老师先和同学们展示了指导教师们发的大量微信内容，告诉同学们老师们看到了你们的努力、你们的成功、你们受到的奖励、你们在遇到问题时老师给予的支持和鼓励以及学生的自我坚持和自我勉励。这一张张老师用心记载着学生工学交替成长过程的微信图片，以及老师们真诚的点赞打开了学生的话匣子。

金融1班的刘佳欣用清脆的嗓音谈了工学交替过程中可能会遇到的问题，比如：遇到老年人该如何指引，遇到有人把卡忘记取出该怎样对待的问题；金融2班王珏从工学交替的目的谈起，非常概括的谈了工作的流程、工作日程中10号、13、14、15号是老年人比较集中到行里办理业务的日子，要做好相应的准备等问题；金融1班石鑫玥用耐心、沟通、帮助、整理八字概括了在趣分期工学交替的工作状况；金融2班田家辉则从自己经历的实际事件入手告诉中职班学生要注意的问题，可以热情的帮助客户，但是涉及到卡、折、现金不能带客户操作的道理，还谈了自己如何帮助一位客户识别汇款诈骗，避免客户钱财损失。其余几位同学也都非常出色的分享了自己的工作经历。

金融1班班主任魏晓春老师从学生遇到困难要坚持的角度,鼓励中职班学生完成工学交替任务,并且告诉学生遇到脾气暴躁的客户不要和客户争吵,学会有效的平复客户的情绪后再办理业务的道理。金融2班班主任贺潇仪老师从三个方面谈了工学交替中需要注意的问题:一是礼仪,不仅包括仪容仪表符合行业要求,还要有态度上的礼仪,温和、亲切、专业;二是要了解自己工作的权限,即完成工作任务,也要保护好自己;三是要尽快掌握工作流程和相关知识,用专业的服务帮助客户。

最后工学交替全程设计、指导、参与的候庆辉主任从学生们的长远发展角度谈了工学交替的目的,一方面让学生去企业通过实训完善自己的职业能力和职业素养。更重要的一点是让学生到工作环境中学习怎样做人,发现自己的闪光点,有的孩子在学校学习成绩较差,但是到了企业,动手能力非常强,得到了企业的认可,找到了自信,同时我们也要发现自己的不足,塑造完美的自己。

这次工学交替交流会使金融1、2班参加交流经验发言的同学产生强烈的荣誉感,他们真诚、流畅、负责的交流了自己工学交替的所得所获,使中职5个班级学生提高了完成工学交替的信心,增加了争取成为优秀工学交替学生的愿望。而老师的发言,一方面让学生看到学校为了学生们成长而搭建的有利于学生提高职业能力和职业素养的平台,另一方面让学生感动的是老师们给予学生那么多的关怀、鼓励和支持,老师们的微信、朋友圈都是学生们的成长记录和点赞。这点点滴滴的细节都在诠释着北京市求实职业学校的"让教育适合学生、让学校适应学生、让幸福伴随学生"的办学理念。

工学交替企业情况介绍　范玲玲

北京外企人力资源服务有限公司

成立于1979年的北京外企人力资源服务有限公司(以下简称FESCO),是中国率先为外商驻华代表机构、外商金融机构、经济组织提供专业化人力资源服务的公司,拥有悠久的人力资源专业化服务历史、丰富的市场经验以及完备的服务资质。现与中国工商银行、中国银行、北京银行、渤海银行等多家银行建立紧密合作关系，承担各大银行的综合柜员、大堂经理、大堂引导员等派遣、外包服务业务。

中信外包服务有限公司

是中国中信集团整合国际优质资源、高端专业人才和先进技术，成立的全国性综合服务外包企业。为全国范围的逾百家金的数千个网点提供了涵盖票据分配、档案存储、信息处理、现钞管理、供应链金融支持、后台中心运营、业务流程外包及定制服务等服务，在市场中占据了领先地位。

趣分期

于2014年3月成立，专注于在校大学生电子商品的分期付款，针对在校大学生对电子产品的实际需求，趣分期由北京高校市场拓展到哈尔滨、南昌、厦门，并完善售后服务、物流配送及市场推广等各方面的软硬件设施和服务条件，进一步深化和拓展公司的业务空间，以期能为全国高校学生提供更加快捷的配送服务。现逐步拓展金融平台，搭建一个安全、便捷、高收益的在线理财平台，致力于为投资用户提供阳光透明的在线理财服务。

北京国巨投资控股集团

2007年创立，是在国家有关部委的大力支持下，经国家工商行政管理局核准成立的第一批享受政策支持的专业创业投资机构。集团主营业务涉及多个领域，包括创业投资，私募股权基金管理，资产与财富管理，实体企业投资经营等，曾参与国家国内知名企业的早期投资，业绩显著。

智富通财务咨询(北京)有限公司

秉承“培养高素质专业人才、树立高效率服务目标、坚持高水平执业质量”的发展原则，为众多企事业单位提供了审计鉴证、内控设计、财税代理、财税咨询、税收筹划、财税顾问、资产评估、工程造价咨询等服务，与客户建立了良好的合作关系。公司继续拓展业务，秉承一贯的执业原则，公司专业能力不但受到广大客户的高度好评，同时也

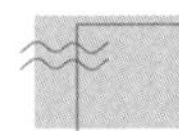

得到了行业协会及国家有关行业管理部门的认同。

北京永勤会计师事务所有限公司

是由财政部门批准，经北京市工商行政管理局登记注册的会计师事务所。经过近10年的努力，在发展中不断壮大，成为向社会各界提供多元化服务的大型专业服务机构。永勤始终恪守执业准则和职业道德，建立健全事务所各项规章制度，依法缴纳各种税费，具备履行合同所必需的质量保障体系和专业技术能力，把维护会计市场诚信、提高会计信息质量作为不可推卸的职责。永勤始终以“诚实守信、公正、高效”为服务宗旨，恪守“独立、客观、公正、为客户保密”的原则，通过卓有成效的服务，为广大客户创造更好的社会效益和经济效益。永勤重视人才的培养和发展，不断挖掘每个员工的潜能，将员工的智能及员工个人的持续进步转化为永勤事业发展的永续动力。

教师篇

工学交替，且做且珍惜　刘艳伶

为期两个月的“工学交替”已经结束，看着学生们的进步与成长，我意识到实施“工学交替”的重要性和可行性。在“工学交替”中，学生可以将在校学习的理论知识成功转化为实践应用，各方面的能力有了显著的提高，更重要的是她们的就业观和价值观有了很大改变。“工学交替”带来诸多利益和优势的同时，也给我带来了一些思考和建议。

一、学生的收获。

工学交替结束后学生们写道：

放下手中的课本，走上工学交替的岗位，严格的工作制度让我们感悟到了“苦”的滋味，犯错时不再是老师耐心教导而是严厉上级的训斥，甚至开除，让我感受到社会生活的不易。

——耿晓佳

工学交替增进了同学间的感情。工学交替前，有的彼此不怎么合得来，甚至之前有过小小的矛盾，但在工学交替期间，我们共同面对困难，共同迎接陌生的工作，像战友一样，同甘共苦，像一家人一样，互相纾解劳动的疲惫，在这两个月中，我们学会了心里装着彼此，学会了分享，学会了包容，学会了感恩。

——庚志洋

两个月的艰辛劳动，我们得到了公司领导的认可，为学校、为个人赢得了赞誉，原来我们也可以很出色。

——刘东亮

我们的技能进步了很多，也认识到了挣钱有多么不容易，这些在企业学到的知识可以结合课本运用到生活里来。回学校后我会把自己身上的缺点改掉，让自己变得更好。

——李磊

二、教学模式改革思考：

1. 明确目标。

学生目标不明确，认知能力水平较低，学习焦虑现象比较普遍。情绪自控能力较弱，缺乏积极性和主动性，适应能力较差。自我中心意识过强，自私自利心理普遍，眼高手低，怕苦怕累。且责任心和上进心不足。因而要从一入学就要抓好职业生涯指导工作，把企业文化引入学生德育教育，灌输按劳取酬、多劳多得、不劳不得、勤劳致富的思想。要教导他们无论在什么地方都要遵守纪律，遵守时间，遵守规章制度。培养他们学好专业技能，树立刻苦钻研精神，在社会上和企业里要有务实精神和创业精神。

2. 与企业需求对接

企业需要的是技术熟练的员工。刚开始时，学生换包装丢三落四，出库拣货时经常拿错甚至漏拣。例如:给返库商品换包装时,学生要么落货,要么忘放装箱单,因而开始时经常个别货返工,甚至有时整批货返工,从而使工厂的整体工作进度滞后。因此,作为职业学校来说,就应该把实践教学环节放在一个重要的位置,从学生一入学开始就不断地培养学生的职业技能,如计算机操作能力,语言表达能力,倾听和沟通能力,总结和实际操作能力等,这样到毕业时就能够在短暂的培训后马上进入正常工作,给企业带来稳定和及时的利润,职业教育的目标也就得到了充分的体现。

3. 企业与学校的相互配合

(1)成立心理咨询小组,保证学生心理健康。由于工厂劳动强度大,很多学生之前没有经历过这样的高强度的工作。一旦遇到出差错,遭到批评,心理落差很大,尤其很多孩子从小娇生惯养,心理承受能力和抗压能力较弱。这就需要老师不断地开导,但是如果企业可以举办相关的减压活动和团队活动,让学生感觉到放松和温暖,那么工作效率也会有很大提高。

(2)学校教师与企业管理人员的配合

与企业的管理人员相比,老师就像是门外汉,对于一些活动的细节和注意事项不是很清楚。所以双方要互相配合,共同教育和管理孩子,出现问题一起解决并且共同商讨是行之有效的办法。

物商班 15 位同学在班主任刘艳玲老师和物流组组长李冰老师的带领下完成了在鸿运通物流公司的工学交替任务。2015 年 4 月 25 日下午学校部分领导到鸿运通物流公司和企业领导、学生们召开了总结大会,会上班长庚志洋总结了在工学交替过程中的收获,表达了对企业的感谢,学校领导张主任、范主任、侯主任从不同角度谈了此次工学交替中的得与失,企业领导孙总和李总从如何指导学生工作、如何引导学生做人等方面谈了在工学交替过程中对学生的教育,同时也对学生做的好的方面给予了充分的肯定。

工学交替中要重视学生心理发展的引导 陈瑞红

2015 年 1 月 16 日至 2015 年 4 月 18 日，学生在工商银行经历了三个月的实习生活。在这短短的三个月中，学生在学习中进步，在学习中成长。作为一个金融专业文化课的教师，本人见证着学生的成长与进步，也关注着学生的心理健康与发展。

一、学生的进步与成长

经过三个月对学生实习的观察与交流，本人认识到：一个学生的专业技能进步与工作心理和生活能力的提高不仅是分不开的，而且是相辅相成的。专业技能水平的提高固然重要，但是工作心理与生活能力直接影响着专业技能的应用与发挥。

学生们从一个对自助终端机一无所知，到对该机上的各种业务操作熟练；从一个刚刚走出校门胆怯的学生，到与客户交流自然的引导员。这里有孩子们对课堂之外学习的渴望，也有指导经理们的耐心指导与付出。引用林翠支行宋经理的话：学生们学会操作可能是一天或一周的事，但是如何将所学的专业技能完美地应用与发挥却是一个漫长的过程，对于将来能以此为职业的学生来说，甚至可以说是一辈子的事。结合教育心理所学的内容，本人对负责实习生的工作有了重新的认识和定位,领会到了国内外教育心理学的研究成果,特别是教育、教学过程中的心理学问题,以更好地服务教育。我所负责的五个学生中,有外来务工的孩子,也有老北京的娇娇女,也有高知家庭的孩子。教师要在了解学生心理需求和主观价值取向的前提下与学生进行交流辅导。

二、工学交替中教师要重视学生的心理发展

职业学校学生,很多是从升高中或重点高中落选的,而且很多来自农村或贫困家庭,再加上人们的传统观念,普遍认为就读职业学校前途不佳,从而使之感到自卑和缺乏自信,无论在学校还是在社会上都自我感觉低人一等。但这样的学生自尊心一般都比较强,他们特别看中别人对自己的评价,强烈希望通过各种途径获得别人的注意和尊重。因此,他们既希望早点就业实现自己的抱负,又存在着一些悲观的想法。五个实习生中,几乎全部喜欢工学交替这种教学模式,他们认为实际操作比课堂教学更容易接受、更有意思、更能证明自己的能力,有的甚至不愿意再回到课堂。由此可见,与课堂教学相比学生更喜欢动手能力强的内容。但是,这只是同学们工作之初的一种好奇心理,殊不知,面对每天重复度很高的工作,接下来就是对他们的恒心与耐挫力的考验。

三、尊重学生在学习工作中的个性差异

五个孩子虽是同一年龄段的学生,但是个性差异较为明显。

林翠支行的韩伟:沉着冷静(有点儿慢性子),谦逊好学;遇事不慌,宽容大度的地坛支行的刘鑫;说起实习生韩伟,最为称赞的该是他的技能娴熟。与之同在一家银行实习的还有两位大学生,第一次到林翠行,前来与我打招呼的是那两位大学生:您好!请问您办理什么业务?”“我来看我的学生韩伟……”听到我说他的名字,韩伟才缓步走向我,惊讶而羞涩般的叫了我一声:“老师!”寻声望去我也有些惊讶!原来这不是我们的初次见面,在“求实杯”大赛的时候,我给他拍过照片,他是参赛选手,我至今记得他点钞时快速、认真的样子。而今作为负责他实习的老师出现在这里,我感到非常高兴,尽管之前我没有教过他,但是比赛期间的表现足以令我心中暗喜:这是个好学生!果然,交流过程中,发现他是个热爱工作的人，他告诉我，每周的两天轮休他不想休息，在家里闲着还不如在行里上班。我到行里的时候已经是下午了，顾客不多，但我还是见识了指导经理对韩伟的称赞："接受能力很快，稳重、操作熟练。"经理的话未讲完，两个女大学生带着顾客来问："对公转账如何操作？"经理指向韩伟道："你过去教她们操作。"当时我那个开心啊！实习，是学生走出校门，进入单位的第一步，所谓好的开端是成功的一半，就是这个道理，第一步迈好了，它会增强你的自信，为你今后的工作学习起到良好的促进作用。在生活中有人可能认为慢性子是个缺点，但是如何将其转化成优点，就需要教师的点播与学生的悟性。在与韩伟的交流中，我从不谈他的慢，而是着重强调他的沉着与严谨，以强化他树立良好的工作风格。

在林翠支行，韩伟令我再次见证了他的沉稳。当时，韩伟正忙着帮助一位老者购电，旁边自助机前的一位客户突然问："为什么显示账户信息无法核实？"一向语速迟缓的韩伟却立刻做出反应"您退卡，停止操作，请稍等！"办完手头的业务，韩伟马上转向这位客户解释道："您好！对方账户信息无法核实，是因为当时开户的时候用的不是身份证，可能是军官证、户口本或15位的身份证。遇到这种情况必须本人带着身份证到柜台上进行账户信息核实，您这边请……"听着韩伟的熟练讲解，看着他的一举一动，我心中不禁的感激与欣慰。所谓慢性子，积极地发展可以形成严谨。

四、关注"情感态度与价值观"，培养学生

积极的心理品质

身为教师，我们要善于发现学生身上的闪光点，抓住每位学生的特长与特点，对他们进行鼓励，增强他们的自信心，帮助学生成长为身心都健康的合格人才。

2015年2月2日，我早早便来到了地坛支行，当时还不到九点，坐在车里静候银行开门。时间指向九点，我准时进入大堂，本想看看我们的实习生是如何迎接新的一天的工作的，但不想却听到了近乎咆哮的怒斥。原来是一位长者，因为第一个早早来到银行门口排队，开门那一刻却被一个不守秩序的年轻人抢先刷卡拿了第一号而大怒。在指着刘鑫的鼻子短暂怒斥几句之后，就冲向并大骂已经坐在柜台前的那个拿了一号的年轻人，声如洪钟，气势磅礴，而那位年轻人或许实在是

着急办事,抑或是知道自己错了,静静地面向柜员,根本无视老者的怒骂。老者的声音更大了,此时,大堂经理和银行经理已经将其引至另一个柜台,但老者根本不陈述自己的业务内容,依旧侧面而且坚持不懈地骂着那个与之相隔一个空位的年轻人。叙述至此,相信任何一个人都理解了老人怒的原因,不是是否能够第一时间办理业务,而是是否取上第一号。因为如果说计较的是办理业务的时间,那么对于四个窗口而言,前四个号均为第一时间,但是对老者而言就是不行!一时半会儿就过不去这个坎儿,办完业务的年轻人已经离开了银行,老人也正怒气中办完了自己业务,怒火依旧燃着。只见他径直走向实习生刘鑫,继续怒斥着,刘鑫连声说着对不起,但其仍未停止。大堂经理也赶过来边道歉边将其拉到门口,看到保安的老者又找到了新的发泄对象,怒斥保安没有把握住放人进去的顺序……在一阵怒斥与道歉声中老者终于离开了银行。暴风雨结束了,刘鑫一脸茫然地看着我,我走过去拥抱了一下刘鑫道:能够控制自己的情绪,你今天表现的很好!老人的确应该拿一号,年轻人实在不该抢先,你要考虑的是今后遇到这样的问题如何正确应对,而顾客在得理的同时能否多些宽容与理解,银行职员所面对的人是各种各样,什么层次的都有,遇到问题要沉着冷静尤其是面对老人,我们要付出更多的耐心与宽容。"

"老师,我没事!"刘鑫笑着继续着自己的工作。

其实,这些话是说给刘鑫,也是说给我自己。孩子需要成长,从某种角度来说,老人也需要成长!刘鑫只有 16 岁,刚刚踏进社会的门槛,接触不同的人对其而言是个历练,不可能遇到所有的老人家,都是书上写的慈祥的老爷爷,善良的老奶奶。但是我多么希望我们的孩子在走出校园之后,步入的是一个有着理解与宽容,和谐美好的社会。"别人向我扔石头,我不会再扔回去,我会把石头收集起来,作为我成长的基石"刘鑫正在收集这些石头,虽然现在痛,但她今后肯定不会这样对待别人,因为她自己经历过,而且现场她能克制自己,以宽容平静的心态面对向她发怒的老人,这是课堂上所学不到的。

从课堂学习到工作岗位的经历可以看出,学科心理学是每一位教师需要长期研究和学习的,是我们教育教学工作的一本工具书和指挥棒。这门课程内容非常丰富,知识非常深刻,值得我们认真去领会。对我们的工作有指导作用,我们不能只注重学生的成绩,还要更注重学生心理的健康发展,宽容也是一门学问,也是一种美!

五、工学交替可促进学生健康的工作心理的形成

大堂引导员,这看似简单的工作,但面对的是复杂的群体,不同的层次、不同的素质、不同的年龄段甚至包括个别不良目的的人物。因此,慧眼识别能力、交流沟通能力、平息事端能力、耐心受挫与自我保护能力乃至成熟自信的表现等,都是一个优秀大堂引导员所应具备的。我负责的五个实习生,他们守时守纪、接受能力强、上手快、操作熟练等,已经是五家银行对他们的共同评价。

通过工学交替,学生们对银行的朝九晚五有了新的认识,说是早上九点开门,但是为了这九,他们已从八点甚至更早就开始准备,说是五点关门,但是六点能离开银行就不错了。"每个行业有每个行业的辛苦,多一点了解就多一些理解。"这是实习工作结束的时候学生们的感悟。通过工学交替学生们理解了,掌握业务技能容易,始终将其完美地应用发挥不易。正是这样的工作理念,才让我们看到了韩伟这样的实习生。通过工学交替学生们更加深刻地领会到:榜样的力量是无穷的。"每次在大堂见到赵经理,他总是笑容满面,精力充沛,虽是退休返聘,却丝毫不见懈怠的情绪,见到的永远是步履轻盈、激情四射……"这是巴悦晨工作日志中记录的一段,这绝对是一种熏陶与感染,与这样的老者一起工作,没有激情会自觉难堪。

六、回到课堂教学中教师应该注意的几个问题

(1)交流能力的培养

作为一名大堂引导员,每天要接触各个阶层的几百名客户,是一点儿也不夸张的事儿。因此,交流能力的培养是必须的。课堂教学中,教师可根据学生在实习期间遇到的案例,使之再现于课堂,让学生进行讨论分析,找到解决问题的最佳方法,为今后的工作做好心理上的准备。

(2)耐挫能力的培养

在实习期间或走向工作岗位,出现问题是非常可能的事情,但是面对困难和问题,学生是否能够承受是非常重要的。一个大堂引导员,即使任何问题都不出

现,一站就是几个小时,不停地重复再重复那些相同的工作,工作本身就是一种对耐受能力的考验,如果学生不具备这种能力,工作初期就会产生厌倦情绪,甚至逃避、放弃。

(3)应变能力的培养

观察学生工作期间,与学生交流的时间非常有限,因为他们时刻在忙,太多的客户需要他们的帮助,尤其是老人,行动迟缓,理解能力迟缓,听力不佳,有些问题需要学生有足够的耐心进行多次地解释。有时还要同时面对几个客户,这就要求我们的学生要有很好的应变能力,做到忙中有序,有条不紊。

(4)自我保护能力的培养

人之初,性本善。我们的学生带着一颗善良之心走向社会,防范之心不足。我们在培养学生耐挫能力的同时,更应该让我们的学生先学会自我保护能力,一切尽可能地防范于未然。记得第一次进入世纪村支行,刚好遇到实习生拿着一张百元纸币到柜台兑换,这时指导经理走过去对实习生说:“遇到这种情况,要引领客户自己持币到柜台进行兑换,咱们的指导思想是:在指导、引领的前提下,由客户本人操作完成业务。”指导、引领,由客户完成操作。虽然只有几个字,但是其中却理清了各自的责任。例如,转账时对方的账号,一定要提醒客户仔细核对后,由客户本人按下确认键等类似案例,教师都可以在课堂上进行情景再现的教学。

七、学生们的成绩离不开工商银行的帮助与支持

三个月的时间是短暂的,但三个月的经历是宝贵。班主任对实习生的教育管理,使我幸运地遇到了这五位从未有过迟到、早退、旷工的学生,但是他们毕竟是学生、是孩子,工作一定有或多或少的缺点,所以,在这里我更想感谢工行的指导经理们和工作人员,孩子们能够取得这样的成绩,是和你们的鼓励与支持分不开的。“今天大堂经理夸我了。”“今天经理表扬我了。”这是写在学生们日志中的,内容虽然短暂,但是鼓舞的力量是无穷的。因为,对于一个刚刚走出校园的孩子,一句温暖的鼓励和一句冷酷的嘲讽,其作用是截然不同的,对学生养成健康的工作心理起着至关重要的促进作用。

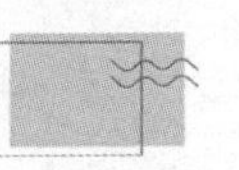

对“工学交替”活动的认识与体会 ——金融事务专业工学交替心得 于妍

工学交替是将课堂学习和岗位工作交替进行的一种新型人才培养模式。毫无疑问,工学交替是职业院校人才培养的理想模式之一,通过工学交替培养出来的毕业生,动手能力强,实践技能熟练,毕业生的综合素质提高,就业岗位的适应性较强。

随着我国工学结合、半工半读教育模式的深入实施,我校针对目前教学工作中存在的突出问题,也积极组织开展了工学交替实践活动,从中受益匪浅,我作为一名学岗指导教师,对工学交替这一教育模式更是感触颇深,下面就结合本人的指导实践工作谈谈对工学交替活动的体会。

一、对“工学交替”活动的初步认识

工学交替是将学习与工作结合在一起的教育模式,主体是学生。它以职业为导向,充分利用学校内、外不同的教育环境和资源,把以课堂教学为主的学校教育和直接获取实际经验的校外工作有机结合，贯穿于学生的培养过程之中。在这一过程中，学生在校内以受教育者的身份，根据专业教学的要求参与各种以理论知识为主要内容的学习活动，在校外根据市场的需求以“职业人”的身份参加与所学专业相关联的实际工作。这种教育模式的主要目的是提高学生的综合素质和就业竞争能力，同时提高学校教育对社会需求的适应能力。

二、“工学结合”活动的直接效果

通过和学生的互动发现，此次“工学交替”活动效果十分惊人。

其一，学生通过在工商银行的顶岗实习，深入地了解了银行大堂引导员的工作流程和工作内容，接触到了各种各样的顾客。许多在课堂上无法预知的情况，学生在工学交替的岗位上都有了体验，并逐渐找到了解决问题的好办法。

其二，激发学生的学习主动性，这其中，有许多动人的实例。如有一位学生，在一、二年级时，专业思想不端正，经常旷课、迟到，学习成绩较差，补考、重修课程很多。教师经常为其能否毕业而担心。短短三个月的顶岗实习，使其整个人产生了极大的变化，认识到专业学习对就业的重要性。工学交替期间，他的积极性大大提高，请假现象几乎绝迹，结果，这位学生还受到工学交替单位的表扬。

其三，学生在银行做大堂引导员的工作，还使他们获得在学校难以学到的东西，例如与人沟通、与人合作等社会能力和责任感、一丝不苟的工作精神等职业道德和企业文化。使其综合素质得到了很大提高。第四，工学交替对学生们的就业产生了十分良好的作用，有些学生就此给实习单位留下良好的印象，毕业后有望到企业工作。即使不能到工学交替单位工作，学生也在银行工作过程中了解了用人单位对人才的要求，有意识地在各方面培养自己具备更强的的就业实力。最起码，经过在银行工学交替的学生，在见工的时候，再不会张口结舌不知该说些什么了。

三、对“工学交替”活动的深刻体会

通过与学生互动的感受，更加深了本人对“工学交替”教育模式的理解，现总结如下：

(1)“工学交替”使学生将理论学习与实践经验相结合,从而加深对自己所学专业的认识。

(2)“工学交替”使学生看到了自己在学校中学习的理论与工作之间的联系,提高了他们理论学习的主动性和积极性。

(3)“工学交替”使学生跳出自己的小天地,与成年人尤其是工人接触,加深了对社会和人类的认识,体会到与同事建立合作关系的重要性。

(4)“工学交替”使学生更好地了解企业,为学生提供了通过参加实际工作来考察自己能力的机会,也为他们提供了提高自己环境适应能力的机会。

学生们亲临现场接受职业指导、经受职业训练,了解到与自己今后职业有关的各种信息,开阔了知识面,扩大了眼界。

(5)“工学交替”解决了职业学校实习场地不足的问题,扩大了教育资源;通过实践锻炼,提高了学生的动手能力,使他们接触到了最新的技术和设备。

(6)“工学交替”使学生经受实际工作的锻炼,大大提高了他们的责任心和自我判断能力,变得更加成熟。

(7)“工学交替”带动了就业和招生工作,有助于学生就业的选择,使他们有优先被雇主录取的机会,其就业率高于未参加合作教育的学生。

以上就是本人对“工学交替”活动的几点认识与体会,在今后的工作中,本人将结合本职工作,继续支持学校“工学交替”这一教学活动,为培养出复合型、专业型人才而努力奋斗。

“工学交替”参与感想　曹鹿玲

这学期，我校在高二年级开展了“工学交替”的活动。学校安排我作为第三波的指导教师。时间是2015年4月19日至2015年7月17日。在这三个月的时间里，通过对学生工作的观察，以及与学生的沟通，我更加清楚的体会了“工学交替”的活动的意义，为今后的教学工作的开展奠定基础。

一、“工学交替”的意义

“工学交替”是学校教学的一个重要组成部分。它的一个重要功能，在于运用教学成果，检验学习效果。现在职业高中的学生学习积极性不高，不知道自己今后的工作是什么，不清楚工作时需要的知识有哪些，对学校安排的各个科目都不能耐心学习，整天处于迷茫状态。为了改变这个现状，让在校的学生能先了解以后工作的内容，体会工作的辛苦，知道自身的不足，清楚应该提高什么，如何提高。让他们对自己今后的发展有个清楚的认知，为将来走向社会打下良好的基础。

同时，通过在银行三个月的实习，取得在银行工作的经验，培养实践能力，同时将理论运用到具体操作中去，掌握和强化银行相关专业知识。了解社会需求，在对自身准确定位的基础上，增强社会责任感和专业责任感。锻炼人际交往的能力，培养团队精神，注重合作和灵活处事的能力等等。

二、“工学交替”的单位概况

（一）工商银行基本情况

中国工商银行是中国最大的国有独资商业银行，基本任务是依据国家的法律和法规，通过国内外开展融资活动筹集社会资金，加强信贷资金管理，支持企业生产和技术改造，为我国经济建设服务。

中国工商银行成立于1984年1月1日。作为中国资产规模最大的商业银行，经过27年的改革发展，中国工商银行已经步入质量效益和规模协调发展的轨道。2003年末资产总额约52 791亿元人民币，占中国境内银行业金融机构资产总和的近五分之一。截至2010年末，工商银行总资产134 586.22亿元左右，当前总市值 14 344.70 亿元左右，居全球上市银行之首。

（二）工商银行核心业务

工商银行的经营范围是《商业银行法》规定的所有银行业务，主要包括：吸收公众存款，发放短期、中期和长期贷款；办理结算；办理票据贴现；发行金融债券；代理发行、代理兑付、承销政府债券；买卖政府债券；从事同业拆借；提供信用证服务及担保；代理收付款项及代理保险业务；提供保险箱服务；外汇存款；外汇贷款；外汇汇款；外币兑换；国际结算；结汇、售汇；同业外汇拆借；外汇票据的承兑和贴现；外汇借款；外汇担保；外汇信用卡的发行；买卖和代理买卖股票以外的外币有价证券；发行和代理发行股票以外的外币有价证券；自营和代客外汇买卖；代理国外信用卡的发行及付款业务；离岸金融业务；资信调查、咨询、见证业务。经中国人民银行和中国银行业监管管理机构批准的其他业务。

我执导的两位学生被分配到中央商务区（CBD）支行和大望路支行。它们的主要产品服务有：人民币存款、贷款、结算业务，人民币储蓄业务；外汇存款、外汇贷款、外汇汇款、外币兑换；国际结算；经中国人民银行批准的其他业务等。

三、“工学交替”的内容

在实习期间，学生主要承担的是大堂引导员的工作。他们要在取号机旁帮助客户取号，分流客户，要在自助机旁帮助客户完成自助操作，要跟大堂经理学习大堂营销技巧，维持大堂的排队秩序及解答客户的咨询等等。在大堂工作要特别注重礼仪，礼仪是人们在交往活动中形成的行为规范与准则，成天与客户打交道的大堂经理，代表着企业的形象和名誉，所以一切都要小心谨慎。

大堂引导员最重要的一个任务就是解答客户的问题，这也就要求学生必须了解银行的每一笔业务及其操作流程，必须拥有丰富的知识面。在实习的前几天，学生要跟师傅学习相应的理论基础知识及银行相关各种文件。一方面要学习相关的实务操作，既要强化已有的知识，还要学习新的知识；另一方面，还要学习人民银行下达的相关文件。同时还要了解银行各方面的业务，工行的业务结构较为多元化，有公司业务、个人业务、资金业务、网上银行业务以及国际业务等等。在实习期间，指导教师主要是在单位观察学生，了解他们的工作内容、工作情况，与学生沟通，排除心里的负担和疑虑，解除他们的压力，帮助他们顺利地完成“工学交替”的任务。同时，指导教师看一看课堂教学与实际工作到底有多大距离，并通过综合分析，找出教学中存在的不足，以便为完善教学计划，改革教学内容与方法提供实践依据。

四、心得和体会

三个月很快过去，时间短暂但却又非常的充实，对我来说，虽然只是实习学生的指导者，也是我教师生涯中甚至是人生中很重要的一部分经验，这在我以后的教学工作中会发挥着很重要的作用。这次的指导工作是学校为老师提供了一个机会，让我们也可以近距离的接触学生的工作，了解学生毕业后需要达到的要求，这对改革我们现有的教学模式和内容都起到了积极的作用。综上所述，我总结了以下几点体会：

（一）培养了学生责任心和工作态度

相比学校的学习，“工学交替”的活动，可以大大的加强学生的责任心，端正他们的工作态度。在工作岗位要求必须要有强烈的责任感，要对自己的岗位负责，要对自己办理的业务负责。要求学生对待每一样工作都要有必不可少的责任心，做事情要谨慎小心，因为业务是复杂多样的，小小的错误就会给顾客和银行带来损失。比如：在银行工作，如果没有完成当天应该完成的工作，那职员必须得加班；如果是一个柜员的汇款业务没经其他柜员审核，汇款就不会发出，柜员就会受到风险处罚。如果是不小心弄错了钱款，而又无法追回的话，那也必须由经办人负责赔偿。所以在办理与银行现金有关业务时一定要谨慎小心。上班期间要认真准时地完成自己的工作任务，不能草率、敷衍了事，对工作每一笔业务都要谨慎小心。

（二）培养了学生的职业道德和职业素养

现在银行已经类似于服务行业，因此职员的工作态度尤为重要。对于客户的一些问题和咨询必须要耐心的解答。比如，挂失业务办理时需要本人亲自持本人身份证件办理。而在实际业务发生时往往很多人因为身份证丢失而持本人户口簿或他人持身份证为丢失人挂失等，虽然可能明知是本人，这些都是不被允许的。

而当对方有所疑问时,也必须要耐心的解释为什么必须得这么做。

(三)让学生明确了职业规划

通过“工学交替”,从一个在职员工的角度来了解工商银行,又从一个客户的角度来审视工商银行,让学生体会到的远远超过书本上对银行的介绍。读万卷书,不如行万里路。想要真的进入银行工作,融入银行这个圈子,成为真正的银行人,不可能仅仅凭借考取的银行从业资格证,也不可能凭借学过、读过的寥寥基本关于银行的书。需要的是一个端正的心态,需要的是献身银行事业的决心,需要的是埋头苦干的恒心。否则,会在工作之后倍感失望,对反复重复的工作唉声叹气,这样的工作心态什么也做不成。

(四)要将理论与实践联系起来

“工学交替”活动过中,学生体会到了实际的工作与书本上的知识是存在一定距离的,需要进一步的学习。银行中的最基本的业务往往是不能在书本上彻彻底底理解和学习的,所以在学校掌握基础实务尤其显得重要。这也就让学生认识到回学校之后该在哪方面提高自己。这才是学习与实习的真正目的。

(五)要转换角色、重新定位

我们的学生原来不了解社会的情况,对自身认识不足,总是认为自己不用学习,觉得自己工作之后一定能大展拳脚。通过“工学交替”的活动,让学生了解到他们的想法的不成熟,他们离单位的要求还有多远的距离,从而促进他们更加认真的学习专业知识,同时也让他们更加注意提高自己如何更快的适应新环境、融入新环境的能力。

总之,通过这次的“工学交替”活动,学生得到了锻炼,同时单位领导的认可也让他们增加了信心。其实学历并不能证明一个人的能力,关键是你是谁,而不是你来自哪里。只要及时补充自己所缺,努力积攒知识与能力,了解自己能做什么,善于做什么,积极和别人分享,融入到团队当中,我们的学生也能胜任单位的工作,并能出色的完成,在社会上能有立足之地。

实践中学习，反思中成长　查　颖

今年四月末,我班学生如期踏上了他们期盼已久的“工学交替”之路。在这之前,他们对于这份即将到来的实践之旅充满了期待与好奇,犹如羽翼丰满的小鸟对于蓝天白云充满了无限的遐想和渴望,期望早日飞上蓝天看见远方最美的风景。

经过三个月的工学交替,同学们品尝到了工作中的酸甜苦辣,经历了成功和失败、欢乐和泪水,他们收获满满:接触了社会,熟悉了全新的工作岗位,知晓了用人单位对员工的要求及评价标准,了解了自己从性格到能力的不足,在工作实践中学习到了学校课本中学不到的知识,反思了自己工作中的不足。这些在工学交替过程中积攒的经验和教训对于以后他们每一个人正确认识自己、做好以后的职业规划和个人发展将会起到重要作用。

下面,我从我班学生的工学交替工作情况、学生总结的经验教训和我作为指导教师的反思总结几个方面具体谈谈。

一、我班学生参加工学交替的工作情况。

我班学生分两拨参与的工学交替工作为两个单位的两个岗位:

一部分同学参加了朝阳门外街道办事处和建国路外街道办事处组织的“安全大检查”工作,担任安全检查员,工作内容为:到街道办事处所辖街道所有商户进行安全设施、安全措施等内容的检查、调查、填写表格、录入输机并上报。由于两个街道办事处所辖街道均是朝阳区繁华商圈,商户云集,所以同学们工作任务非常繁重。他们每两人一组在师傅的带领下每天走街闯巷,顶烈日冒风雨,一家一家商户检查调查,工作量非常巨大。一个同学负责检查商户的安全设施的配备情况,另一个同学负责完成调查表格的访问和填写。每天的检查结果数据录入工作必须及时完成才能下班,所以加班也是家常便饭。遇到不配合的商家和安防设施不齐全的商家,同学们受了不少的委屈。尽管如此,他们热情地对待工作,遇到困难相互鼓励,及时请教师傅,摸索出了适合自己的工作办法,最终圆满而出色地完成了任务。一个半月下来,朝外街道办事处的同学完成了三千多家商户的安全检查工作,建外街道办事处的同学完成了几十栋写字楼内每家商户的安全检查工

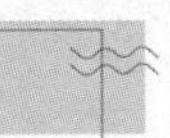

作。但建外街道办事处实习的同学中有两位因为个人能力的原因被退回学校重新接受安排。

另一部分同学参加了中国邮政亦庄分局的客户服务工作。具体工作任务是：配合公司承接的汽车互联网站注册客户电话访问项目对客户进行电话回访和推销。在此工学交替中我班十二个同学的工作表现迥异，部分同学出现了较大的情绪波动，工作效果结果也有很大的反差：三位同学在入职培训期间因为多次考核没有达到企业要求，未能上岗；上岗一段时间后，一位同学因为在工作中出现重大失误被企业退回；一位同学因为其所在职部门被解散重新回校安排工作；五位同学因为工作地离家太远、工作内容单调、觉得太辛苦、不适应等各种原因主动要求回校补训；只有两位同学坚持下来并顺利地完成了工作任务，工作业绩不错并得到企业领导的一致好评。

二、学生总结的经验教训。

工学交替期间，通过班级 QQ 群、微信群、电话交谈、面谈、和家长沟通等多种形式，我与我班同学进行了深入的沟通和多次交谈，谈工学交替的收获，总结每个同学这三个月来在各自的工作岗位上的经验和教训。

1. 收获与经验。

班级多数同学认为工学交替这种学习形式很新颖、很有用，相较于在校上课的传统教学模式收获更大。工学交替过程中，每一个同学必须直接面对企业，面对全新的工作岗位，面对各种各样的客户，面对完全不了解的领导与同事，面对工作中随时可能出现的各种突发状况，这些对于这些还没有走出过校门的同学们来说都是严峻的挑战和考验。通过为期三个月的工学交替，我班同学总结的收获是：

(1)了解了真实的企业和企业对于员工评价的标准，知道了工作的不易和一个职业人应该具备的职业素养，有机会亲身感受企业的企业文化，向身边的师傅、同事学习，这种学习方式相较于仅在校课堂中学习更直观、更深刻。

(2)体验了真实的工作环境和工作任务，在师傅的带领下学习了很多与工作岗位相关的知识，更好地理解了学习的重要性，在实践中学习，在实践中摸索提时经常拿错甚至漏拣。例如:给返库商品换包装时,学生要么落货,要么忘放装箱单,因而开始时经常个别货返工,甚至有时整批货返工,从而使工厂的整体工作进度滞后。因此,作为职业学校来说,就应该把实践教学环节放在一个重要的位置,从学生一入学开始就不断地培养学生的职业技能,如计算机操作能力,语言表达能力,倾听和沟通能力,总结和实际操作能力等,这样到毕业时就能够在短暂的培训后马上进入正常工作,给企业带来稳定和及时的利润,职业教育的目标也就得到了充分的体现。

3. 企业与学校的相互配合

(1)成立心理咨询小组,保证学生心理健康。由于工厂劳动强度大,很多学生之前没有经历过这样的高强度的工作。一旦遇到出差错,遭到批评,心理落差很大,尤其很多孩子从小娇生惯养,心理承受能力和抗压能力较弱。这就需要老师不断地开导,但是如果企业可以举办相关的减压活动和团队活动,让学生感觉到放松和温暖,那么工作效率也会有很大提高。

(2)学校教师与企业管理人员的配合

与企业的管理人员相比,老师就像是门外汉,对于一些活动的细节和注意事项不是很清楚。所以双方要互相配合,共同教育和管理孩子,出现问题一起解决并且共同商讨是行之有效的办法。

物商班15位同学在班主任刘艳玲老师和物流组组长李冰老师的带领下完成了在鸿运通物流公司的工学交替任务。2015年4月25日下午学校部分领导到鸿运通物流公司和企业领导、学生们召开了总结大会,会上班长庚志洋总结了在工学交替过程中的收获,表达了对企业的感谢,学校领导张主任、范主任、侯主任从不同角度谈了此次工学交替中的得与失,企业领导孙总和李总从如何指导学生工作、如何引导学生做人等方面谈了在工学交替过程中对学生的教育,同时也对学生做的好的方面给予了充分的肯定。

工学交替中要重视学生心理发展的引导 陈瑞红

2015 年 1 月 16 日至 2015 年 4 月 18 日，学生在工商银行经历了三个月的实习生活。在这短短的三个月中，学生在学习中进步，在学习中成长。作为一个金融专业文化课的教师，本人见证着学生的成长与进步，也关注着学生的心理健康与发展。

一、学生的进步与成长

经过三个月对学生实习的观察与交流，本人认识到：一个学生的专业技能进步与工作心理和生活能力的提高不仅是分不开的，而且是相辅相成的。专业技能水平的提高固然重要，但是工作心理与生活能力直接影响着专业技能的应用与发挥。

学生们从一个对自助终端机一无所知，到对该机上的各种业务操作熟练；从一个刚刚走出校门胆怯的学生，到与客户交流自然的引导员。这里有孩子们对课堂之外学习的渴望，也有指导经理们的耐心指导与付出。引用林翠支行宋经理的话：学生们学会操作可能是一天或一周的事，但是如何将所学的专业技能完美地应用与发挥却是一个漫长的过程，对于将来能以此为职业的学生来说，甚至可以说是一辈子的事。结合教育心理所学的内容，本人对负责实习生的工作有了重新些都会成为以后的教育教学中不可多得的宝贵的素材，会在以后的教学备课、上课环节中发挥巨大的作用。有实践经验和案例支撑的教学才不会枯燥，教师才能做到心中有数、有的放矢，教学才更有针对性，不再是闭门造车。同时，工学交替也让我看到了自己急需恶补的各种知识，如心理学知识、沟通技巧、我班学生在工作中遇到的电商物流方面的专业知识。知道了自己的不足，才会进步，这些都会成为鞭策我不断学习、不断提高自己的专业素养的动力和依据。

作为任课教师，在自己的学校教学中也要借鉴工学交替的长处用于自己的课堂教学，提高教学的实效。由于基础知识、学科内容、学习进度、考核方式、学习场所的影响，教师可能做不到让学生不停地在实践中去探索，但是也应该从教学方式上不断思考、不断创新，每学期尽量设计以模拟真实工作环境的工作任务，让学生积极参与到教学的每一个环节，能使用任务教学法时要尽量使用，合理评价手段、注重任务完成过程的指导，在教学中还要渗入工作态度的培养、职业素养的提高，使学生也使自己能在教学中收获更多，真正做到教学相长。

从工学交替看职高生应具备的职业素养　魏晓春

工学交替是职高教学过程的一部分内容，是每个职高生在毕业前都要面对的。我作为我校第一批工学交替的指导老师，在完成学校教学任务的同时，亲眼见证了学生在工商银行作大堂引导员或公司客服的三个月的工学交替的过程。

这三个月的工作经历，使我作为一个文化课教师，第一次接触到了用人单位，也第一次亲眼见证了学生在用人单位的表现。通过观察我班和其他班学生在工

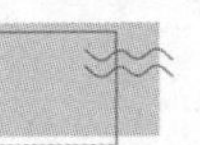

学交替期间的表现,使我对职高学校应该为社会培养什么样职业素养的毕业生的问题有了更深入的思考和感触。

我认为职高学校应着重培养学生以下的职业素养:

1 抗挫折能力。

我之所以把抗挫折能力放在第一位,是因为我认为这是学生普遍缺乏的能力。现在的学生没有经历过挫折,很多学生在家里都是说一不二。在学校也是稍有不顺就对老师和同学发脾气、使性子。这样的学生做错了事不从自己身上找原因,而是一味指责别人,只能是别人顺着自己,而对待批评是老虎屁股摸不得,立刻翻脸。而社会上什么样的人都有,学生在工学交替中很多都碰到过蛮不讲理的客户,学生在这种情况下,大多能做到不与客户发生冲突,但心里会觉得委屈,有的学生产生了不想再干下去的想法。小李同学就是在遇到刁蛮的客户,又受到大堂经理的批评后,感觉受不了,而在工学交替没有结束时,就自己提出不干,而被退回了学校。

反思我们的学校教育,过分强调"好学生是夸出来的",对学生不敢批评或过分迁就,实际上是不利于学生的长远发展的。我们会不时的在媒体上看到学生因为受到老师或家长的批评就跳楼的报道,还有 90 后的学生参加工作后,稍有不顺,频繁跳槽,甚至在家啃老。

我们的教育应使学生能够对自我有清醒的认识,认清自己的优缺点,平时要对学生进行心理疏导,教给学生一些应对困难的策略和方法,使他们在挫折面前不会迷茫,增强他们面对困难的信心和面对社会的勇气。

2 语言表达和沟通能力。

请看下面两个学生的事例。小张同学踏实、诚实、肯干。平时不言不语,是老师眼中的乖学生。但在这次工学交替中,因语言表达和沟通能力差,没几天就被单位退回来了。而小褚同学平时不能很好地遵守学校纪律,但能说会道,能热情为客户服务,为银行做成了几百万的业务,受到了银行的大力表扬。

从这两个学生的例子,我感受到了培养学生语言表达和沟通能力对他们的事业发展的重要性。平时在教育教学中,教师应通过演讲、辩论、合作学习等方式,注重对学生这方面能力的培养。

着急办事,抑或是知道自己错了,静静地面向柜员,根本无视老者的怒骂。老者的声音更大了,此时,大堂经理和银行经理已经将其引至另一个柜台,但老者根本不陈述自己的业务内容,依旧侧面而且坚持不懈地骂着那个与之相隔一个空位的年轻人。叙述至此,相信任何一个人都理解了老人怒的原因,不是是否能够第一时间办理业务,而是是否取上第一号。因为如果说计较的是办理业务的时间,那么对于四个窗口而言,前四个号均为第一时间,但是对老者而言就是不行!一时半会儿就过不去这个坎儿,办完业务的年轻人已经离开了银行,老人也正怒气中办完了自己业务,怒火依旧燃着。只见他径直走向实习生刘鑫,继续怒斥着,刘鑫连声说着对不起,但其仍未停止。大堂经理也赶过来边道歉边将其拉到门口,看到保安的老者又找到了新的发泄对象,怒斥保安没有把握住放人进去的顺序……在一阵怒斥与道歉声中老者终于离开了银行。暴风雨结束了,刘鑫一脸茫然地看着我,我走过去拥抱了一下刘鑫道:能够控制自己的情绪,你今天表现的很好!老人的确应该拿一号,年轻人实在不该抢先,你要考虑的是今后遇到这样的问题如何正确应对,而顾客在得理的同时能否多些宽容与理解,银行职员所面对的人是各种各样,什么层次的都有,遇到问题要沉着冷静尤其是面对老人,我们要付出更多的耐心与宽容。"

"老师,我没事!"刘鑫笑着继续着自己的工作。

其实,这些话是说给刘鑫,也是说给我自己。孩子需要成长,从某种角度来说,老人也需要成长!刘鑫只有 16 岁,刚刚踏进社会的门槛,接触不同的人对其而言是个历练,不可能遇到所有的老人家,都是书上写的慈祥的老爷爷,善良的老奶奶。但是我多么希望我们的孩子在走出校园之后,步入的是一个有着理解与宽容,和谐美好的社会。"别人向我扔石头,我不会再扔回去,我会把石头收集起来,作为我成长的基石"刘鑫正在收集这些石头,虽然现在痛,但她今后肯定不会这样对待别人,因为她自己经历过,而且现场她能克制自己,以宽容平静的心态面对向她发怒的老人,这是课堂上所学不到的。

从课堂学习到工作岗位的经历可以看出,学科心理学是每一位教师需要长期研究和学习的,是我们教育教学工作的一本工具书和指挥棒。这门课程内容非常丰富,知识非常深刻,值得我们认真去领会。对我们的工作有指导作用,我们不能只注重学生的成绩,还要更注重学生心理的健康发展,宽容也是一门学问,也是一种美!

五、工学交替可促进学生健康的工作心理的形成

大堂引导员,这看似简单的工作,但面对的是复杂的群体,不同的层次、不同的素质、不同的年龄段甚至包括个别不良目的的人物。因此,慧眼识别能力、交流沟通能力、平息事端能力、耐心受挫与自我保护能力乃至成熟自信的表现等,都是一个优秀大堂引导员所应具备的。我负责的五个实习生,他们守时守纪、接受能力强、上手快、操作熟练等,已经是五家银行对他们的共同评价。

通过工学交替,学生们对银行的朝九晚五有了新的认识,说是早上九点开门,但是为了这九,他们已从八点甚至更早就开始准备,说是五点关门,但是六点能离开银行就不错了。"每个行业有每个行业的辛苦,多一点了解就多一些理解。"这是实习工作结束的时候学生们的感悟。通过工学交替学生们理解了,掌握业务技能容易,始终将其完美地应用发挥不易。正是这样的工作理念,才让我们看到了韩伟这样的实习生。通过工学交替学生们更加深刻地领会到:榜样的力量是无穷的。"每次在大堂见到赵经理,他总是笑容满面,精力充沛,虽是退休返聘,却丝毫不见懈怠的情绪,见到的永远是步履轻盈、激情四射……"这是巴悦晨工作日志中记录的一段,这绝对是一种熏陶与感染,与这样的老者一起工作,没有激情会自觉难堪。

六、回到课堂教学中教师应该注意的几个问题

(1)交流能力的培养

作为一名大堂引导员,每天要接触各个阶层的几百名客户,是一点儿也不夸张的事儿。因此,交流能力的培养是必须的。课堂教学中,教师可根据学生在实习期间遇到的案例,使之再现于课堂,让学生进行讨论分析,找到解决问题的最佳方法,为今后的工作做好心理上的准备。

(2)耐挫能力的培养

在实习期间或走向工作岗位,出现问题是非常可能的事情,但是面对困难和问题,学生是否能够承受是非常重要的。一个大堂引导员,即使任何问题都不出

为把学生培养成为能够主动适应经济社会建设需要的高素质高技能人才，我校积极开展工学交替活动。2015 年 4 月下旬，我和由我指导的 5 名同学也参与了为期三个月的第三批工学交替活动。

现将实习情况及效果总结如下：

一、目的明确

工学交替是学校教学的重要组成部分，它的一个重要功能，在于运用教学成果，检验学习效果。可以检测在校学习与实际工作的差距，并通过综合分析，找出教学中存在的不足，以便为完善人才培养方案、改革教学内容与方法提供依据。

1. 培养学生的实践能力，而这种实践能力的培养单靠学校的教学是远远不够的。长久以来，我校在教学实习单位的安排上侧重于银行等金融服务行业，目的就在于让学生通过亲身实践，实际体会一名金融事务专业学生应具备的基本素质要求，以培养自己的适应能力、组织能力、协调能力和分析解决实际问题的能力。

2. 预演和准备就业工作。通过实习，让学生找出自身状况与社会实际需要的差距，并在以后的学习期间及时补充相关知识，为求职与正式工作做好充分的知识、能力准备，从而缩短从校园走向社会的心理转型期。

二、严格管理

实习学生具有双重角色。他们既是学校派出的学生，又是实习单位的工作人员。鉴于此，我们对学生提出了三个方面的要求：

1. 以正式工作人员的身份进行实习。要求学生不因实习生身份而放松自己，要严格遵守实习单位的有关规章、制度和纪律，积极争取和努力完成领导交办的各项任务。从小事做起，向有经验的工作人员虚心求教，尽快适应环境，不断寻找自身差距，拓展知识面，培养实际工作能力。

2. 以“旁观者”的身份实习。在实习过程中，学生往往被安排在大堂引导岗位，工作很琐碎。我们要求学生自觉服从实习单位的安排，与此同时，也要把眼光放高远，从银行工作的全局出发，了解银行运行的基本规律、员工的基本心态、企业管理的原则等，这种观察和训练能够使学生在更广的层面熟悉金融企业，增强适应能力。

3. 安全第一,服从管理。在实习过程中,要求学生始终坚持安全第一的理念,绝对遵守银行的规章制度,服从指导老师及单位领导的统一管理。

三、效果显著

1. 工学交替达到了专业教学的预期目的。在三个月的工学交替之后,学生普遍感到不仅实际工作能力大大提高,更重要的是通过此次活动对所学专业有了感性认识,进一步激发了大家对专业知识的兴趣,并能够结合工作实际,在专业领域内进行更深入的学习。

2. 工学交替促进了学生自身的发展。此次活动使学生初步接触社会,培养了他们的环境适应能力及发现问题、分析问题、解决问题的实际工作能力,为今后的发展打下了良好的基础。

3. 工学交替配合了所在单位的工作。参加工学交替的学生在各自的实习岗位积极工作,从小事做起,实习学生的精神风貌及工作能力从开始的不被认可到实习结束时受到了企业领导与工作人员的普遍好评。

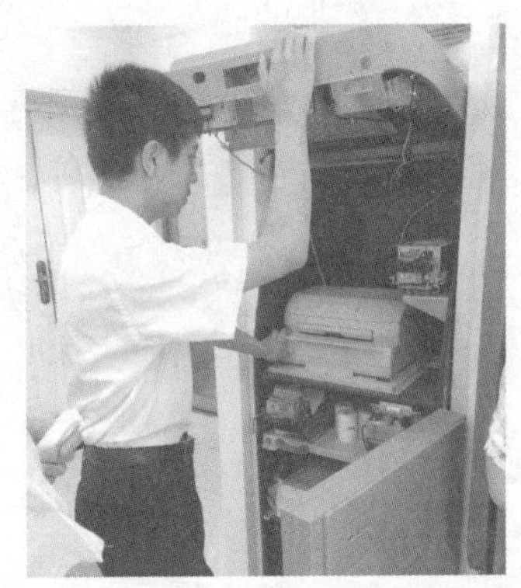

而几乎所有网点的领导都表示,欢迎我校以后能继续向该银行派出工学交替的学生。

实践证明,工学交替适应本专业特点,符合教学规律与学生心理预期。它作为金融事务专业教学体系的一个环节,无论对学生成才还是对教学改革,都有较大的促进作用。在今后的工作中,我将继续支持学校的工学交替活动,为教改尽一份力。

和直接获取实际经验的校外工作有机结合，贯穿于学生的培养过程之中。在这一过程中，学生在校内以受教育者的身份，根据专业教学的要求参与各种以理论知识为主要内容的学习活动，在校外根据市场的需求以“职业人”的身份参加与所学专业相关联的实际工作。这种教育模式的主要目的是提高学生的综合素质和就业竞争能力，同时提高学校教育对社会需求的适应能力。

二、“工学结合”活动的直接效果

通过和学生的互动发现，此次“工学交替”活动效果十分惊人。

其一，学生通过在工商银行的顶岗实习，深入地了解了银行大堂引导员的工作流程和工作内容，接触到了各种各样的顾客。许多在课堂上无法预知的情况，学生在工学交替的岗位上都有了体验，并逐渐找到了解决问题的好办法。

其二，激发学生的学习主动性，这其中，有许多动人的实例。如有一位学生，在一、二年级时，专业思想不端正，经常旷课、迟到，学习成绩较差，补考、重修课程很多。教师经常为其能否毕业而担心。短短三个月的顶岗实习，使其整个人产生了极大的变化，认识到专业学习对就业的重要性。工学交替期间，他的积极性大大提高，请假现象几乎绝迹，结果，这位学生还受到工学交替单位的表扬。

其三，学生在银行做大堂引导员的工作，还使他们获得在学校难以学到的东西，例如与人沟通、与人合作等社会能力和责任感、一丝不苟的工作精神等职业道德和企业文化。使其综合素质得到了很大提高。第四，工学交替对学生们的就业产生了十分良好的作用，有些学生就此给实习单位留下良好的印象，毕业后有望到企业工作。即使不能到工学交替单位工作，学生也在银行工作过程中了解了用人单位对人才的要求，有意识地在各方面培养自己具备更强的的就业实力。最起码，经过在银行工学交替的学生，在见工的时候，再不会张口结舌不知该说些什么了。

三、对“工学交替”活动的深刻体会

通过与学生互动的感受，更加深了本人对“工学交替”教育模式的理解，现总结如下：

(1)“工学交替”使学生将理论学习与实践经验相结合,从而加深对自己所学专业的认识。

(2)“工学交替”使学生看到了自己在学校中学习的理论与工作之间的联系,提高了他们理论学习的主动性和积极性。

(3)“工学交替”使学生跳出自己的小天地,与成年人尤其是工人接触,加深了对社会和人类的认识,体会到与同事建立合作关系的重要性。

(4)“工学交替”使学生更好地了解企业,为学生提供了通过参加实际工作来考察自己能力的机会,也为他们提供了提高自己环境适应能力的机会。

学生们亲临现场接受职业指导、经受职业训练,了解到与自己今后职业有关的各种信息,开阔了知识面,扩大了眼界。

(5)“工学交替”解决了职业学校实习场地不足的问题,扩大了教育资源;通过实践锻炼,提高了学生的动手能力,使他们接触到了最新的技术和设备。

(6)“工学交替”使学生经受实际工作的锻炼,大大提高了他们的责任心和自我判断能力,变得更加成熟。

(7)“工学交替”带动了就业和招生工作,有助于学生就业的选择,使他们有优先被雇主录取的机会,其就业率高于未参加合作教育的学生。

以上就是本人对“工学交替”活动的几点认识与体会,在今后的工作中,本人将结合本职工作,继续支持学校“工学交替”这一教学活动,为培养出复合型、专业型人才而努力奋斗。

人比你珍惜机会！所以工学交替绝对必须要时刻保持认真，把自己当做单位正式员工，来为单位获得收益。我在这个事务所首先接触到的是打印、复印、装订、盖章，还有外勤居多。感觉学校的知识真正用到工作岗位上的很少，很浅。首先，到了单位需要学习的是人际交往、礼仪等等一系列举动，不要让人厌倦你。慢慢的，努力工作，得到同事与上级领导的认可，所以这短短的2个月受益匪浅。下面我把有些工作照片展示下来，这些是我外送的地点。我只自己收藏了一点，也就是外送工作的五分之一吧。这些都是单位领导吩咐我的，感觉很有意义。最后我想说需要学的还有很多很多……我要努力，做一个合格的毕业生，也要成为到了单位的好员工。祝我成功！

耐心细心成就事业心　高二会计班　程赛莹

第一次实习来到永勤会计事务所，就被安排到了前台工作。一开始是紧张的，怕没有经历的我给公司添麻烦。但我并没有逃避，而是勇敢地迎着困难往前走。过了两三天，所有的事已经变得得心应手了。其实，要说典型事例，还真没什么特别典型的，每天忙忙碌碌做着相差无几的工作。

记得有一次一个人气哄哄地来事务所，点名要找所长。当时所长不在，我就说您有事跟我说。她就说，税务局要求在报告后面加一页附注，附注内容就是我们事务所对这份报告的态度。我没怎么听明白，就找刘莹姐（除了所长最大的领导），刘莹姐出来协商了一下，说附注不能加，只能退钱给她了。那个客户说那行吧，赶紧退钱，可她气哄哄的，我跟前台都有点不自在。没过多久所长就回来了，结果所长一回来就说钱不能退，也加不了附注。那个客户一下就急了，开始嚷嚷。所长就直接进自己办公室了，刘莹姐也进他的屋了，就剩我和那个客户在前台。那个客户就一直嚷嚷，然后还把凳子搬到门口，不让人进也不让人出。我特别生气，因为这已经严重影响我们正常的工作了。可是，我不能发脾气，也幸亏是中午，没有其他客人过来。我去劝这个客人，什么事情好好商量总是可以解决的，可她哪听我的呀！最后我劝的也都没办法了，我就去找所长了，所长出来说让我先去吃饭，可是我不放心，在另一个屋一直等着。他们协商了半个小时才解决完，最后我做收尾，把报告重新打印，重新复印、装订、盖章全部弄完才去吃的饭。通过这件事,我才明白:以前我总觉得前台平平淡淡,没啥大事,谁知道也这么惊心动魄!我这才明白,不管做什么事,都需要很大的耐心。

在挫折中成长 韩 跃

各位领导老师同学们:

大家好!我是金融3班学生韩跃。

就在6个月前,学校给我们高二年级创造了一个融入社会的机会——工学交替。金融1、2班的同学们为我们打了一个前阵,我很羡慕他们能先行进行工学交替,能够走出校园,看看外面的世界,感受一下职场的氛围。我也想和他们一样,快点融入这个使我充满好奇的社会,参加工学交替的心情日渐急切。没过多久,我就看到他们在微信里发朋友圈,有时抱怨自己工作的辛苦和劳累,有时抒发对校园生活的怀念。这时我自己心里也开始犯嘀咕,不知道能不能坚持下来,怕自己在实习时也会因为太累太辛苦而抱怨。

伴随着这起伏不定的心情,终于轮到我们自己工学交替的时候了,工作之初,既有激动,又有期盼,更有热情!在实习一个星期的日子里,我体会到了1班2班同学们他们当时的复杂心情,确实很累,很不适应。在银行大厅实习,自己的腿都站肿了,我也开始了和他们一样的抱怨,开始有点烦躁起来。再加上在大堂里的业务一切都要从零学起,总要去向师傅询问,心情也有些低落。在多次的向师傅求教以后,慢慢的,自己对一些简单的业务开始熟练起来。实习刚开始时,我认为在叫号机边上给客户拿号比较好,因为会比较轻松,但事实远非如此,一见到客户来,我自己就开始羞涩、木讷、紧张。也因为怕说错而不敢跟客户交谈,不好意思学生沟通，排除心里的负担和疑虑，解除他们的压力，帮助他们顺利地完成“工学交替”的任务。同时，指导教师看一看课堂教学与实际工作到底有多大距离，并通过综合分析，找出教学中存在的不足，以便为完善教学计划，改革教学内容与方法提供实践依据。

四、心得和体会

三个月很快过去，时间短暂但却又非常的充实，对我来说，虽然只是实习学生的指导者，也是我教师生涯中甚至是人生中很重要的一部分经验，这在我以后的教学工作中会发挥着很重要的作用。这次的指导工作是学校为老师提供了一个机会，让我们也可以近距离的接触学生的工作，了解学生毕业后需要达到的要求，这对改革我们现有的教学模式和内容都起到了积极的作用。综上所述，我总结了以下几点体会：

（一）培养了学生责任心和工作态度

相比学校的学习，“工学交替”的活动，可以大大的加强学生的责任心，端正他们的工作态度。在工作岗位要求必须要有强烈的责任感，要对自己的岗位负责，要对自己办理的业务负责。要求学生对待每一样工作都要有必不可少的责任心，做事情要谨慎小心，因为业务是复杂多样的，小小的错误就会给顾客和银行带来损失。比如：在银行工作，如果没有完成当天应该完成的工作，那职员必须得加班；如果是一个柜员的汇款业务没经其他柜员审核，汇款就不会发出，柜员就会受到风险处罚。如果是不小心弄错了钱款，而又无法追回的话，那也必须由经办人负责赔偿。所以在办理与银行现金有关业务时一定要谨慎小心。上班期间要认真准时地完成自己的工作任务，不能草率、敷衍了事，对工作每一笔业务都要谨慎小心。

（二）培养了学生的职业道德和职业素养

现在银行已经类似于服务行业，因此职员的工作态度尤为重要。对于客户的一些问题和咨询必须要耐心的解答。比如，挂失业务办理时需要本人亲自持本人身份证件办理。而在实际业务发生时往往很多人因为身份证丢失而持本人户口簿或他人持身份证为丢失人挂失等，虽然可能明知是本人，这些都是不被允许的。

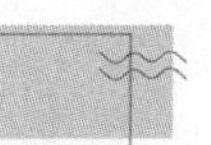

而当对方有所疑问时,也必须要耐心的解释为什么必须得这么做。

(三)让学生明确了职业规划

通过“工学交替”,从一个在职员工的角度来了解工商银行,又从一个客户的角度来审视工商银行,让学生体会到的远远超过书本上对银行的介绍。读万卷书,不如行万里路。想要真的进入银行工作,融入银行这个圈子,成为真正的银行人,不可能仅仅凭借考取的银行从业资格证,也不可能凭借学过、读过的寥寥基本关于银行的书。需要的是一个端正的心态,需要的是献身银行事业的决心,需要的是埋头苦干的恒心。否则,会在工作之后倍感失望,对反复重复的工作唉声叹气,这样的工作心态什么也做不成。

(四)要将理论与实践联系起来

“工学交替”活动过中,学生体会到了实际的工作与书本上的知识是存在一定距离的,需要进一步的学习。银行中的最基本的业务往往是不能在书本上彻彻底底理解和学习的,所以在学校掌握基础实务尤其显得重要。这也就让学生认识到回学校之后该在哪方面提高自己。这才是学习与实习的真正目的。

(五)要转换角色、重新定位

我们的学生原来不了解社会的情况,对自身认识不足,总是认为自己不用学习,觉得自己工作之后一定能大展拳脚。通过“工学交替”的活动,让学生了解到他们的想法的不成熟,他们离单位的要求还有多远的距离,从而促进他们更加认真的学习专业知识,同时也让他们更加注意提高自己如何更快的适应新环境、融入新环境的能力。

总之,通过这次的“工学交替”活动,学生得到了锻炼,同时单位领导的认可也让他们增加了信心。其实学历并不能证明一个人的能力,关键是你是谁,而不是你来自哪里。只要及时补充自己所缺,努力积攒知识与能力,了解自己能做什么,善于做什么,积极和别人分享,融入到团队当中,我们的学生也能胜任单位的工作,并能出色的完成,在社会上能有立足之地。

(五)校企共建共享生产性实训基地改革实践

在推进行动导向理念下的工学交替实训、课程体系改革和理实一体化课堂教学模式改革的过程中,实训基地建设也需要突破传统建设的模式,2015 年我带领团队成员开始寻求校企深度融合,与北京工商银行分行共建共享生产性实训基地——"工商银行自助网点",满足学生校内银行大堂岗位实践的需要。连锁专业与北京宏运通供应链公司共建共享连锁线下门店实训基地,实现了门店理货、收银、仓储等岗位的真实业务的实训。会计专业与智富通财务咨询有限公司共建共享校内生产性实训基地——会计师事务所,学生在真实企业进行实训课程的实操和教师实践能力的提升,并为企业输出项目产品。

校企共建共享生产性实训基地模式的探索与实践

——以金融事务专业为例

一、共建共享生产性实训基地模式探索与实践的背景

(1)职业教育发展的规划要求

根据《国家中长期教育改革和发展规划纲要(2010—2020 年)》以及《国务院关于加快发展现代职业教育的决定》精神,职业教育要着力培养学生的职业道德、职业技能和就业创业能力,促使职业教育规模、专业设置与经济社会发展需求相适应。加强"双师型"教师队伍和实训基地建设,推动专业设置与产业需求对接,课程内容与职业标准对接,教学过程与生产过程对接,坚持校企合作、工学结合,强化教学、学习、实训相融合的人才培养模式。推行项目教学、案例教学、工作过程导向教学等教学模式。深化产教融合、突出职业院校办学特色,强化校企协同育人,多种形式支持企业建设兼具生产与教学功能的共享实训基地。

(2)金融行业发展的现状与需求

随着互联网的崛起,金融行业的发展变化十分巨大。通过调研了解到金融行业全球化、信息化的混业经营趋势为金融人才提供了巨大的需求空间,银行功能更多样化,中间业务和金融服务外包行业势头强劲,区域金融人才需求结构不断调整,岗位需求日趋多样化,这对金融专业人才的培养提出了新的挑战。特别是我校地处北京 CBD,金融机构繁多,首都经济的快速发展势必对工作效率和服务水平要求更高,智能银行的诞生和自助机具业务的不断增加,使得人才岗位需求

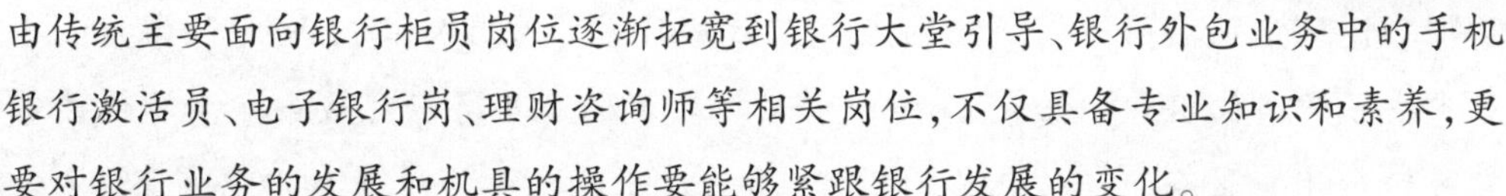

由传统主要面向银行柜员岗位逐渐拓宽到银行大堂引导、银行外包业务中的手机银行激活员、电子银行岗、理财咨询师等相关岗位，不仅具备专业知识和素养，更要对银行业务的发展和机具的操作要能够紧跟银行发展的变化。

(3)金融事务专业发展的瓶颈

由于银行业务变化快，机具和软件更新速度快，这就是使得每年银行仿真实训室的设备及软件更新资金投入较大，如果单靠学校或是教委资金投入也难以保证即时更新，而软硬件环境更新的迟滞势必造成专业发展中实训环境落后于企业发展的弊端，进而影响学生的业务的学习和与企业岗位需求零对接的目标。

因此，为了使校内实训基地的设备实时符合行业发展的要求，需要引企入校，共建共享实训基地，构建“校中企”模式。由企业运作和维护实训基地设备，对外经营，学校共享基地设备作为学生实训基地环境，实现双方的共赢。

二、校企共建共享生产性实训基地探索与实践的目标

以促进金融专业健康发展、培养学有所用专业人才为宗旨，以“学岗对接、工学交替、能力综合”的人才培养为原则，通过学校、银行双方共建共享生产性实训基地，建设以实体业务环境支撑专业教学、实习的“校内模拟实训 + 企业真实环境综合实训 + 顶岗实习”人才培养模式。加强专业教学与企业需求的有效衔接，促进理论教学与专业实践的有机结合，突出人才培养的螺旋式能力综合发展。

三、校企共建共享生产性实训基地模式探索与实践的做法

(一)以工学交替为突破口，初步进行校企合作

借鉴德国的“双元制”的成功经验，我校金融事务专业尝试推进“工学交替”工作。其意义在于：从学生角度来看，“工学交替”可以让学生体验岗位工作、试探能力、检验水平，令后续知识的学习更具目标性和有效性；从教师角度来看，长效的“工学交替”机制创建了教师和企业沟通的桥梁，对企业前沿信息的获得、岗位技能的延展和需求变化都会达到迅速、有效的反馈和搜集；从专业建设来看，“工学交替”长效机制的建立和推进为校企的深度合作创造了良好的机遇，专业发展更趋于良性发展；从学校角度来看，“工作交替”机制既可以推动校外实训基地建设，又可以为学校赢得很好的社会口碑和效益。

但在人才培养的创新中，金融事务专业的工学交替一直是个难题，能让学生走进企业，学校和企业交替实训，是专业发展所遇到的瓶颈。2014 年凭借示范校建设的契机，金融事务专业北京外企人力资源有限公司达成了“银行大堂引导

员”工作交替协议,一方面解决网点急需大堂引导员的用人需求,同时让学生到企业中去了解岗位职责和任务,工学交替难以实现的瓶颈得以突破。学生不仅能够学习银行相关业务和自助机具的操作,而且对银行大堂引导员的服务礼仪、沟通与合作、突发事件的处理等都有了体验式的学习

学生在工学交替实训中得到了银行网点和外企人力资源公司的高度认可和评价,校企合作初步达到了互赢,双方也产生了进一步深入合作的意愿。此次突破使得专业教学中实现了仿真实训与真实岗位实训交替进行的教学模式,完善和践行了人才培养目标中“能力综合”的内涵。

(2)教师银行实践,推进“双师型”教师队伍建设

金融行业的迅猛发展势必需要大量高素质的实用性人才,而这些人才的培养势必需要一支理论实践融为一体的“双师型”队伍,在金融专业建设中提升专业教师的教学水平和实践能力显得尤为重要。在推进校企合作的过程中,首先有计划的安排教师利用暑假和寒假时间到银行网点实践,了解银行大堂引导岗、柜员岗(旁观)、理财咨询岗位等进行实践。通过观摩及实践,积累典型案例,丰富实操经验,了解各业务流程的关键节点,为行动导向课程的构建做好教师理念的更新和转变。

(3)学岗对接,构建行动导向课程体系

经过行业调研和论证,以及教师企业实践的经验,对银行业务的变化有了清晰地了解后,对金融专业课程体系进行了调整,以适应行业岗位变化和用人需求。增加了《银行大堂服务》,外包业务中的《现金整点业务》、《银行呼叫客户服务》、《理财咨询与服务》、《电子银行》等相关课程。教学内容和考核标准上也进行了相应的调整,形成了能与企业需求有效对接,符合金融业发展趋势,不断更新完善的行动导向课程体系。

(4)建立校企深度合作,形成银行订单培养

工学交替得到了工商银行各网点的认可,在指导师傅和指导教师的共同指导下,学生能够很快胜任银行大堂引导员的工作,并在实训中搜集案例做好记录,通过真实环境的实践,学生的能力提升很快,得到了银行网点的较高评价,校企双方互相取得了信任,并在学生培养方面达成了校企合作订单培养协议,为学生就业于银行岗位搭建了很好的平台,也为校企深度融合奠定了坚实的基础。

(5)引企入校,共建共享生产性实训基地

在行动导向的理念下，课程体系和理实一体化课堂教学模式的构建需要具备集课堂教学、技能操作、真实情境的实训基地，而仿真的实训基地的配备和真实的银行网点无论在机具上还是业务上都存在差距，为了达到课堂教学内容的更新与实际业务相匹配，就需要与企业深度合作，共建共享生产性实训基地，企业化运作，学生在真实工作环境下参与工作全过程，使人才培养模式真正符合行业的要求。在经过几批学生的工学交替之后，我校与工商银行建立了良好的合作关系，并对进一步合作达成共识。为了把校企融合做出实效，金融事务专业与朝阳支行共建共享自助银行实训基地，企业负责网点装修和自助银行机具的投入，减免企业的租金，将租金转化为兼职教师指导学生实训课程的费用，同时实现了教师将理实一体化的课堂教学模式在校内实训基地有效完成。

四、校企共建共享生产性实训基地模式探索与实践的条件保障

（一）专业积淀

我校金融事务专业开设于1985年，是学校金融商贸专业集群的龙头专业；是北京商贸职业教育集团理事单位；2004年被评为北京市骨干特色专业；2012年评为北京市示范专业；是第三批国家改革发展示范校重点建设专业。我校金融事务专业有着良好的办学经验，在北京市同类专业中我校招生规模稳居前列。一是得益于我校地处首都CBD区域，金融机构众多，给专业发展提供了良好的外部条件；二是得益于我校多年积淀的扎实办学理念，一支致力于勤恳钻研、不懈努力的教师队伍；三是得益于深度的校企合作和大量丰富的毕业生资源，他们中的很多已经成为了单位的中坚力量，为我校校企合作的稳步推进奠定了很好的基础。

（二）资金保障

2013年金融事务专业批准为第三批国家改革发展示范校重点建设专业，教育部给予专业发展很好的资金支持，为产教融合、引企入校共建共享实训基地提供了有力的保障。

(3)上级部门的支持

共建共享实训基地得到了教委部门的大力支持，多次参与企业洽谈，寻求共建共享实训基地建设方案，从人力、物力、财力以及政策指导上都给予了巨大的支持。

五、校企共建共享生产性实训基地的主要成效

通过共建共享实训基地的建设，进一步推进理实一体化课堂教学模式的运

用。特别是实训课程的改革，课程的实训项目会在真实情境下进行设计和学习，由单一岗位的技能模拟转变为真实实训情境下岗位综合能力和职业素养的培养，学生的业务能力和职业素养明显增强，学生面对客户的自信心和机具操作的熟练度逐渐提高，在实战中习得技能和本领。共建共享生产性实训基地的建成使得理实一体化课堂教学更有活力，教学效果大幅提升，教学和学生都获益匪浅。

六、规划与设想

专业教师通过校内生产性实训基地的建成，需要与企业共同生产、学习和研究，形成产学研一体化模式，带领学生在实践中完成课程的学习，建构工学结合的课程体系、教材体系和评价体系，并物化成果。

（六）师资队伍建设的实践探索

1.“双师型”团队建设

2014—2015 年示范校建设期间有计划的安排教师利用暑假和寒假时间到对口企业进行实践，金融专业教师到银行进行银行大堂引导岗、柜员岗（旁观）、理财咨询岗等进行实践，会计专业会计师事务所进行财务相关岗位实践，连锁专业到线下门店或物流仓储进行企业实践。但此期间教师企业实践在 1—3 月之间，对于业务的学习和实践还不是十分充分的。

2. 公共基础课团队建设

公共基础课教师企业实践一直是专业建设中的难题，主要难在实效性上，如果只是带着文化课教师企业参观和交流一下，其实意义并不太大，因为没有体验过的获知仍然会停留在表面的想象之中。因此如何让文化课教师能够近距离的去体验和感悟是我校建设中要解决的问题。结合工学交替，让文化课老师以旁观业务的方式进行学习和记录，既观察和指导工学交替学生，又对岗位操作业务流程和内容有了深入的了解和思考，从而优化课堂教学设计，具有成效。

3. 专家团队建设

我带领金融商贸专业集群每年定期召开专业指导委员会，充分发挥行业专业和教育专家对专业建设和发展的指导作用，充分对专业内涵建设的路径和做法进行研讨，在课程体系调整、教学改革、人才培养模式探讨、师资队伍建设等方面给予指导，使专业建设规划能够有效实施。目前我校专家团队共计 24 人，主要来自银行、互联网金融公司、会计师事务所、500 强连锁行业的经理或总裁，他们在专业建设的发展中发挥了重要作用。

第三章 创新开拓之路

经过示范校建设，专业集群得到了内涵发展。校企深度合作，但也发现在学生培养过程中，学生职业能力和素养的提升仍有空间，产教融合的深度还不够服务于学生的整个教育过程。“十三五”期间，根据教育部文件精神，制定了“十三五规划”，专业集群从课程体系、课堂教学模式、实训体系、承办技能大赛赛项进行改革，并以会计专业开始尝试推进现代学徒制背景下“双师双徒，学徒进阶”人才模式的探索。

一、产教融合背景下的专业建设规划

2016年我校进入后示范校建设阶段，根据十三五规划要求，中职人才培养要为区域经济发展服务。随着首都区域经济发展和职能的转变以及京津冀一体化的调整，我作为专业集群主任，对金融商贸专业集群建设要从三个维度着眼建设，既要服务于区域就业的需要，同时又要注重学历教育，同时还要做好社会服务。在产教融合背景下对专业集群进行“十三五”规划。

金融商贸专业集群“十三五”建设规划

金融商贸专业集群下设三个专业，四个方向：金融事务专业（银行方向）、金融事务专业（互联网金融方向）、会计专业、连锁经营与管理（门店店长）。该集群以金融事务专业为龙头，金融事务专业（银行方向）1985年创办，历经30年的积淀形成了很强的专业影响力。2004年金融事务专业被评为北京市骨干特色专业；2009年评为北京市示范专业；2013年成为第三批国家改革发展示范校重点建设专业；2015年评定为区级创新团队；是北京商贸职业教育集团理事单位。唯一一所与工商银行共建共享实训基地的学校，为学生真实情境的学习奠定良好的实训环境。

目前金融事务专业（银行方向）与北京经济管理职业学院完成了“3+2”中高职学历的衔接，学制五年。并与北京外企人力资源有限公司进行校企合作，每年进行为期三个月的工学交替实训活动，并形成了“工商银行大堂引导员”订单培养，目前已有两批学生顺利进入工行工作。随着互联网金融的崛起，我校在2016年9月开设金融事务专业（互联网金融方向）主要面向互联网金融公司培养相关岗位人才，从而适应行业发展需求，拓宽金融事务专业的发展方向。

连锁经营与管理专业于2014年创办，主要面向京津冀地区培养线上线下门店店长。该专业依托校企深度融合，基于校内共建共享实训基地专业课教学，目前初步形成了“专业教师+连锁行业兼职教师”互补的校内实训教学，形成了“理实一体的校内实训+工学交替实训+顶岗实习”教学模式。2016年7月毕业的第一批学生已顺利进入宏运通供应链有限公司工作，并承担俄罗斯业务销售，获得企业好评。

会计专业于1995年开设，主要面向区域经济培养财务方面人才。会计专业学生就业广泛，有的就业于企事业财务部门，也有的就业于各大国有银行。该专业已经四次承办北京市珠算心算协会主办的“北京市职业院校财会技能大赛”，今年承办“京津冀”职业院校财会技能大赛将专业的影响力进一步扩大。同时今年我校成为北京市财政局下设的北京市财政局珠算心算协会“北京市财会人员培训基地”，专业的社会服务能力将逐步显现。

我校与工商银行、农业银行、北京银行、建设银行、会计事务所、互联网金融公司、连锁企业等70多家单位建立了长期、良好的合作关系，很多毕业生已成为银行机构的中坚力量。

一、专业集群建设依据

根据十三五规划要求，中职人才培养要为区域经济发展服务。随着首都区域经济发展和职能的转变以及京津冀一体化的调整，金融商贸专业集群建设要从三个维度着眼建设，既要服务于区域就业的需要，同时又要注重学历教育，同时还要做好社会服务。

我专业集群经过调研，我校毗邻CBD中央商务区，银行或是银行外包业务公司需要大量的金融基层服务人员，例如银行大堂引导、后台数据处理、电子银行业务等等，从单一点钞、传票和柜面业务技能型人才需求逐步拓宽到具备良好的职业道德和行为规范的养成上，团队合作、沟通与表达能力、抗挫折能力、熟练的操作机具能力以及主动学习的能力，并具有服务意识和自觉遵守企业制度责任意识。而对互联网金融公司缺口很大，在3—5年内大约缺口100万人，主要岗位需求有客服、产品设计、营销推广等岗位，学生发展空间很大。互联网金融公司对人才需求要具备强烈的风险能力，要了解国家政策，懂保险、金融、证券等相关知识的同时要具备能够很好的与客户沟通的能力和技巧。对于财务人员的需求也从单一的业务记账能力逐步扩充到外围企业或政府部门良好沟通能力、写作能力和抗压能力，会熟练使用信息化手段进行账务处理。企业对财务人员需求提出了新的标准。对于连锁行业对店长层面人才的要求从单一的理货员和实体店面经营的标准逐步扩充要具备互联网思维，能够懂得线上线下运营和信息流的处理，既要懂得基本的收银理货、导购知识、营销策略，还需要具备准确的市场分析能力和敏锐的市场洞察能力。

依据企业对不同人才学历的要求，专业集群既要一部分学生从就业角度谋求发展，同时还要进行中高职衔接。目前金融专业和连锁专业已和高职进行了学历的衔接，从而满足学生和家长对于升学的要求。此外由于北京家庭对子女的期望值都很高，国际化教育也是学生向上发展所必须搭建的平台，目前我专业集群正在与澳大利亚、俄罗斯等国家的培训机构接洽，力求国际合作办学。

二、专业集群建设原则

（一）合理性原则

加强市场调研，及时了解行业发展动态。根据市场需求加强对人才需求量大的集群内专业建设，注重内涵和特色建设，形成专业品牌，对人才需求变化快或需求量减少的专业，做好改造和转型，以更好的适应区域内行业、企业需求。

（二）互补性原则

以金融商贸专业集群建设为核心，整合各专业优质资源形成合力，共同为打造专业精品服务。企业技术骨干指导教师企业实践，传授业务操作，提升教师实操能力；学校教学骨干与企业业务骨干共同研讨实训教学设计、课题研究，通过校企合作突破公共基础课教师与专业课教师之间的专业壁垒，建立专兼结合、结构合理、动态组合专业教师团队，为专业建设发展优化配置教师资源。此外，通过毕业生搭建校企合作的桥梁，做好毕业生座谈、问卷反馈，实时了解行业变化，从而动态调整专业规划。

（三）共享性原则

在做好学历教育的基础上，拓展专业的服务功能，积极为中小学生职业体验、企业员工培训、财经类教师培训等各方面共同提供场地、设备和课程资源。校企双方在平台建设、业务骨干指导方面实现软、硬资源的共享。

（四）发展性原则

结合京津冀一体化区域发展策略，做好对天津、河北等职业院校专业对接工作，寻求新的合作平台。面对北京市人口疏散和发展高端服务业的建设规划，统筹安排专业集群的人才培养目标和方案的调整变化，开发中高职培养和国际化合作的道路，适应整体经济布局的需要。

（五）实效性原则

统筹规划好专业集群建设时间表，做到有预设、有思考，密切关注职业教育、行业需求等理念和观念的变化，有序推进专业建设，做到与时俱进，能与社会发展做到基本同步。

三、专业集群建设目标

（1）金融商贸专业集群建设总目标

金融商贸专业集群建设的总目标是以金融事务专业为龙头，打造金融事务专业（银行方向）成为京津冀地区精品专业，同时以互联网金融方向作为该专业的拓展方向；其次重点打造连锁经营与管理专业，夯实门店店长培养目标，带动会计专业拓宽专门化发展方向，为首都区域经济和京津冀一体化区域经济培养适应银行网点、互联网金融公司、企事业单位、连锁行业的大堂引导、柜员、大堂经理、银行后台业务处理以及银行外包业务公司相关的数据信息处理、电子银行、客服专员、市场推广专员、营销策划专员、出纳岗、收银岗、会计电算化岗以及连锁门店店员、店长等相关岗位的初、中级人才。通过就业和升学、社区服务三个维度进行课程建设、师资队伍组建，既要满足部分学生对口就业和岗位进阶培养的需要，又要为部分学生学历提升和国际教育搭建升学平台。

在“校内模拟实训＋企业工学交替＋顶岗实习”的“学岗对接、工学结合、能力综合”的人才培养模式下，依托校企融合，通过跨专业综合实训任务和共建共享实训基地的真实任务的引入，实现学岗对接；通过工学交替检验学生所学与实际岗位工作要求的差距，反思、强化、提高，从而达到融会贯通、灵活运用，提升职业素养和职业能力，实现能力综合。同时根据行业人才需求变化和企业订单培养的要求，推进企业专家共同进行产学研，适度调整和完善课程体系，构建模块化和订单化培养的课程内容和实训体系，达到螺旋式综合能力培养的目标。

（二）具体目标

1. 专业结构调整与完善的目标

金融商贸专业集群通过调研，根据行业动态调整，金融商贸专业集群进行了

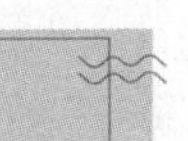

人才培养目标定位的调整，金融事务专业(银行方向)由传统的主要面向银行内部的柜员岗逐渐拓宽到银行大堂引导、银行外包业务中的手机银行激活员、电子银行岗、后台票据处理岗、互联网金融业务等相关岗位。金融事务(互联网金融方向)主要面向互联网金融公司培养客服、市场推广、营销策划等岗位群的专员，探索出适合互联网金融公司的初中级技术技能型人才。

会计专业在原有出纳岗位的基础上要拓宽专门化方向，寻求新的突破口，不仅满足原有出纳、收银岗位、审计助理、会计岗的需求，同时还要拓宽到财务预算、内审等岗位的需求，力求在北京市同类专业中的错位竞争。

连锁经营与管理专业要通过校企合作务实门店店长方向，在商业业态的选择上要逐步拓宽培养。主要面向线下、线上店长(或助理店长)岗位的需求，满足连锁行业初中级技术技能型人才。

2. 专业内涵建设的目标

金融专业商贸集群建设的目标是以“金融事务专业”为龙头专业，带动会计专业和连锁经营与管理专业协同发展，在师资队伍建设方面打造校企适合的“双师型”教师，鼓励教师到相关企业兼职，提高实践操作能力，形成创新创业意识的教师团队，增强专业的软环境建设，打造精品专业和特色专业。在学生人才培养内容方面，以“知识、能力、素养”为一体，突出能力目标的“一技之长+跨专业综合实训能力”的强化，加强素养目标中的职业道德、职业责任意识、抗挫折和沟通方法的培养。人才培养途径方面，通过“课堂教学、工学交替、跨专业综合实训、顶岗实习”的培养模式，提高学生的综合实践能力，进而提升学生的职业素养。

3. 育人质量目标

金融商贸集群建设要培养具备文化知识和专业知识、职业能力和职业素养的初中级技术技能型人才。培养学生在知识能力方面学会必备的文化基础知识和相关专业的知识体系，能力方面能够将通用能力和专业能力并行增强，强化“一技之长+跨专业综合实训能力”，职业素养方面要培养学生职业责任意识、服务意识、抗挫折力、沟通协作能力等。

4. 资源共享目标

金融商贸专业集群下设的三个专业，四个方向要能够进行专业资源共享和互补，特别是在综合实训项目中要考虑跨专业综合实训，将会计、金融事务专业（银行）、金融（互联网金融）、连锁经营与管理专业的涉及到专业知识与技能通过虚拟社会环境跨专业实训系统进行训练，课堂实训教学从单一的技能训练拓展到跨专业综合业务的实训，这需要四个专业教师团队要进行资源平台整合和共享，设计符合专业集群学生跨专业综合实训的项目任务，从而拓宽培养学生的实训能力。

5. 产教融合的目标

产教融合的目标是继续推进校企合作的深度融合，在兼职教师进课堂、工学结合、引企入校共建共享实训基地以及推进产学研一体的教学模式的基础上，大力寻求优质企业，推进“企中校”，通过项目管理的方式组建团队，教师带领学生完成企业真实业务项目的同时，力求全面提升教师及学生的实践能力和职业素养，并对企业文化逐步认知。

1. 专业集群建设内容

（一）专业构成及人才培养定位

从就业角度来讲，金融商贸专业集群以金融事务专业（银行方向）为龙头专业。近年来学生主要在银行网点内从事银行大堂和柜员岗的工作，通过市场人才需求调研，银行部分业务在逐渐的整体外包，人才需求结构出现调整，人才培养需要拓宽到银行外包公司，人才定位主要面向银行大堂引导岗、理财资金岗、电子银行岗、后台数据信息化处理岗、票据审核和录入岗、客户服务岗等初中级技术技能型人才。同时随着互联网金融公司迅猛发展的态势，产生许多适合中职生的岗位群，因此2016年新增设的金融事务专业（互联网金融方向）为拓宽方向，主要面向互联网金融公司订单处理岗、客户服务专员、产品推广岗、营销策划岗，培养初中级技术技能型。同时带动发展会计专业（出纳方向）以及连锁经营管理专业（门店店长方向）。

会计专业人才定位主要面向中小企业企事业单位、会计师事务所培养收银员、出纳、部门会计以及审计助理等初中级岗位。

连锁经营与管理专业主要面向零售业、餐饮业、服务业培养助理门店店长或门店店长。

从升学角度来讲,由于家庭的教育观念使得学生对学历提升存在需求,同时首都经济对人才需求的标准不断提升,搭建中高职衔接的平台也是人才培养的另一重要方向,基于京津冀一体化经济和首都经济的战略调整,寻求合作办学,提高学生学历,使专业发展具有强劲的生命力。

(二)人才培养模式

金融商贸专业集群依托校企深度合作,探索出“校内仿真实训+企业真实业务实训+顶岗实习”的“学岗对接、工学交替、能力综合”的人才培养模式,突出螺旋式的能力综合发展是其人才培养的核心。

校内仿真实训主要是课堂教学通过校内仿真实训环境进行单一岗位仿真实训,主要强化训练单一岗位技能。同时在学生第5学期要通过虚拟社会仿真环境进行跨专业综合实训,强化提高学生跨专业总和实训能力的提升。

工学交替主要依托校企合作,在高二年级进行为期三个月的企业实训,然后再回到学校进行学习,这种工学交替实训的目的是让学生通过企业真实业务的实训能够弥补校内实训课无法实践的内容,解决职业素养提升的难点,同时置身企业,了解企业文化、专业和将来所要从事的行业,了解自己的专业知识和能力与岗位需求的差距,从而回到学校再进行针对性的学习和职业规划。

顶岗实习主要依托校企合作在高三最后一个学期进行为期6个月的顶岗实习,学生通过顶岗实习逐步从学生过渡到职业人,逐渐适应企业用人标准,通过实习锻炼胜任相应岗位,从而完成学生到职业人的转型。

(三)课程建设及教学改革

课程建设方面完善行动导向理念的课程体系,既要兼顾以工作过程为导向,同时又要兼顾应试下的职业资格证取证内容的学习。将含金量比较高且在校生能够考取的“会计从业资格证书”作为学生首选的职业资格证纳入到课程体系中,推进教育部倡导的学生在毕业前要具备“双证”的标准。继续构建和完善以工作过程为导向的课程体系,通过与企业专家研讨、毕业生反馈以及学生工学交替的体验案例,重点构建跨岗位综合实训课程的开发,引入企业真实任务、创设企业任务情境,设计多岗综合实训任务,帮助学生在工作情境中提高综合能力。

教学改革方面,通过行业调研和专家论证明确各岗位必备的知识与技能,与兼职教师和行业专家通过信息化教学平台,及时发布行业动态变化和业务变化的信息,教师适时以模块方式扩充教学内容,使课堂教学丰富起来,更贴近岗位。师生之间通过信息化手段或是平台将工学交替过程中发生的案例在平台上进行反馈、讨论和分析,将移动课堂教学变成一种有效的方式,并且不断使其完善。

(四)教师培养及人才储备

要打造一支能够为学生进行理实一体课堂教学和为企业员工进行培训的真正"双师型"教师队伍,能够运用信息化手段进行教学。组建一支市、区、校级骨干教师比例分别达到10%、25%、35%的目标,组建骨干教师帮带活动,帮助年轻教师阶梯式成长与规划。各专业按"文化课教师+专业课教师+企业兼职教师"组建团队,为专业课程的学习和实训做好针对性的师资培养。通过校企深度融合,共建共享实训基地的建设推动"双师型"教师成长的实效性,五年内落实每个学期派一名专业团队教师到企业实践的制度,可以与兼职教师一起共同承担企业项目,不断提高实践能力。

(五)实训基地建设规划

目前金融事务专业和连锁经营与管理专业实现了"引企入校"共建共享实训基地,教师开始逐步尝试根据企业真实业务设计实训教学,并且团队教师根据工作流程将不同课程进行组合,逐步发挥生产性实训基地的作用,"引企入校"的作用得到了初步发挥。

除了仿真实训基地、生产性实训基地以及校外实训基地建设以外,还要进一步拓宽校企合作的领域和深化校企合作的对接点,选择优质的企业和具有发展潜力、符合市场发展态势的新型企业作为专业发展的合作伙伴,使得产教融合真正做到"融"。推进与工商银行金融培训学校进行新员工培训项目,让专业教师和学生技能小教练给银行新员工进行技能的培训,试图突破"企中校"的合作模式,在互赢中对接企业需求,使得专业集群的影响力延伸到企业内部,帮助企业员工的技能提升,通过实践教师和学生拓宽视野、累积经验、搜集信息、增长才能,从而提高专业的影响力,使得专业集群更具有鲜活的生命力。

(六)信息化资源建设规划

随着信息化智慧校园的建设,专业建设要推进教学信息化平台的建设,通过信息化培训和课堂教学推动教师信息化能力的提升,通过信息化教学大赛的开展，带动课堂教学信息化手段的应用；鼓励教师每学期自主开发一个教学微课，在平台中分享和学习，按专业组建教师团队开发课程的系列信息化微课，不断搜集筛选信息化课程资源，做到积累优化，从而有效运用现代化教学信息化手段，提高课堂教学效果。

（七）社会培训及社区服务

由于北京疏解非首都功能的战略调整，使得职业教育既要服务于应届初中毕业生，同时也要加强对社区居民和社会培训的服务功能。专业集群要开发适合社区服务课程，主要开设“银行自助机的使用”“假币识别”“电子银行”“理财知识”等社区课程。每学期不少于5次。

中小学体验课程主要开设“收银岗体验”“沙盘模拟经营”“理货体验”“银行柜员岗体验”“银行自助机具的使用”“假币识别方法”等课程，通过校企共建共享实训基地进行体验尝试，每学期不少于5次。

除了做好中小学职业体验课程和送课进社区以外，还要寻求为校企合作的企业员工进行培训，在培训中不断提升教师队伍的能力水平，同时也满足企业员工培训的需求。通过与北京市财政局下设的珠算心算协会共建的财会人员培训基地，力求做好会计教师、企业事业单位财务人员的会计业务培训、技能培训等工作，从而提升专业的影响力。

（八）突破国际化办学

专业集群发展需要有国际化办学的视野和举措，督促教师学习欧美先进的职教理念和课程，拓宽教育视野，感知职业教育的差距和可以值得借鉴的地方，先从课堂教学方法上逐步转变。专业集群力求与澳大利亚泰福学院在金融、会计专业方面进行洽谈合作，同时要着眼一带一路国家政策，寻求连锁专业与俄罗斯院校进行国际化合作，为学生的出国深造搭建平台。

此外要利用高职的国际化办学优势，在3+2的基础上寻求国际化合作办学，让学生有机会得到更深层次和优质的学习。

五、专业集群建设保障

（一）组织保障

成立以行业领导、企业骨干、职教专家和同类职业院校专业核心教师为成员的专业集群建设指导委员会，充分发挥各位委员的作用，及时交流、研讨、查摆、解决专业集群建设中的问题，以保障专业集群人才培养、课程建设等改革活动的顺利进行。

（二）制度保障

学校在专业集群建设中已经形成了一套比较完备的管理制度，能够在制度上形成必要的奖惩机制，保障了专业建设工作中统一和稳定。金融商贸专业集群又是国家级改革发展示范校重点建设专业，学校在专业集群建设工作中给予各项政策支持和倾斜，保障了专业集群的建设。

（三）综合保障

金融商贸专业集群主动加强社会各方面联系，深入推进校企合作、院校合作，形成外部合力，建立合作共赢的局面，保障专业建设工作向规模、特色、精品方面发展。

1. 企业资源

专业集群在多年的建设中形成了以中国工商银行、中国建设银行、中国银行等国有大中型金融机构为主体的稳定企业资源，辐射带动了会计和连锁专业的合作保障，为专业集群建设和发展提供了广泛的校企合作的空间，在实训室建设、定岗实习、工学交替、课程构建、师资培养等多方面提供了支持。

2. 院校资源

金融商贸专业集群多年承办市级大赛，借助大赛平台和同类院校间加强交流学习，为提升专业影响打下了基础。集群内各专业分别与北京市经济管理干部学院、北京财贸职业学院、北京市信息管理职业学院等多个高职院校合作，在高端人才培养、教师培训、3+2中高职衔接工作中提供支持和保障。

二、产教融合背景下的专业建设模块化课程开发

产教融合背景下模块化课程的开发是能够解决教学模式、教学组织形式和教学方式的变化所带来的问题。模块化课程需要打破原有学科体系，将课程内容对照岗位任务进行重新组合与调整，按岗位工作任务的难度梯度构建和开发。

随着各专业“工学结合”模式的推进，根据校企共育学生的需要，结合对接岗位任务，课程中新增真实项目实训模块，契合行业岗位需求进行改革。我带领、指

导团队成员完成金融专业核心课中《银行外包业务》和《金融产品与服务》教材编写工作,补充了"个人信贷业务处理"项目模块;会计专业核心课中调整了税务系统改革后税务实训项目模块、审计底稿编制项目模块以及代理记账项目模块,并在教学能力大赛中作为教学内容进行展示;连锁专业课程中补充了"海报设计"项目模块、商品促销真实项目实践模块。根据工学结合岗位实训形成直转模块,并形成课程标准。

金融事务专业	会计专业	连锁专业
项目模块补充	项目模块补充	项目模块补充
❶ 银行大堂服务	❶ 代理记账	❶ 主题海报设计
❷ 电子银行	❷ 审计庭稿编制	❷ 商品促销实践项目
❸ 票据审核与录入	❸ 税务系统	
❹ 数学化信息处理		
❺ 个人信贷业务处理		
❻ POS机客户维护		

《代理记账业务》课程标准

一、课程性质

本课程是中小型财务咨询公司代理记账岗位直转课程,是推进现代学徒制背景下"工学结合"教学模式的课改课程。通过真实经济业务代理记账岗典型职业活动分析,形成"产学一体化"教学课程体系核心课程,是基础仿真业务模拟实训的基础上提高真实记账岗位实践能力的课程,具有较强的实操性和理论提升性。本课程的主要任务是让学生能够真实感知会计政策和企业制度,完成代理记账岗位业务,熟悉报税业务流程;能够与会计师事务所带教师傅和同事沟通协作,处理和协调业务操作中与客户的有效沟通;通过真实岗位实践将工作经验梳理、总结和提升,实现由理论到实践,再从实践到理论的人才培养方向,达到"知其然还要知其所以然"的学习效果。通过"双师"教学,培养学生严谨、认真和保守商业秘密的职业操守和职业道德,从而实现"学岗对接,学徒进阶"的人才培养目标。

二、参考学时

120 课时。

三、课程学分

7 学分

四、课程目标

（一）通过代理记账岗位业务操作，能够辨识、整理、审核真实业务的原始凭证。

（二）通过真实经济业务的比较分析，正确规范的进行会计核算。

（三）能够运用财务信息系统准确无误的完成代理记账业务，并能够通过报税系统进行按成报税工作。

（四）通过真实业务操作经验的梳理和总结，能够阐述理论知识点，提升理论层面的认知。

（五）通过真实工作环境代理记账岗的实训学习，学习实际工作方法和沟通技巧，具备与同事沟通协作和与客户有效沟通的能力。

（六）通过“双师”教学，培养学生严谨、认真和保守商业秘密的职业操守与职业道德，养成时间效率和质量效益的责任意识，实现“学岗对接，学徒进阶”的人才培养目标。

五、课程内容

会计专业典型职业活动课程

<table>
<tr><td>专业名称</td><td>课程/典型职业活动名称</td><td>教学课时要求</td></tr>
<tr><td>会计</td><td>“代理记账业务”</td><td>120 课时</td></tr>
<tr><td colspan="3">典型职业活动描述：
代理记账岗主要对中小微企业和民间非盈利组织的经济业务进行核算，熟知会计制度和政策，根据代理记账流程按月对经济业务所涉及的原始凭证进行辨识和整理，通过财务核算系统软件进行记账凭证的填制、账簿的登记和报表的生成，完成打印装订和归档工作；并帮助客户代理完成系统报税工作。
工作要求：
1. 认真阅读、辨识和整理原始凭证；
2. 仔细分析经济业务，正确无误确定账户名称；
3. 按工作流程规范、严谨、熟练操作财务系统软件进行核算；
4. 学会倾听、善于沟通协作，处理好同事关系和客户关系；
5. 具备时间效率和质量效益的责任意识。</td></tr>
</table>

续表

<table>
<tr><td>学习目标：
1. 会辨识、整理、审核真实业务的原始凭证；
2. 能够分析经济业务选择正确的会计账户，并能够阐述账户登记内容；
3. 能够运用财务记账系统正确填制记账凭证、登记日记账、明细分类账和总分类账以及报表的编制；
4. 通过真实业务操作能够提升理论知识点的理解和阐述，形成“知其然还要知其所以然”的思维品质；
5. 能够与会计师事务所工作同事沟通协作，具备处理和协调业务操作中与客户的有效沟通的能力；
6. 形成严谨、认真、规范的工作习惯和保守商业秘密的职业操守；养成时间效率和质量效益的责任意识和职业道德。</td></tr>
<tr><td>学习内容：
项目一 认知代理记账岗位内容和职责(30课时)
认知企业文化；解读会计政策和企业制度；中小企事业单位类型及业务种类；代理记账岗位工作内容及工作职责；认知代理记账业务流程及凭证。
项目二 小微企业代理记账业务(30课时)
小微企业原始凭证的辨识与整理；小微企业记账凭证的填制；小微企业凭证和账簿打印；小微企业装订与保管。
项目三 民间非营利组织代理记账业务(30课时)
民间非营利组织原始凭证的辨识与整理；民间非营利组织记账凭证的填制；民间非营利组织凭证和账簿打印、装订与保管。
项目四 综合企业类型代理记账业务(30课时)
综合企业类型的分辨；原始凭证的辨识与整理；记账凭证的填制；凭证和账簿打印、装订与保管；报税业务</td></tr>
</table>

续表

教师考核方法与标准	企业师傅考核方法与标准
考核方法： 按规定时间完成代理记账业务，能够进行理论知识点认知和阐述，通过线下实训产品质量评价和线上理论知识点测试进行综合考核。 考核标准： 1. 正确无误辨识和规范整理原始凭证； 2. 正确熟练通过财务系统软件进行记账凭证的填制； 3. 对生成的账簿和报表进行审核和纠错； 4. 通过报税系统正确无误进行报税； 5. 能够文字阐述业务处理的理论知识点，并能够梳理业务流程和账户间勾稽关系。	考核方法： 按规定时间完成指定客户代理记账业务流程，并能够进行产品输出。 考核标准： 代理记账选用账户准确无误； 通过财务系统进行账务处理准确无误； 代理记账凭证和账簿打印、整理规范、有序、完整； 报税业务准确无误。

六、实施建议

（一）教学设计

本课程实施背景和目标是在现代学徒制背景下推进“工学结合”教学模式，实现校内生产性实训基地“产学一体化”教学，形成学生学徒进阶培养，弥补仿真业务实训的不足，通过“真实环境”“真实业务”“真实操作”提升学生职业综合能力和职业素养。

根据本课程标准和产教融合教学改革背景进行教学设计，教师在教学实施前，必须具备代理记账岗位实践经历，并具备真实业务实践操作的能力和课堂教学理论知识讲解和阐述提升的能力，能够与企业师傅研讨沟通，共同进行课程单元设计，明确课程实施的背景和目标，制定课程实施教学计划，细化教学内容、考核标准和评价方法。

通过校内生产性实训基地的参观、培训以及与高年级学徒生进行交流了解岗位内容和工作职责，感性认识代理记账岗位素质要求及工作意义，培养会计职业情感。本课程是中等职业学校会计专业学徒制学生岗位业务直转核心课程，学徒

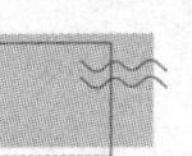

制岗位实训按照难度梯度主要有:代理记账岗位业务、审计业务岗和税务审计岗。代理记账岗是真实业务实训学习的入门课程。在教学设计中建议重点关注代理记账岗工作流程、内容和岗位职责掌握,培养良好的职业规范意识和责任意识,有意培养学生从实践再到理论提升的学习路径和方法。

(二)教学方法

通过校内生产性实训基地进行"做中学",采用"真实环境""真实业务""真实操作"进行学习,采用"双师"教学,通过项目教学法和任务驱动教学方法,让学生认知代理记账岗位业务和工作流程,完成记账工作和理论知识点归纳和提升。

(三)评价方法

本课程考核原则是在校企共育的基础上,采用"双师"评价方法,坚持评价主体、评价过程、评价方式的多元化,采用梯度培养的学徒生互评、企业师傅评价、教师评价相结合;生产性实训中的过程评价与理论知识点归纳和提升的结果性评价相结合。

鉴于本课程具有较强实践操作性特点,评价主要包括三部分:一是主要采用代理记账产品输出形式进行实操评价;二是采用笔试或通过线上考试方式进行理论层面的评价;三是学习实操过程中职业态度和责任心进行评价。

(四)教学设备与学习场景基本要求

本课程需要在校内生产性实训基地——会计师事务所进行教学,建议采用校企共建共享实训基地设备,采用"真环境""真任务""真操作"的学习场景,实现"双师"共同培养学生,根据岗位任务为学习任务,理论与实践同步提升,实现"产学一体化"教学。

七、说明

本课程教学单元内容设计要紧紧围绕企业岗位内容进行,根据类型企业业务的变化不断调整教学设计内容,并根据学生的学习特点进行业务学习和理论知识的学习和提升,既要掌握实际操作内容,同时也要从实践再回到理论进行提升,保证学生"知其然还要知其所以然"的学习深度,为学生后续职称证书的考取以及职业进阶的发展奠定理论和实践的双重基础。

三、产教融合背景下的专业建设实训体系构建

根据教育部出台《国家中长期教育改革和发展规划纲要(2010—2020年)》《国务院关于加快发展现代职业教育的决定》精神、教育部等六部门制定的《职业学校校企合作促进办法》《教育部关于开展现代学徒制试点工作意见》《北京市职业教育改革发展行动计划(2018—2020年)》以及2019年2月出台的国务院颁布的《国家职业教育改革方案》等文件精神,在产教融合背景下实现基于产业链的人才链建设方向,需要职业教育培养出契合产业需求、区域经济发展的人才,培养具备较强的实际操作能力的高素质复合型技术技能人才,而努力做好实训课程体系的构建就变得尤为重要。

作为专业主任,结合调研情况,企业对能够跨学科、跨专业、跨部门、跨行业的学生越来越青睐,因此要重新建构实训课程体系。在后示范校建设阶段,我带领团队开发"多维度、真任务、跨专业"的梯度实训体系。

高一教学实施主要通过仿真实训环境进行单项技能的模拟训练,主要掌握专业课程项目单元中单项实训的理论知识和技能要点。

高二教学实施主要在真实实训基地完成岗位实践学习,提升岗位综合能力和职业素养,学生通过校内生产性实训基地和校外工学交替实训进行实训课程的构建,并将真实业务引入课堂教学,由企业师傅指导学生完成相关岗位的实训,教师指导学生进行理论的提升。

工学交替后学生在高三第一学期完成跨专业综合实训课程的学习,将金融、会计、连锁三个专业学生通过VBSE虚拟商业环境实训系统平台进行18~48个岗位的综合实训。通过跨专业综合实训提升学生跨专业、跨学科、跨部门、跨行业知识的整合和运用能力,跨专业了解不同企业在产业供应链上以及业务合作中所涉及的知识、技能以及素养点,着重于学生在产业链的链条上跨界思考问题和创新思维意识培养。

会计专业产教融合专业建设案例分析

——以北京市求实职业学校为例

一、专业发展基本情况

（一）创建背景

会计专业创建于1995年，在国家大力发展职业教育的政策下，会计专业经历了蓬勃发展的生长期和成熟期，同时基于市场人才的大量需求和企业对会计专业学生的认可度较高，使得会计专业成为北京市众多职业院校招生最火爆的热门专业。

（二）发展历程

1. 课程改革前阶段

会计专业在1995年创办期间，学校由原来的普通中学全面转向职业教育发展，其管理模式沿用了普教管理模式，采取年级组管理模式。以文化课为主，专业课为辅的教学管理模式，采取是5∶5的比例。专业课教师一部分从文化课教师转型而来，一部分来自于师范院校毕业的专业教师。会计专业课程体系采用学科体系，课堂教学采取先理论教学为主、后实训教学为辅的教学模式。专业课教师虽然大部分具有相应职业资格证书，但是都不具备企业实践经验。学生主要以就业为主，校企合作体现为学校主动联系企业，寻求学生顶岗实习和毕业就业的渠道，校企合作也因此打开局面，特别是与国有银行的合作更为扎实，使得会计专业部分学生也能进入银行从事相关柜员或后台财务岗位工作。此阶段校企合作初步形成，但合作范围还仅限于顶岗实习。

2. 课程改革阶段

2005年北京市开展会计专业“以工作过程为导向”的课程改革，由原有重理论轻实践、先理论后实践学科教学，按照德国“双元制”行动导向教学理念进行了理实一体化“做中学”的课程改革，专业课与文化课比例为6∶4，提出文化课教学设计要体现为专业服务。会计专业建设了仿真实训基地，实训教学以仿真业务为主,教法主要采用任务驱动法。专业课教师通过国培项目开始进行企业实践,企业实践主要以观摩和学习为主。学校管理模式也开始实行年级组和专业组平行管理模式,年级组负责学生德育工作,专业组负责专业内涵建设的执行落实工作。此阶段校企合作从学生顶岗实习合作逐渐拓展到专业建设过程中合作,逐渐形成了稳固的校企合作关系。

3. 国家级改革发展示范校建设阶段

2010—2013 年随着互联网的发展,财务岗位需求也在发生结构性变化,企业对人才职业能力和职业素养的需求在不断提升。同时生源开始下滑,家长和学生对学历教育的重视和对就业岗位上移需求的渴望,使得专业发展出现瓶颈期。2013 年我校成为第三批国家改革发展示范校,在两年的建设期内,学校管理模式采取“一横五纵”管理模式,专业主任负责专业集群整体规划,校区主管为专业主任落实专业建设规划做好行政服务,专业建设呈快速发展态势。因此,这样的管理模式下,会计专业结合国家示范校金融事务专业重点建设的契机,也按照示范校建设的要求开始突破瓶颈转型升级。

在多年校企合作积淀的基础上,开始尝试推进工学交替,突破了会计专业工学交替的瓶颈,将三个月工学交替教学实训安排在高二第二学期完成,同时实现了兼职教师进课堂进行业务讲座,加强了学生实践能力和业务更新。2016 年在调研的基础上推进专业转型升级,岗位由原有的收银员岗、销售岗等低端岗位逐步拓展到会计师事务所代理记账、审计助理、税审助理等中端岗位。校企双方共建共享生产性实训基地——会计师事务所,企业专家参与专业建设规划和课程体系研讨。2016 年该专业完成“3 + 2”中高职衔接,为学生学历提升搭建了平台。此阶段校企合作逐步深化,企业深度参与学生培养和专业建设的过程中,校企合作逐步向校企融合过渡。

4. 深度校企融合教学改革阶段

2017 年会计专业在校企深度融合的基础上开始尝试探索现代学徒制,开始在产学研一体化教学改革方面进行研究,实现了企业真实业务为教学资源的课堂教学改革,在原有工学交替成功经验的基础上尝试推进从高一第二学期选拔学生作为“学徒工”到校内生产性实训基地——会计师事务所进行每月一周的报税、代理记账等业务实操,企业师傅指导,学生真实业务实训,课程设置开始嵌入岗位真实业务内容,同时每学期安排两名教师与学生一起进行项目实施,提升教师真正的“双师”能力。此阶段校企合作达到融合发展,共育共赢,成效显著。

(三)主要成绩

本校会计专业五次承办由北京珠算心算协会主办的“北京市职业院校财会综合技能比赛”,两次承办“全国部分省市职业院校财金综合技能比赛”。同时该专业所在校区是北京市财政局下设北京珠算心算协会财金师资培训基地,已经承办两次京津冀地区财金专业教师行业实践能力提升的培训,在职业院校中具有较高影响力和示范性。

近年来实现了与9家会计事务所建立稳定的校企合作关系,为学生工学交替实训代理记账、审计处理、税务处理、工商注册等岗位上移实践提供有力保障,会计师事务所对工学交替实训过的学生认可度高,毕业被正式录用比例不断提高。

(四)专业建设特色

1. 生产性实训基地效果显著

2016年会计专业与智富通财务咨询有限公司合作共建共享校内生产性实训基地——会计师事务所。学生在真实企业进行实训课程的实操和教师实践能力的提升,并为企业输出项目产品。该基地已承接两届学生工学交替实训,以及中高职院校来校参观学习的任务,同时也为北京珠算心算协会主办,学校承办的“2018年全国部分省市财金综合技能比赛”提供真实的审计业务作为大赛赛项,校企融合进一步显现效果,发挥了共建共享生产性实训基地的效应。

2. 真实业务融入课程体系

会计专业经过北京市以“工作过程为导向”课改后,教师具备理实一体化的课堂教学能力和行动导向教学法应用。在校企深度融合的基础上,会计专业课堂教学尝试融入真实的工作项目、真实工作环境、真实工作操作流程,在企业师傅指导、教师辅助教学的基础上,对课堂教学进行改革,对产学研一体化教学模式进行探索和研究。

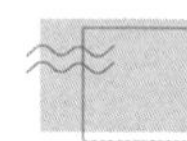

3. 探索“现代学徒制”理念下的教与学

会计专业教师共有9人，均能够采取行动导向教学理念进行教学设计，全部参与过会计专业市场人才需求调研和工学交替指导工作，100%具有职业资格证书，在2014年全部完成了1～3个月企业实践工作，主要从事会计事务所凭证装订和辅助会计师助理等工作，具备进一步向“双师型”“工匠型”教师提升的能力。

在现代学徒制的背景下，会计专业教师每学期轮流在校内生产性实训基地进行审计业务、代理记账、税务审计等相关岗位实践工作，教师实践能力得到很大提升，并且能够独立完成企业工作项目。同时具备课堂教学和“学徒生”指导能力，对“双师型教师”内涵建设有了进一步的拓展。课堂教学中也初步形成高二“学徒生”帮带高一“学徒生”的教学模式，使会计专业人才培养模式在现代学徒制背景下形成“学徒进阶”的梯度培养，形成了“双师双徒”的发展特色。

二、专业建设要素分析

(1)培养定位分析

1. 确定依据

随着首都功能定位以及经济战略的调整，市场对会计人才需求也在发生结构性变化，岗位需求日趋多样化，培养出符合区域经济发展的现代服务业初、中级技术技能技术型财务人员，成为我校会计专业转型升级培养人才的方向，完善课程体系设置，从而实现与细化多变的岗位需求对接。因此需要我们对市场人才需求进行调研，了解人才需求状况，进一步明确会计专业的定位与内涵，分析中职会计专业毕业生的职业岗位群，以及行业对学生知识、能力和职业素养的要求，为制定会计专业人才培养方案提供依据。2015—2016年对会计专业人才需求进行了市场调研，完善了人才培养方案，根据企业标准调整了人才培养定位标准。

其培养目标总体表现为以学校为主体，通过调研反馈，专家指导的基础上加以确定，确定依据表现为中级阶段特征。

2. 培养定位

会计专业招生对象是初中毕业或同等学历者，学制是三年制。人才培养定位如下：

本专业主要培养面向各企事业单位、服务业,能在经营管理第一线中从事会计、出纳及其相关岗位的操作性工作,具有公民基本素养和职业生涯发展基础的应用型初、中级技术技能型人才。主要面向岗位有:小型企业、经济组织会计核算员;基层财税协管员;商业及服务企业收银员、出纳;会计事务所、财务咨询有限公司、税务师事务所、工商注册咨询有限公司等代理记账岗、审计助理岗、税务代理岗、税审岗、工商注册助理等相关岗位。经过3~5年的岗位实践能力和职业素养的提升能够从事基层或中层项目管理岗位。

本专业培养的学生未来就业领域和岗位群定位明确,在人才培养定位上属于中级阶段的较高水平。

3. 素质结构

素质结构包括能力结构、知识结构、素养结构。

(1)能力结构

会计专业能力结构主要包含通用能力和职业能力。通用能力主要指岗位必备的基本能力,表现在:政策和法律意识、语言文字表达能力、沟通交往能力、抗压和调节情绪的能力等。职业能力主要指岗位必备的专业胜任能力,表现在:要求学生具有爱岗敬业、遵纪守法、谨慎诚信的职业道德,具有不断探索和勇于创新的精神,具有效益、市场、竞争、风险等观念,具有组织和管理能力、合作与协调能力。主要具体包括:能识别钞票真假,能准确清点现钞,能快速准确进行中英文和数字录入;能熟练运用会计知识填制凭证、登记账簿、编制会计报表;通过工学交替实训,掌握财务相关岗位业务处理流程;能熟练运用会计信息系统收集和处理信息,进行岗位业务电子处理等工作。

社会能力主要包括沟通和协调能力,部门间协同工作能力,具有责任感和团队精神,具备不断学习的意识和能力。

本专业能力结构所处阶段为中级阶段的较高水平。

(2)知识结构

文化知识以教育部大纲为主,在拓展课程中融入中国传统文化、生活中的数学、礼仪与沟通等课程,在课堂教学中围绕专业进行案例设计,体现文化课为专业课服务。专业知识主要包括创立企业、认知企业会计、会计岗位业务实操、会计信息系统处理、专业技能、财经法规与职业道德、税法、跨专业综合实践、查账实务；实际操作能力主要包括会计信息系统处理能力和岗位真实业务处理能力。

本专业知识所处阶段为中级阶段的较高水平。

(3)素质结构

素养结构主要有：热爱祖国，拥护中国共产党；礼仪礼貌规范，遵规守纪，服从制度，具备执行力；工作态度积极向上，具备爱岗敬业、踏实认真、诚实守信的品行；具备良好的工作习惯和作风；具有良好身心素质和心里调试方法。

素质结构总体表现为岗位所必备的文化知识，重视实践操作技能和学生真实业务实训与跨专业综合能力的培养，注重职业素养的提升和职业规范与职业习惯的养成。

本专业的素质结构属于中级阶段的较高水平。

4. 目标效果

学生要完成相应课程并全部合格，同时工学交替实训和顶岗实习也需要取得合格的成绩，还要取得财务岗位相关的职业资格证书或财会综合技能证书，才能达到毕业成绩合格。通过校企合作，学生所在高二获得工学交替实训机会的企业，也会为学生毕业顶岗实习奠定留用机会，也为缩短后续顶岗实习培训时间打下前期铺垫，为学生职业岗位进阶提供有力支撑，效果逐步显现。

5. 产教融合人才培养定位所处阶段

基于以上分析，本专业的人才培养定位目前属于中级阶段的较高水平。

6. 主要问题

该专业面临的问题是在推进现代学徒制产学研一体化过程中，师资尚未达到100%产学研一体化教学能力，生产性实训基地不能同时容纳该专业所有学生进行实训，在现代学徒制推进过程中缺少相关政策做保障。

7. 发展对策

(1)亟待政策支持

这两年随着首都功能定位的转变和疏解与首都功能定位不相符的产业和人

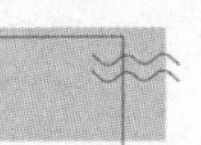

口，由此使中职学校生源以及专业发展也受到了很大的影响，为落实教育部提倡的《中职教育教学改革推行工学结合校企合作》文件精神，目前存在地方保障政策的滞后性，专业建设较外省市发达地区存在明显差距。如果在北京市中职学校诊断性督导的基础上，对京津冀发展进行市场调研，制定合理规划，给予充分政策支持，职业学校产教融合会更加深入有效。

(2)简化基层管理审批程序

校企合作、产教融合在发展中会随着市场变化和企业用人需求的突变而及时做出调整，特别是会计专业存在单一企业用人需求少，但涉及企业面广的现状，为提高校企合作的时效性，需要简化校企合作审批程序，从而有利于产教融合的良性循环，提高合作效率。

(二)课程建设分析

1.理论与实践课程关系

随着北京市推进课程改革，课程体系安排是专业课与文化课是6:4的比例。以专业课程为主，文化课为辅，同时增加拓展课，融入中国传统文化、职业素养类课程。文化课除了要完成北京市公共基础课大纲的要求以外，教学内容还要满足为专业服务的特点，体现专业所需的文化和素养的渗透。专业课的理论与实践课程由原有的先理论后实践的课程体系改革为“理实一体化”课程体系。

会计专业核心课程是在遵循北京市会计专业课程改革课标基础上，结合2016年对会计行业市场人才需求调研以及推进现代学徒制背景下进行了课程体系的调整和完善。核心课程对接企业岗位，课程内容对接岗位任务和取证内容，课程实训对接仿真+真实业务实训。

课程实施主要采用行动导向理念下的任务驱动法，是以任务为载体，采取理实一体化课堂教学，理论知识融入实践教学中讲解，单一实训结合综合实训，仿真实训结合工学交替真实业务实训，学生在岗位实践中提升职业素养。

通过以上分析，此阶段体现理论与实践一体化教学，属于课程建设中理论与实践结合的高级阶段的较低水平。

2018 会计专业课程设置

课程	序号	课程名称	学分	总学时	各学期课时分配 一	二	三		四	五		六	取证对接	占总课时比例
					18	18	4	14	18	4	14	18		
公共基础课	1	德育	8	128	2	2		2			2			33.21%
	2	语文	13	214	4	4		3			2			
	3	数学	13	214	4	4		3			2			
	4	英语	13	214	4	4		3			2			
	5	计算机应用基础	8	128	2	2		2			2			
	6	体育与健康	8	128	2	2		2			2			
	7	公共艺术	3	50	1	1		1						
	小计	7	66	1076	19	19	0	16	0		12			
专业核心课	1	创立企业	3	54	3									36.67% 含现代学徒制“学徒生”第三学期每月第二周和第四周分拨到会计事务所实践代理记账和报税业务；第四学期学生到会计师事务所工学交替实训审计业务；第五学期学习税务审计岗位业务。
	2	认知会计工作	5	90	5									
	3 企业财务岗位实务	货币资金核算与管理	2	36		2								
		商品采购核算与管理	3	54		2			1					
		商品销售核算与管理	3	54		2			1					
		库存商品保管与收发	3	54		2			1					
		财产物资核算与管理	3	50				1	2					
		职工薪酬核算与管理	4	64				2	2					
		代理记账模块（学徒	7	120			30							
		税费核算与缴纳（含：报税系统模	8	132				1	5		2			
		产品成本核算与分析	4	64				2	2					
		税务审计业务模块（学	7	120						30				
		财务报表编报与分析	2	36					2					
	4	会计信息系统应用	4	56				4						
	5	会计英语	1	14				1						
	6	财经法规与职业道	2	28				2						
	7	会计专业技能	3	50	1	1		1					√	
	8	经济法（初级职	3	42							3		√	
	9	会计实务（初级职	5	70							5		√	
	小计	专业核心课小计	72	1188	9	9	30	14	16	30	10			
拓展课	1	心理健康	2	36	1	1								6.79%
	2	职业礼仪与沟通	2	36	1	1								
	3	VBSE跨专业综合实	5	70							5			
	4	查账实务	2	36					2					
	5	就业创业指导	1	14							1			
	6	中国传统文化	2	28							2			
	小计	6	14	220	2	2		0	2		8			
实践课	1	工学交替实训（审	12	216					12					6.67%
	2	顶岗实习	30	540								30		16.67%
	小计	2	42	756					12			30		23.34%
总计		24	180	3240	30	30	30	30	30	30	30	30		100.00%

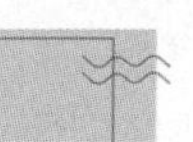

2. 课程结构与模式

会计专业课程体系主要包括公共基础课，专业核心课，专业拓展课和实训、实践课四部分组成。专业核心课是根据岗位典型职业活动直转而来，第一、二学期完成专业基础理论学习和单一岗位技能的仿真实训；第三学期在校企深度融合的基础上，专业核心课中在现代学徒制背景下建构课程，课程内容开始嵌入会计师事务所真实业务，学生每月第二周在校内生产性实训基地进行代理记账和报税等实践学习；第四学期到校企合作的校外企业进行为期三个月工学交替教学实训；第五学期回到学校完成初级会计职称取证课程的学习，提升理论水平，同时增设了跨专业综合实训，以此提高学生跨专业思维能力和创新意识；第六学期进行顶岗实习。

会计专业课程体系体现着从一般到具体、从基础到应用、从理论到实践，再从实践回到理论提升的建构模式。

从课程结构与模式上看，属于课程建设高级阶段的较低水平。

3. 课程开发方法与原则

公共基础课程的开发是按照北京市教委公共基础课大纲要求确定的，补充了中国传统文化和职业能力沟通及素养课程。开发原则是满足学生学习文化知识和提高通识素养及能力的需要。

专业课程是在遵循北京市会计专业课程改革标准的基础上，结合 2016 年对北京市会计行业市场人才需求调研以及推进现代学徒制下进行了课程体系的完善和课程内容的充实。开发原则是围绕企业对人才需求点进行，体现企业岗位知识和能力需求为主，着重提高“学岗零对接”的实践操作能力，同时加强学生跨专业思维能力和创新意识的培养。

课程开发方法与原则在基于理论分析的同时，部分课程基于职业（岗位）分析的方法确定课程内容。开发原则在遵循学科体系的同时，部分课程依据职业（岗位）分析转化而来，并且将实训教学嵌入真实岗位业务。

因此，课程开发方法与原则属于中级阶段。

4.课程标准制定主体

在课程标准制定中,公共基础课采用统一大纲的模式。中国传统文化和职业素养课程作为文化课的拓展补充是通过企业调研、专家和毕业生反馈进行的。专业核心课程标准制定主体是北京市课改组织,学校在北京市课改标准的基础上,结合企业调研,与企业专家和教育专家的共同研讨,补充了工学交替实训、“学徒生”实训和职业资格证书取证课程、跨专业综合实践课程,部分课程标准接近相应职业(岗位)工作标准。

课程标准制定主体属于中级阶段。

5.课程实施与特点

公共基础课程实施主要采用学科体系,但在教学设计中要体现为专业服务的内容设计。专业课程主要采取“理实一体化”课堂教学模式,以工作任务作为载体,以学生为主体进行课堂教学设计,在仿真实训室和校企共建共享生产性实训基地实施教学,采用行动导向教学方法进行实施,体现“做中学,做中教”,从而让学生习得知识与技能,提升职业素养。

专业课在教学组织实施中有以下几个特点:

(1)教学实施理实一体化“做中学,做中教”教学模式

会计专业采用行动导向教学理念下理实一体化课堂教学模式,以工作过程为导向,以任务为载体,在仿真实训环境或是真实工作情境中习得理论知识,强化技能水平,提升职业素养。

(2)仿真与真实环境、本专业与跨专业综合实训相结合

教学实施中制定理论知识、职业能力和素养呈现梯度提升的实训课程。实施路径为:

①校内课堂教学单项技能和综合技能的实训教学

高一教学实施主要通过仿真实训环境进行单项技能的模拟训练,此阶段主要掌握专业课程项目单元中单项实训的理论知识和技能要点。高二教学实施主要在仿真实训基地完成岗位综合技能实训教学,以岗位任务为载体,通过实践让学生将单项知识点和技能点有效结合运用,提升岗位综合能力。

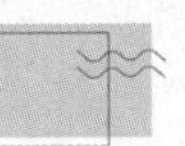

②校内生产性实训基地的实训教学

会计专业在校企深度融合的基础上，实现了“校中企”，并尝试推进现代学徒制，学生通过校内生产性实训基地的真实岗位任务为载体，教学实施形成了每个月第二周在会计师事务所真实岗位任务的实践，由企业师傅指导学生完成代理记账和审计业务的实践学习，教师辅助进行管理和助教。其余三周在课堂进行课程的学习，实现了“学徒生”的培养路径，有效提高学生真实岗位业务操作能力和素养的提升。

③校外企业真实环境工学交替的实训教学

校企深度融合过程中，教学环境也在发生改变，课堂教学延伸到企业工作环境，将专业实践课程置于企业完成，教学实施是在高二第二学期安排学生校外实训基地进行为期三个月的实训。以企业指导师傅指导学生业务操作为主，学校实训指导教师以疏导学生心理教育为辅，学生参与真实客户服务和岗位工作任务的实践。通过工学交替让学生在实践中运用与反思，实训后带着反思回到课堂针对知识与技能的漏洞再次进行学习巩固提升。

④校内跨专业综合能力提升的实训

工学交替完成后学生回到学校，在高三第一学期完成跨专业综合实训课程的学习，通过跨专业综合实训提升学生不同学科知识的整合和运用能力，跨专业了解不同企业在供应链上以及业务合作中所涉及的知识、技能以及素养点，着重于学生跨界思考问题和创新思维意识的培养。

(3)专业规划顶层设计，行政部门配合落实

我校专业管理实行专业主任负责专业集群顶层设计，校区主管帮助推动落实其规划的行政管理工作，教学、德育、外联、总务等部门配合实施和协调，保证专业建设规划能有效推进，达到实效。这样的管理模式给专业主任较强的自主权和施展的空间，充分发挥专业主任的创新性和开拓性，课程改革和课堂教学顺利实施得益于这样良好的的管理环境。

综上，会计专业课程实施与特点所处阶段为高级阶段较低水平。

6. 本专业产教融合课程建设所处阶段

通过以上分析,会计专业产教融合课程建设所处阶段处于高级阶段的较低水平,但在教学组织实施、课程标准制定主体、课程开发方法与原则中还属于中级阶段,还需要加强真实工作情境下课程建设的力度。

7. 面临问题

产教融合会计专业课程建设中面临的主要问题就是校企合作中企业积极性的调动和全程参与课程建设的机制措施还不完善,还需要政府部门给予相应政策。虽然北京市在最近几年也整体对北京市专业进行调研,组织牵头校进行专业课程课标的建设,但是基于各学校专业发展的积淀和地处区域经济略有不同,人才培养定位和课程建设在一定程度上也会存在差异化,因此会计专业产教融合的课程体系建设并没有全面呈现创新性的课程体系。

8. 发展对策

会计专业课程建设发展需要加强上级部门给予政策保障支持,加强企业参与产教融合的积极性和师资培养的源动力,给予校企共建项目资金支持,实现课程资源建设大部分来自企业真实业务,促进课程建设内容与岗位业务完全匹配,鼓励企业全程参与课程体系建设。

(三)教学模式分析

1. 教学目标

会计专业的教学目标由知识目标、能力目标和素养目标三部分组成。教学目标在制定时遵循行动导向教学理念下理实一体化原则。具体为:

知识目标:

熟悉财务制度和法律法规;熟悉企业创立流程;知道中小企事业出纳、会计岗位原始凭证的种类和填写内容;掌握记账凭证用途和填写方法,知道账簿的种类和用途;掌握报表的内容和编制方法;明确岗位业务流程;掌握清点现钞的方法和中英文、数字小键盘录入的方法。知道会计师事务所代理记账流程和业务处理知识与能力;了解审计业务和税务业务岗位工作流程和业务知识。

能力目标:

方法能力:以仿真实训和真实工作任务为载体,在理实一体化教学中掌握真

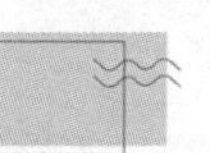

假币识别方法,学会准确快速清点现钞和中英文及数字录入;能准确阅读和辨认原始凭证,熟练运用会计信息系统进行账务处理;能阅读、分析财务报表;能通过工学交替实训掌握相关岗位业务流程和岗位能力。

社会能力:具备团结协作的能力和沟通表达与书写能力;具有良好的社交形象,讲礼貌、重礼节。

素养目标:

具备严谨认真的工作态度和规范意识;具备为客户服务意识和保守客户商业秘密的意识;具备抗压、吃苦耐劳的能力;具备情绪控制和调解的能力。

会计专业教学目标体现了理实一体化的教学目标,以对接岗位任务为载体,关注学生"做中学",从而达到知识、能力及职业素养目标的落实。

教学目标这一要素具备高级阶段的特点。

2. 教学内容

会计专业教学内容采用北京市以工作过程为导向理念的课改体系,主要根据岗位工作任务为载体进行教学内容设计。同时结合企业调研和推进现代学徒制,企业财务岗位实务中融入了会计师事务所代理记账业务、审计底稿编制、税务底稿编制等真实业务作为实训内容,体现了企业真实业务作为教学内容,同时企业专家进行讲解,实现了"校企共育"。

综上分析,会计专业的教学内容这一要素具备中级阶段较高水平的特征。

3. 教学资源

会计专业教学资源主要包括仿真实训基地、生产性实训基地和课程资源。仿真实训基地有财金专业技能实训室、会计信息系统处理实训室、企业沙盘模拟经营实训室、跨专业虚拟社会环境实训室、企业财务岗位实训室。生产性实训基地是智富通会计师事务所。课程资源主要包括:课改规划教材、自编教材、自编实训手册和任务书、教案、微课、视频课、信息化平台课程资源、生产性实训基地真实业务。其中生产性实训基地代理记账业务、审计业务、税审业务等真实业务来源于企业,其它均是以市里课改和企业调研并参与建设的教学资源,教学资源是从岗位工作任务转化而来

教学资源这一要素基本上属于高级阶段的较低水平。

4. 教学方法

会计专业核心课主要采取行动导向理念下的教学方法。从三年整体培养路径来看:高一年级采取理实一体化课堂教学 + 企业认知学习,了解专业基础知识与技能,了解企业文化。教学方法主要采取仿真业务理实一体化“做中学”的任务驱动法和案例教学法;高二年级采取理实一体化课堂教学 +“学徒生”生产实训基地教学 + 工学交替实训教学。教学方法主要采用仿真业务理实一体化“做中学”的任务驱动法和真实业务项目教学法;高三年级主要采取跨专业综合业务实训 + 职称取证内容学习 + 顶岗实习。教学方法主要采用跨专业综合仿真实训的理实一体化“做中学”任务驱动法、讲授法和岗位项目任务教学法。但并未实现全部课程采用企业实际工作项目或任务的内容。

综上,会计专业教学方法属于中级阶段的较高水平。

5. 教学评价

会计专业无论是公共基础课还是专业课都采用过程性评价与结果性评价相结合。在专业课评价中还融入了企业评价。具体做法为:高一年级教学评价包括课程模块化阶段成绩考核 + 期中、期末考试成绩,主要由教师评价、学生自评和互评成绩为主;高二年级在高一年级评价的基础上融入工学交替企业评价成绩 +“以赛代考”成绩,主要由教师、学生、企业共同进行教学评价;高三年级成绩是由顶岗实习成绩 + 职称取证成绩组成,主要由企业、教师共同评价。

会计专业教学评价体现了高级阶段较低水平的特征。

6. 教学效果

学生经过仿真业务和真实业务的实训,学生取得财会综合技能证书和职业资格证书的比例达到95%以上。毕业就业对口率达到95%以上。特别是学生在经过高二年级三个月工学交替实训之后,在毕业顶岗实习阶段其业务能力、职业素养明显高于没有此段学习经历的同届毕业生,受到了企业的认可和欢迎,而且大大缩短了其试用期,职业进阶的速度明显加强。

教学效果这一要素体现了中级阶段较高水平的特征。

7. 本专业产教融合教学模式所处阶段

会计专业产教融合的教学模式整体来看属于中级阶段的较高水平。

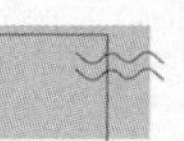

8. 面临问题

产教融合的教学模式在实施中面临的主要问题是师资水平问题。在职业学校中无论是专业课教师还是文化课教师，都是学科出身，企业实践的能力都不是很强，没有扎实的实操能力和丰富的企业工作经验，虽然一部分教师参加了企业实践，但企业实践时间和教学时间还不能做到1:1的比例，教学内容更新的速度不能做到即时性，师资队伍整体水平还不能达到产教融合的匹配度。尤其对于会计专业这个需要真实企业经验积累才能具备过硬的实操能力的专业，更需要师资具备这样的能力才能更灵活实施教学，使岗位需求“零对接”覆盖面达到100%。

9. 发展对策

上级主管部门和学校要加大教师有效培养规划，加大企业实践有效机制的建立，给予教师企业实践和课堂教学1:1的匹配度，通过奖惩机制将教师企业实践纳入教学考核，全面提升教师的教学能力和实践能力，实现职业教育师资队伍“双师型”真正的内涵建设。

(4) 实训基地建设分析

1. 整体特征

会计专业通过校企深度融合，共建共享了生产性实训基地——智富通会计师事务所。建设面积为60平米，学校投入两间实训教室和办公桌椅及设备，企业投入设备、系统、业务和企业兼职教师。生产性实训基地可以完成代理记账业务、审计业务、税审业务等会计事务所岗位工作。

2. 功能水平

会计专业生产性实训基地主要功能是为现代学徒制下“学徒生”实训、工学交替学生实训、顶岗实习学生实习、教师企业实践以及为我校承办的全国部分省市“求实杯”财金综合技能比赛为审计业务赛项提供真实业务。

生产性实训基地发挥了教学实训、职业实践或培训、生产加工和为技能大赛提供真实业务作为赛项的功能，产生较大社会效益。

3. 作用效益

在校企合作、工学交替中校企双方取得了互信互认，从而实现了共建共享生产性实训基地,为现代学徒制下“学岗对接,学徒进阶”的人才培养模式打下了良好的环境基础,学生在真实工作环境下参与学习,掌握知识与技能,提升职业素养和综合能力,使人才培养模式真正符合行业的要求。通过真实工作环境进行真实岗位真实业务的操作,学生能够独立承担项目任务,并实现产品输出。此外,生产性实训基地还承担了教师企业实践和培训的功能,产生了较大的社会效益。

4. 产教融合实训基地建设所处阶段

以上产教融合实训基地建设属于高级阶段的较低水平。

5. 面临问题

在现代学徒制下,由于生产性实训基地能够容纳的工位最多为15人,因此,会计专业还不能做到同届所有学生都能够同时参与“学徒生”的培养,因此只有一部分学生能够完成每月第二周轮岗实训,其他同学会在后续三个月工学交替实训中完成相应实训。

6. 发展对策

在实训基地建设方面需要在校企合作的力度上给予必要的政策支持和资金支持,加大校外生产性实训基地,即“企中校”建设机制,使现代学徒制下人才培养更为夯实落地并达到成熟效果。从学校来讲,要建立生产性实训基地管理制度,在发挥生产性实训基地效益方面做好激励机制的建立和评价管理制度,使其社会效益更为突出。

(5)师资队伍建设分析

1. 培养主体

会计专业文化课和专业课教师都是学科体系大学毕业,大部分都是毕业于师范学院。专业课教师所学都是财经商贸类专业,大学毕业进入职业学校都没有企业实践经验。基于产教融合的要求,职业学校教师对专业教师的要求必须具备实时更新理论知识的能力和企业实践能力,专业课教师是作为产教融合师资队伍建设培养的重要主体。其次,作为职业学校的文化课教师也要了解产业结构、行业变化、会计岗位任务,了解企业用人需求和标准,因此文化课教师作为产教融合师资队伍建设培养的次要主体。

2. 能力结构

会计专业文化课教师主要分为两类：第一类是具备学科教学、工学交替指导实训经验丰富和企业认知实践的教师；第二类是具备学科教学和少量工学交替指导经验的教师。专业课教师主要分成三类：第一类是具备行动导向课改能力、企业实践经历、指导工学交替教学经验、国外职业教育教学法和课程培训、参与现代学徒制下课程改革的教师；第二类是具备行动导向课改能力、企业实践经历、工学交替指导教学经验的教师；第三类是具备学科体系理论与技能、企业培训或实践的教师。就专业课教师具体知识结构分析如下：

专业课教师共计 9 人，都具备会计专业学士学位和职业资格证书，具备扎实的理论知识与技能、指导学生大赛能力，80% 教师能够灵活运用信息化教学，20% 能基本运用信息化进行课堂教学，全部参与过以工作过程为导向的课程改革，具备理实一体化课堂教学组织能力，能运用行动导向理念下教学方法进行教学设计，具备开发教材的能力；所有教师具备 1 ~ 6 个月企业实践经验，具备岗位业务操作能力，4 名教师参与“双师”培养，全面掌握企业相关职业（岗位）的技术要求和操作流程，具有较熟练的操作技术；能够解决业务操作中出现的问题；并与企业专家共同参与业务研讨，并尝试将企业真实业务研发成果转化为教学成果。

从能力结构上来分析，会计专业师资队伍建设中专业教师的能力结构具备中级阶段的特征。

3. 提升专业能力的方式

（1）通过国培和北京市师资培养平台对教师进行培训，鼓励骨干教师和年轻教师去国外进行学习培训，特别是职业教育先进的教学法和课程的培训，再结合中国教育国情进行课程建设、教学改革、实训基地建设、人才培养模式研究，提高职业教育的水平。

（2）在校企融合基础上，学校安排教师分批、滚动进行 1 ~ 6 个月的企业实践，了解岗位业务变化和企业文化，提升岗位实际业务操作能力。

（3）通过专家课题引领方式，学校建立机制，鼓励教师在课程改革、科研能力等方面不断提升。

4. 培养途径

(1)通过课程改革培训转变教师教学观念

2009年会计专业在北京市课改的浪潮中也开始进行课程改革、教学模式和教法改革,全体教师通过市区和学校的集中培训、教学实践转变传统教学理念,学习接受以工作过程为导向教学理念和行动导向教学法,并在课堂教学中实践与探索,从学科体系向理实一体化教学转变。

(2)结合工学交替、"双师"指导培训全面提升

2014年示范校建设期间,校企合作得到了进一步发展。专业在规划师资队伍建设中为了让教师了解企业文化和岗位任务,通过推进学生工学交替的契机,让教师参与学生实训指导工作。文化课老师以旁观业务的方式进行学习和记录,既观察了学生的工学交替实训的表现,同时也对学生操作业务的流程和业务内容有了深入的了解,并且捕捉到了所教课程能够结合的点,通过实训反馈再加以弥补。除了校内教师指导之外,企业还配有指导师傅共同指导学生工学交替,形成了"双师"共同提升的态势。除此之外,学校还聘请兼职教师为学生们进行讲座,让学生及时了解财务政策变化、行业变化以及岗位业务变化。

(3)制定"双师"实践、共同培养师资的制度

2014年示范校建设期间,推进校企合作过程中,安排教师利用寒暑假到会计师事务所进行企业实践和调研,了解财务相关岗位业务知识、职业能力和素养要求,为行动导向课程的构建、内容的更新和搜集奠定基础。

2016年校企共建生产性实训基地之后,企业每学期接纳教师企业实践,并作为学校聘请的兼职教师给予指导和培训,实现"双师型"教师共同开展课程研讨,帮助教师实现真实岗位任务引入课堂教学,提高了教师队伍的课程开发能力。

(4)校企推进"典型职业活动"转化为教学的制度

2017年借鉴现代学徒制理念,学生每月第二周在会计师事务所进行代理记账和审计业务的学习,企业师傅指导实训,同时专业教师将项目任务融入课堂教学,协同企业共同实施,实现"双师"管理和专业教师对课堂教学的改革。

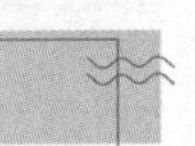

5. 师资队伍建设所处阶段

综上分析，从教师专业能力结构来看，整体上属于中级阶段的特征。从专业教师培养途径来看，部分途径显现出高级阶段较低水平的特征。因此产教融合师资队伍建设所处阶段总体来讲还是属于中级阶段较高水平。

6. 面临问题

(1)关于校企共育的深度问题

企业业务专家具备很强业务能力和经验，但是在授课方面还存在教法和组织管理教学能力匮乏的问题，在理论与实践衔接、运用讲解方面还是弱项，在课程开发参与的深度上还不能达到课改要求的高标准。

(2)需要给予师资培养的经费支持

师资培养建设的成效一大部分得益于示范校期间资金的支持，能够在教师培训、国内外培训、企业实践方面给予资金落实。但是示范校后，政府在校企合作方面的资金支持力度明显下降，使得企业兼职教师进课堂、教师"有营养"的培训、企业实践以及推进现代学徒制下师资转化实践成果方面显现有效资金不足的趋势。

7. 发展对策

政府需要制定激励政策，并提供资金支持，保证企业参与职业教育的热情和积极性，促使产教融合的师资队伍建设能够在校企共育学生、共同开发课程、共同研讨转化成果等方面呈现箭步式发展，学校加强制定师资队伍建设激励机制和制度的力度，两者并存才能保证师资队伍建设的梯度培养的长效性和实效性发展。

三、对策与建议

从国内外来看，职业教育推进产教融合是专业建设发展的必经之路，也是专业发展具有生命力的有力保证。如果能够让北京市产教融合专业发展建设呈现箭步式发展，建议加强以下两点：

(一)需要政策支持

近年来，教育部出台了《国家中长期教育改革和发展规划纲要(2010—2020年)》《国务院关于加快发展现代职业教育的决定》精神以及教育部等六部门制定的《职业学校校企合作促进办法》中都鼓励校企合作、产教融合，但在地方政府存在解读不够全面，实施方案尚待清晰，使得落地实施时的力度尚且不够，可操作空间受到限制。

此外，地方政府对于中职学校的重视程度逐渐淡化，使得生源政策和首都疏解政策的影响使职业教育陷入艰难情境，需要政府根据北京市产业需求给予职业教育必要的政策支持。

（二）加强师资队伍软环境建设，且激励机制与制度并举

推进产教融合专业建设最重要的是师资队伍软环境建设，从校企共育学生、课程建设、成果转化都需要一支理论与实践能力很强的教师队伍才能实现。但是，职业学校教师普遍存在职业倦怠和对教育事业追求的懈怠。究其原因，是激励机制和制度落实力度不够，合理性和差距性并不明显，导致教师干多干少都一样，使得教师参与职业教育改革的积极性难以调动。若打破现状，需要在激励机制和制度上进行调整，细化进阶制度的同时，加大激励机制，从而提升产教融合师资队伍软环境建设的实效。

四、产教融合背景下的现代学徒制人才培养模式创新

现代学徒制是传统学徒培训与现代学校教育相结合、企业与学校合作育人的一种职业教育制度。在教育部颁布的《现代学徒制试点工作》文件精神的指引下，2017 年在校企深度融合的基础上我带领团队成员推进产教融合背景下会计专业现代学徒制“双师双徒，学徒进阶”的课堂教学实践研究。2018 年我在京津冀职业院校财金专业教师说课活动中进行教学说课展示和推广。同年指导吴丽勇老师完成了“双师双徒，学徒进阶”教学模式下“代理记账”研究课的研讨活动。2019 年在前期探究的基础上将“产学一体化”作为课题继续进行研究与实践。主要做法：在原有工学交替成功经验的基础上选拔学生作为“学徒工”到校内生产性实训基地——会计师事务所进行每月一周的真实业务的学习，课堂教学尝试嵌入真实工作业务、真实工作环境、真实工作操作流程。高二第一学期学生分批次每月第二周完成真实业务代理记账及报税工作；高二第二学期学生完成 3 个月工

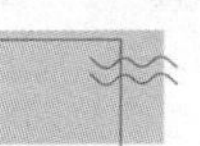

学交替审计业务的实训,高三第一学期每月第二周完成税审业务的学习。学徒培养过程中,企业师傅侧重于实践操作指导,专业课教师侧重于从实践到理论提升的指导,高年级学徒生也能在实训中指导低年级学徒生,教学内容和课堂教学模式以及组织形式都在发生改变,学徒生呈现递进培养,课堂教学“双师双徒,学徒进阶”初步显现。

现代学徒制背景下中职会计专业“产学一体化”实践研究

开题报告

一、问题的提出

本课题是在国家提出做好职业教育“产教结合”的方针指导下确定的研究主题。其理论依据是:根据《国家中长期教育改革和发展规划纲要(2010—2020年)》《国务院关于加快发展现代职业教育的决定》精神、教育部等六部门制定的《职业学校校企合作促进办法》《北京市职业教育行动计划》以及《教育部关于开展现代学徒制试点工作意见》的规定,积极探索现代学徒制下“产教融合、工学结合”的体制机制创新、教学改革。同时,由于会计理论知识日新月异,每年都会出现众多的会计领域新知识、新方法、新概念,职业院校学生需要掌握最新的知识才能更好地适应未来工作,原有的传统实践教学方法已显示灵活性不足,实践教学改革遭遇瓶颈,实施现代学徒制是解决当前这一问题的有效途径。

本课题研究的基础是具备行动导向理念下人才培养模式,人才培养路径,教学模式、教法等一系列改革取得了一定成效。会计专业实现了校企共建共享生产性实训基地——智富通会计师事务所,并为高二学生工学交替实训和高三学生顶岗实习提供实训实践的机会,发挥了生产性实训基地的效用,校企合作实现进一步融合。但是在人才培养过程中,集中实训、顶岗实习以及市场人才需求调研反馈中,我们所培养的学生与市场人才需求仍然存在差距,还不能完全符合用人单位对财务助理的岗位业务熟练度与经验度、深度与广度的实操要求,需要对校企共育中学生职业能力、业务水平以及职业素养仍然需求差异的现状与问题进行研究,通过“产学一体化”对教学实践模式、教学实践内容、教学实践转化为课程进行实践探索，实现人才培养学岗零对接的目标。通过推进现代学徒制，通过校企共建实训基地、共育“学徒生”、共享资源等，推进中职学校“产学一体化”实践教学研究，使校企共育培养嵌入学生职高三年的学习中，从而突破专业转型升级，全面提升学生业务实践能力和职业素养，从而符和首都区域经济结构性调整和产业升级而带来的对职业教育高素质技能技术性人才的迫切需求，能够解决人才培养与企业岗位需求的匹配。

二、国内外同类（相关）课题研究现状综述

（一）本课题核心概念界定

产学研一体化，是科研、教育、生产不同社会分工在功能与资源优势上的协同与集成化，是技术创新上、中、下游的对接与耦合。

“产”指产业，“学”指学校，“研”指研究机构。产学研结合即产业、学校、科研机构相互配合，发挥各自优势，形成强大的研究、开发、生产一体化的先进系统并在运行过程中体现出综合优势。而本课题主要研究中职学校会计专业“产学一体化”的实践教学。

现代学徒制是通过学校、企业的深度合作与教师、师傅的联合传授，对学生以技能培养为主的现代人才培养模式。刘冉听对现代学徒制的定义则是将传统的学徒培训方式与现代的学校教育相结合的一种“学校与企业合作式的职业教育制度”。刘群等指出，现代学徒制指的是融合古代学徒培训与学校教育，通过学校、企业的深度合作与教师、师傅的联合传授，对学生技能进行培养的现代人才培养模式。国内、国外情况关于现代学徒制存在较大差异。

（二）国内外研究现状述评

从国内情况看：中国的职业教育者们对现代学徒制和产学研一体化研究现状如下：

1. 从国内情况看：中国的职业教育者们对现代学徒制和产学研一体化研究现状如下：

①我国现代学徒制研究现状

我国现代学徒制开展主要是源于政府推动我国现代学徒制开展，是源于国家经济转型升级和产业结构调整对劳动者技术技能的要求从国家政策层面提出的。2010年《国家中长期教育改革和发展规划纲要(2010—2020年)》提出要“促进校企协同育人”,《现代职业教育体系建设专项规划》(2012—2020)提出“人才共育”。2014年国务院又印发了《关于加快发展现代职业教育的决定》(国发〔2014〕19号),同期教育部印发了《关于开展现代学徒制试点工作的意见》(教职成〔2014〕9号),政策上逐渐发力推动现代学徒制人才培养体系建设,以满足“中国制造”对“大国工匠”的需求,这标志着职业院校的现代学徒制人才培养已经成为国家人力资源开发的重要战略。在这种顶层政策设计的推动下,各地方教育主管部门均从紧密结合地方产业发展需求、推动产业结构调整等方面出发推进本地职业院校开展现代学徒制试点工作,并在招生、资金政策上给予支持。

从前两批学徒制试点单位来看,现代学徒制试点单位参与的校企主体2000多家,试点专业1000多个,涉及学生8万余人,各试点单位根据中央、地方、院校自筹资金预计投入10多个亿。这使得试点工作组织保障、人员保障、资金保障齐全,取得了良好的预期效果。

②现代学徒制有效推进职业院校产教契合的深度和广度

现代学徒制试点单位按照学徒制建设方案和任务书进行“人才共育、过程共管、成果共享”,激发了行业企业和院校共同进行人才培养的积极性和创造性。部分试点单位基本形成了“招生即招工、入校即入厂”的校企联合招生招工一体化制度,进一步发挥了企业作为重要办学主体的作用,行业企业在学徒培养过程中的人力、财力、设备、场地等投入不断增加。在人才共育方面,学徒人才培养方案由校企联合制定,教学过程由教师和师傅“双导师”共同承担,学生考核由校企共同完成。从成果共享上看,学徒制人才培养为企业的持续创新发展提供了技术技能人才支撑,为职业院校人才培养能力提升提供了新的途径,实现了制度设计的“双赢”初衷,这也是现代学徒制持续推进和发展的内生动力。

③我国现代学徒制的开展工作取得的成效

现代学徒制试点单位积极建设了基于典型工作过程的专业课程体系和基于岗位工作内容、融入国家职业资格标准的教学内容。试点单位在人才培养实践中紧扣现代学徒制特点采取灵活、适宜的教学管理方式，实施模块教学满足“工学交替、半工半读”的人才培养需要，把企业岗位任务考核标准的部分指标结合学徒的实际情况编制学业考核指标。学徒制人才培养的“人才共育、责任共担、过程共管、成果共享”的可持续发展理念初步形成。

④我国职业院校“产学研一体化”研究现状

我国经济正处于经济发展方式转型与产业结构调整时期，经济增长方式正在由粗放型增长转向集约型增长，强调采用新技术、新工艺改进机器设备、加大科技含量的方式来增加产量，并且越来越突显出自主创新能力的重要性。而职业教育的发展恰恰致力于办学模式也是一个挑战。2014 年国务院又印发了《关于加快发展现代职业教育的决定》(国发〔2014〕19 号)，同期教育部印发了《关于开展现代学徒制试点工作的意见》(教职成〔2014〕9 号)，政策上逐渐发力推动现代学徒制人才培养体系建设，我国职业院校致力于与行业企业结合培养技能型、应用型人才，并且在这样的共同培养过程中，也在应用研究、技术改造与开发等领域做出了一定的成绩，也更加促使我国产学研一体化办学模式迅速发展，探索了产学研一体化平台，产学研人才培养模式、产学研一体化实训基地建设研究，进行了校企股份制模式、校办企业模式、订单式培养、现代学徒制等模式的改革。

2. 从国外情况看

国外现代学徒制和产学研一体化现状如下：

国外现代学徒制大体分为两类：一类是以德国双元制为代表的现代学徒制，另一类是以英国、澳大利亚为代表的现代学徒制。

①企业积极参与学徒制人才培养模式

企业积极参与学徒制人才培养的国家包括德国、丹麦、奥地利、瑞士等，典型特征是企业参与学徒制的积极性和主动性较强，学徒制被有效地整合进学校职业教育中，人力资源市场和劳动者对其认可度及学徒制对人力资源市场适应度较高，如在德国，规模 500 人以上的大企业学徒制参与率高达 90%。

②政府购买服务的学徒制人才培养模式

这类现代学徒制国家主要包括英国、爱尔兰、澳大利亚、加拿大、美国等。以澳大利亚现代学徒制为例,澳大利亚出台了职业培训法的政策保障,为职业教育的毕业生创造了更多的就业机会。政府会参考市场的导向进行运营,并通过商业化的拨款来对当地的学徒制度发展进行支持,根据学徒的人数、培训的质量与课程开始的数量来决定拨款的金额。全国性的政策主要是由澳大利亚的国家训练局来负责,行业的指导与发展主要通过立法的方式。企业可以参与到职业教育的多个方面的决策,如课程内容、教学方式、课程评价等。国家对职业教育质量的框架出台的相关政策进行统一,保证了现代学徒制度教育的质量和效率。澳大利亚的学徒制度实现了学校与企业的紧密结合,其中培训机构、雇主和学徒都属于职业教学培训计划的部分之一。这些国家技能人才培养的战略途径中,学徒制学习成为16岁以上青年的主流选择,因为学徒制人才培养的法律制度和经费保障体系比较健全。

③国外"产学研一体化"研究现状

世界各国的科技创新机制总体表现出趋同的特征,即以企业为创新主体,以市场为导向,政、产、学、研协同创新,但因各国宏观管理体制和文化背景的差异,其创新机制又各具特色。不同国家在产学研合作方面的做法和经验可以发现,政府在支持产学研合作的方式上表现出总体趋同的特点:营造产学研协同创新的政策环境;政府运用科技计划手段对产学研合作给予直接支持;搭建产学研合作平台;以获取产业关键技术和共性技术作为产学研创新的主要目标。虽然政府在支持产学研合作上的总体趋势相同,但在产学研结合中发挥的作用又各有不同,主要表现在:美国政府在产学研合作中干预较少,而日本的产学研则是政府主导的,加拿大和英国注重运用科技计划直接推动产学研合作;美国、英国、加拿大的科研成果转化率较高,这与其重视中小企业和高科技企业的创新有关。

通过以上的文献检索分析,同时在教学实践中结合首都经济的特点,充分发挥我校会计专业多年的校企合作有利条件,主要借鉴德国双元制和澳大利亚现代学徒制的做法,推进现代学徒制下"产学研一体化"教学实践研究。虽然中职学校现代学徒制下产学研一体化探索刚刚起步,现代学徒制产学研一体化教学还不够深入,"研"就更没有涉及,在人才培养过程中,学校和企业开展现代学徒制的责、权、利还有待明确，师资互聘互用和科研创新能力的提升还需要进一步通过生产项目逐步形成和提升，在政策上校企合作体制机制尚未健全的基础上，需要中职学校主动出击，寻求校企融合的路径，使得“产学一体化”在现代学徒制背景下能有突破的点，因此有必要进行《现代学徒制背景下中职会计专业“产学一体化”实践研究》。

三、本课题的研究目的、意义

（一）研究目的

在实践教学、顶岗实习以及市场人才需求调研反馈中，中职所培养的学生与市场人才需求存在较大差距，存在供给侧结构性培养的偏差。基于这几年行动导向理念下教法的改革，虽然在课堂仿真实训教学中取得一定成效，但是学生岗位真实业务实践能力和就业后学生的职业能力、素养与用人单位仍然存在一些差异，因此要想突破专业转型升级、实现人才培养学岗零对接的目标，通过推进现代学徒制，通过校企共建实训基地、共育“学徒生”，共享资源等，推进中职学校“产学一体化”实践教学研究，使校企共育培养嵌入学生职高三年的学习中，从而突破专业转型升级，全面提升学生实践能力和职业素养，从而符和首都区域经济结构性调整和产业升级而带来的对职业教育高素质技能技术型人才的迫切需求，能够解决人才培养与企业岗位需求的匹配问题。

本课题关于“产学一体化”的研究在国内中等职业教育中研究并不多见，特别是符和首都区域以及京津冀经济发展研究还尚未存在。在区域经济背景下会计专业现代学徒制下的“产学一体化”的研究深度上、教学实践路径、做法经验上能够借鉴的甚少，特别是在实践教学改革方面和高职相比还存在很大研究提升的空间，因此中等职业学校在现代学徒制下做好“产学一体化”教学实践改革，提升学生生产实践、理论学习相结合以及教师实践能力转化科研能力就显得尤为重要。本课题研究成果可以作为中职学校在“产教融合”背景下推进现代学徒制“产学一体化”实践教学改革发展的参考资料。

（二）研究的意义

1. 现代学徒制下“产学一体化”教学实践研究促进人才培养路径的螺旋式

上升

产教融合是专业发展的必然路径,职业教育是与生产实践密切相连的就业教育,其根本目的是要培养适应现代企业生产所需的既有专业技能又有创新能力的高素质人才。在长期的职业教育实践中,中职学校的人才培养模式更多的是理论学习与仿真实训相结合,强调学生专项技能的培养,而对学生岗位真实业务实践能力、综合素养以及钻研精神和创新能力的培养显现不足。因此需要构建一种全新的教学实践改革,以此培养出专业岗位实践能力强、综合素养高以及具备创新思维能力的适应首都经济会计人才需要的人才。随着市场人才需求的不断变化和对人才需求标准的上移,职业学校单一培养学生已无法及时满足企业的需求,需要通过产交融合,校企共育、共享和共同发展,在“产学一体化”的实践教学中,实现人才职业能力、业务水平和职业素养的螺旋式上升,使中职学校人才培养路径的有效性更为凸显。

2. 现代学徒制下“产学一体化”教学实践研究促进学生实践能力和职业素养的进阶培养

推进现代学徒制下“产学一体化”教学实践,对学生而言,是学习模式的改革,是学习内容的转变,在生产中学习、实践真实业务会极大激发学生学习兴趣,从而提升学生主动学习的意识,形成自觉发现问题、思考问题、解决问题的学习品质,促进学生创新思维意识的形成和职业素养的提升。推进现代学徒制下“产学一体化”是在“学岗对接,能力综合”的人才培养目标基础上提升学生真实岗位职业综合能力和职业素养,提高学生的创新思维意识和创新实践能力,这是教育的本质,是培养学生综合能力的核心,是实现中职学校培养目标的关键。要培养学生的创新能力,就必须通过实践活动开发学生的创新性“思”维——这是形成学生创新能力的核心。通过校内生产性实训基地生产、课程体系的构建、课堂教学模式改革等培养学生分析和解决问题的“思”维能力,因此实践是创新能力形成的主要途径,通过推进现代学徒制下“产学一体化”教学实践使学生实现实践能力进阶培养以及职业素养的提升,真正零对接企业对人才的需求标准。

3. 现代学徒制下“产学一体化”教学实践研究促进师资队伍内涵建设的加强

现代职业教育的教师除了应具备教学、生产实践能力外，还要具备教研、科研的能力，能由原来的“教书匠”转变成为“学术型”“研究型”的创新型人才，这是基本能力，也是基本要求。推进现代学徒制下“产学一体化”教学实践，可以建设一支真正具备教学能力强、实践能力强、学术水平高的专兼结合“双师”型教师团队。通过产教融合，校企双方共建校内生产性实训基地，实现双方互聘共享人才资源，教师通过承担企业生产项目，提升实践能力、教学能力、育人能力、研究能力和创新能力，从“双师型”教师向“工匠型”教师转变，从“理论＋实训实践型”教师转变为“理论＋实践＋科研型”教师。通过推进现代学徒制下“产学一体化”的研究，使教师树立科研意识，具备研究精神，带领、引导、影响学生积极思考、探究问题，解决教学、实践中遇到的各种问题、难题，提高教学水平和育人质量。

现代学徒制下“产学一体化”教学实践研究是推动教育改革的现实需要，也是中职学校创新人才培养的必然之路。我校会计专业校企合作积淀深厚，校企合作、工学结合也取得了进一步的进展，若要进一步发展，需要通过现代学徒制下“产学一体化”教学实践研究上寻求突破，使教师教学实践和科研能力以及学生综合职业能力和职业素养方面得到全面提升。

四、本课题研究的基本内容

（一）课题的研究目标

针对现代学徒制下中职学校会计专业生产实践项目、课堂教学内容和模式改革、研发课程资源及创新点等方面进行研究。

（二）课题的研究内容

本课题是在学习、借鉴国内外相关研究成果的基础上，结合中职学生特点和会计专业行业要求的规律，探索研究在现代学徒制背景下中职学校会计专业“产学一体化”教学实践的改革做法。从学生人才培养模式改革、师资实践能力和研发能力提升展开教学实践探索，通过学习内容对接生产项目任务、教师仿真实训教学对接企业真实环境教学、教学模式对接工作模式、研发课程资源对接企业项目资源等进行有力探索和研究。

主要从以下两个方面进行。

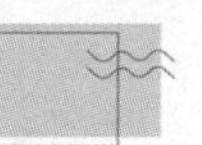

1. 理论研究

(1)理论学习:对检索的相关文献资料汇总、分类、整理,进行学习与分析。对所研究课题的基本原理、方法加深认识,统一思想。

(2)概念的界定:在理论学习的基础上,研究以下概念的内涵,明确其含义,使本课题的研究结论更具科学性和严谨性。

具体有:会计专业、现代学徒制、产学一体化。

(3)理论研究的内容

◆会计专业推进现代学徒制背景下"产学一体化"教学实践现状和问题;

◆会计专业现代学徒制下"产学一体化"教学实践研究的意义和价值;

◆会计专业现代学徒制下"产学一体化"教学实践研究的路径;

◆会计专业现代学徒制下"产学一体化"教学实践研究的成果。

2. 实践研究

(1)"产学一体化"教学实践模式的研究

(2)"产学一体化"教学实践内容的研究

(3)"产学一体化"教学实践课程资源的研究

(三)研究假设(选)拟创新点

本课题研究假设:若按现代学徒制产学一体化进行研究,能够使人才培养目标精准对接企业需求,课程内容精准对接岗位任务,教学过程精准对接工作过程,能够实现人才培养的实践能力、职业能力和素养的进阶培养。本着这样的研究设想能够真正实现学岗零对接的目标。

本课题研究的创新点:在中职能够实现引企入校,并充分利用生产性实训基地推进现代学徒制下"产学一体化"教学实践研究案例和做法并不多见,特别是落实在课堂教学改革和教学资源建设上还是比较少的,特别是在北京中职学校更是尚未存在。通过"产学一体化"教学实践的人才培养模式、实践内容以及路径的研究,实现学生岗位业务深度、操作经验、职业综合能力及素养的梯度提升,并将"产学一体化"真实业务转化为教学实践课例和教材是本课题一个创新点,它的研究将对专业内涵建设、学生综合业务水平和能力、职业素养的提升以及师资队伍建设都会起到极大的促进作用。

五、主要研究方法和手段

文献法:搜集国内外相关课题研究资料,借鉴吸收他人的理论经验,搭建本课题理论模式。

行动研究法:从课题研究的实际问题出发,通过生产实践、教学实践改革、资源建设等完成"产学研一体化"教学实践研究。

经验总结法:总结课题在研究过程中的基本经验、原则和措施,归纳出带有规律性的内容,以供以后教学中的应用。

六、研究步骤(时间、进度、内容)

第一阶段——准备阶段(2019 年 3 月—4 月)

课题负责人负责完成《"十三五"2018—2019 课题立项申报表》,负责组织召集课题研究人员,形成研究团队。课题组成员负责查阅,收集相关的文献资料。

第二阶段——实施研究阶段(2019 年 5 月—2019 年 12 月)

(1)2019 年 4 月至 11 月,课题组成员贺潇仪、孙诺负责课题调研资料的搜集、汇总;侯庆辉、吴丽勇、丁辉完成教学实践模式的研究;吴丽勇、丁辉、侯庆辉、刘海军、张小芃完成课程内容和课程资源的研究;刘海军完成教学实践环境的研究。

(2)2019 年 4 月至 11 月,由课题组成员丁辉、侯庆辉、吴丽勇完成课堂教学实践。

(3)2019 年 5 月—8 月,课题组成员完成课题相关论文及教材编写工作

第三阶段——总结阶段(2019 年 12 月—2020 年 1 月)

(1)2019 年 12 月课题组成员根据研究的资料及各自的优势,分别提交论文、教学课例、研究报告等物化资料。课题负责人完成课题研究报告。

(2)2019 年 12 月聘请专家对课题研究的物化成果进行论证与指导,课题组成员按照专家的意见和建议进行物化成果的修改和完善。

(3)2020 年 1 月对物化成果等资料整理、排版。课题负责人准备结题汇报材料。

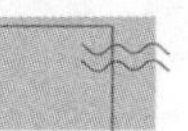

七、课题组人员构成及分工

姓名	性别	专业职务	研究专长	工作单位及职务	任务分工
侯庆辉	女	专业主任	机制研究、教材	北京市求实职业学校、专业主任	文献综述、结题报告
张小芃	女	校区主管	机制研究、教材	北京市求实职业学校、校区主管	论文
丁辉	女	金融组长	教材、教学实践	北京市求实职业学校、金融组长	论文、研究课、教材
吴丽勇	女	会计组长	教材、教学实践	北京市求实职业学校、会计组长	论文、研究课、教材
贺潇仪	女	专业教师	论文撰写、教材	北京市求实职业学校、专业课教师	论文、实践指导
孙诺	男	专业教师	教材、教学实践	北京市求实职业学校、专业课教师	调研问卷设计及调研报告
宋伟	女	专业教师	论文撰写、教材	北京市求实职业学校、专业课教师	论文
刘海军	男	专业教师	论文撰写、教材	北京市求实职业学校、专业课教师	论文、实践指导
邸晓旭	女	专业教师	论文撰写、教材	北京市求实职业学校、专业课教师	论文
赵红娟	女	企业专家	实践操作	智富通财务咨询有限公司	教材编写指导

8. 预期研究成果

主要阶段性成果				
序号	研究阶段(起止时间)	阶段成果名称	成果形式	承担人
1	2019 年 4 月	《现代学徒制背景下中职会计专业“产学一体化”实践研究》	文献综述	侯庆辉
2	2019 年 5 月	《现代学徒制背景下中职会计专业“产学一体化”实践研究》	开题报告	侯庆辉
3	2019 年 3 月—2019 年 12 月	《现代学徒制背景下中职会计专业“产学一体化”实践研究》	实践手册 工学指导	贺潇仪、宋伟、刘海军、吴丽勇、丁辉、张小芃
4	2019 年 4 月—2019 年 10 月	《现代学徒制背景下中职会计专业“产学一体化”实践研究》	课题研讨会	全体成员
5	2019 年 5 月—2019 年 12 月	《现代学徒制背景下中职会计专业“产学一体化”教学实践课程内容研究》	视频课	吴丽勇、丁辉、侯庆辉
6	2019 年 6 月—2019 年 10 月	《现代学徒制背景下中职会计专业“产学一体化”实践模式的研究》	论文	张小芃、吴丽勇、贺潇仪、刘海军、宋伟
7	2019 年 12 月	《现代学徒制背景下中职会计专业“产学一体化”实践研究》课程资源建设——《审计底稿的编制》	实训教材	全体核心成员
8	2020 年 1 月	《现代学徒制背景下中职会计专业“产学一体化”实践研究》	结题报告	侯庆辉

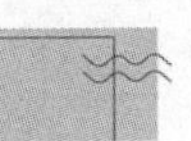

续表

最终研究成果				
序号	完成时间	最终成果名称	成果形式	承担人
1	2020 年 3 月	《现代学徒制背景下中职会计专业“产学一体化”实践研究》	结题报告	侯庆辉
2	2019 年 12 月	《现代学徒制背景下中职会计专业“产学一体化”实践研究》课程资源建设——《审计底稿的编制》	论文、实训手册	全体核心成员
3	2019 年 12 月	《现代学徒制背景下中职会计专业“产学一体化”教学实践课程内容研究》	视频课	吴丽勇、丁辉、侯庆辉

第四章 团队建设之路

职业教育的教学改革需要师资的强力支撑。提倡教师参加企业实践，让理论型教师熟悉岗位实际，让文化课教师了解专业，培养师资力量是专业发展不可缺少的软环境。在建立双师型教师队伍中，需要教师在一门课中进行多门知识的渗透，需要按岗位任务中所需知识和技能进行整合，同时在任务实施过程中，注重积累和提升，转化为科研能力的提升。

在探索工学结合教学模式的过程中，作为专业建设负责人，我得到了教育专家、行业专家的指导和引领，使我的业务能力和教科研能够都有不同程度的提升，但我也深深地懂得，我的发展是离不开我的团队，他们是我成长的土壤，我更需要带动团队成员共同成长，这是我的责任，更是我的义务。因此，在推进工学结合的过程中我尽心尽力做好团队建设工作和青年教师的指导工作。

一、凝聚专业团队的共同愿景

专业建设在做好顶层设计的基础上，能够有效落实，需要团队成员理解、认知并产生价值共识，特别是在产教融合背景下推进工学结合教学模式的过程中，让团队成员（教师）产生价值共识，才能够形成合力，从而推动改革发展。因此，在日常专业建设管理中我注重专业集群建设规划的解读，从建设目标、建设思路、建设任务以及建设路径进行讲解，让团队教师明确探索和实践产教融合背景下教学模式改革、课堂教学内容改革、科研研究等方面的意义和本质，从思想上统一认识，明确方向。

团队建设通过推进工学交替实训、“产学一体化”教学研究、信息化大赛、教学诊断督导、专业建设指导委员会、学生技能大赛等项目作为载体对团队教师个人发展和团队建设进行宣讲，从思想上能够认识和转变陈旧观念，在产教融合背景下推进工学结合，在共识中关注价值，关注发展。

二、提升专业团队的科研能力

科研能力近些年来在教师成长的评定中越来越重要，因此在团队建设中我也努力带领团队进行产教融合背景下的专业调研、课程体系、教学内容、教材编写、工学结合教学模式、实训课程等研究工作。

2014 年至今带领团队完成了金融、会计、连锁经营与管理、互联网金融专业的市场调研工作，撰写了调研报告，与团队教师一起研讨完善了课程体系和人才培养方案。鼓励、引导和带领团队成员参与课题研究、精品课建设以及教材编写工作。

与团队成员一起参与了北京市规划办《北京市职业教育产教融合专业建设模式研究》重点课题、市职教学会《在中职金融专业学业评价中应用企业评价的研究》《现代学徒制下背景下中职会计专业“产学一体化”实践与研究》《金融产品与客户服务》精品课建设工作，指导了邸晓旭和贺潇仪青年专项课题的申报工作。

带领团队主编了工学结合教学模式下的《银行大堂服务》《银行外包业务》《金融产品与客户服务》教材，已经出版发行，并在教学中使用。并指导团队成员论文撰写，多篇获得奖项。

【附：与贺潇仪老师共同撰写论文】

产教融合背景下金融专业教学改革实践与探索

【内容摘要】国家大力支持职业教育产教融合发展，中职学校也在深化课堂教学实践改革，在金融业日新月异变革的时代背景下，聚焦区域经济发展，结合市场人才需求变化，加强产教深度融合。本文是基于产教融合背景下在人才培养模式、课程体系完善、课堂教学改革、师资能力提升过程中所遇到的问题进行探索与研究。笔者就金融专业教学探索改革路径，从深入调研，明确专业定位；实效提升“双师型”教师能力；完善课程体系，构建精品课程；工学结合下“校内生产性实训+工学交替实训+跨专业综合实训”教学改革路径等四个方面对金融专业教学改革实践的路径、方法及成效进行了论述，力求通过实践与探索实现“学岗对接，能力综合”人才培养目标。

【主题词】课程改革　产教融合　职业教育

自十八届三中全会提出“加快现代职业教育体系建设，深化产教融合、校企合作，培养高素质劳动者和技能型人才”以来，国家大力支持职业教育产教融合发展，中职学校也在深化教学实践改革，在金融业日新月异变革的时代背景下，聚焦区域经济发展，结合市场人才需求变化，加强产教深度融合，不断深入与企业在人才培养以及人才输出过程中的多方位全面合作，在金融专业教学改革中探索新路径，力求通过改革与探索实现“学岗对接，能力综合”人才培养目标。

一、产教融合背景下金融专业改革的必要性

近年来，教育部出台《国家中长期教育改革和发展规划纲要(2010—2020年)》《国务院关于加快发展现代职业教育的决定》精神、教育部等六部门制定的《职业学校校企合作促进办法》《教育部关于开展现代学徒制试点工作意见》以及《北京市职业教育改革发展行动计划(2018—2020年)》中都鼓励职业院校要积极落实校企合作、产教深度融合，促使职业教育规模、专业设置与经济社会发展需求相适应。加强“双师型”教师队伍和实训基地建设，推动专业设置与产业需求对接，课程内容与职业标准对接，教学过程与生产过程对接，坚持校企合作、工学结合，强化教学、学习、实训相融合的人才培养模式。这一系列政策的出台标志着职业教育的专业建设要加大改革力度，顺应新形式的发展需要。

随着互联网 + 金融的发展变化十分巨大，银行功能的多样化，中间业务和金融服务外包行业的迅猛发展，使得金融人才需求结构不断调整，岗位需求日趋多样化，金融行业全球化、信息化的混业经营趋势为金融人才提出了新的要求，这对金融专业人才的培养提出了新的挑战。这就迫使金融专业为了可持续转型升级发展和人才培养目标的实现，必须要在专业调研与定位、课程体系构建、人才培养路径、双师能力提升方面进行有效探索与改革，从而实现服务于首都区域经济高端服务人才的需求，发挥职业教育的功能。

二、产教融合背景下金融专业教学改革存在的问题

（一）行业调研缺乏充分与深入

由于金融行业的特殊性，使得调研工作具有一定的困难，这就使得调研工作存在不够深入，在岗位业务种类、职业能力需求、素养标准等方面不够全面，特别是对于互联网 + 金融企业及银行后台公司和互联网公司调研不够充分，特别是对一些岗位缺乏深入的环境调研机会，使得专业定位和市场需求上存在错位。

（二）“双师型”教师培养流于形式

由于教师行业与金融行业在工作强度和难度上存在差异，使得教师在企业实践方面流于形式，由于机制的缺乏使得教师实践能力提升缺乏主动探究和学习的意识，教师对于完成行业实践任务积极性不高，没能深入研究岗位业务和操作，业务学习不够深入，因此导致“双师型”教师能力仍然存在差距，教学改革的成效没有质的飞跃。

（三）课程体系构建与岗位需求存在差距

课程体系的构建源于深入、全面的调研工作以及教师实践能力的提升，而“双师”能力的薄弱和市场调研的不深入和动态调研的不及时，导致课程体系的完善不及时，与市场岗位需求存在差距。

（四）工学结合的效果不明显

在教育部大力提倡“工学结合”的育人模式下，中职学校也开展了工学结合，

但真正意义下的工学结合在金融专业开展的并不深入，还局限于企业参观认知、顶岗实习等方面，而未能在教学中纳入课程体系，实训课堂教学未能形成“校内仿真实训＋校外工学交替＋校内综合实训”的模式。未能寻求金融专业工学交替实训岗位任务的精准对口，使得工学结合存在表面化和形式化，学生能力和素养的提升存在岗位需求的差距，这也是“学岗零对接”目标尚未有效实现的原因。

三、产教融合背景下金融专业改革发展的路径与做法

（一）深入调研，明确专业定位

由于首都经济战略的调整，银行以及各类金融企业近五年来对岗位需求也发生着巨大的变化。特别是互联网金融和人工智能机具的发展带来了金融业务的变化和岗位需求的变化，原本需要面对面沟通的服务，如今也升级为线上的流水操作，在这样的大背景下，许多新的金融业岗位孕育而生，许多后台岗位人才急缺。金融专业深入开展了企业调研工作，调研范围包括金融类企业、同类专业中职校和3～5年的毕业生。对北京地区21家44个银行网点、互联网金融公司以及银行后台公司，10所中职校以及56名毕业生进行了深度调研工作，了解了企业人才需求状况、毕业生岗位能力和素养要求以及中职学校同类专业的发展现状。通过调研分析，我们了解了我校学生的就业优势和岗位群变化带来的专业发展机遇，对现有的人才培养模式、课程体系建设进行了完善，通过调研我们了解到金融专业岗位群发生了变化，在课程设置中增设了银行外包业务以及互联网金融的相关课程。

通过市场需求调研，金融专业定位为：培养具有良好的职业道德和行为规范，掌握金融行业职业岗位群必备的文化基础知识、专业知识和操作技能，具备沟通与表达能力、团结协作能力和良好服务意识，能从事银行、理财金融机构大堂引导、银行柜员、银行外包（票据核算、银行呼叫客服、电子银行）等岗位的现代金融服务业初、中端技术技能型人才。

（二）产教融合，实效提升“双师型”教师能力

1. 专业教师定期实践，有效提升实践能力

在推进校企合作的过程中，首先有计划的安排教师利用寒暑假时间到银行网点和银行后台公司进行实践，了解银行网点相关岗位、银行后台岗位、互联网金融

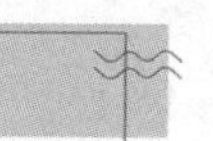

公司相关岗位业务及标准，为行动导向课程的构建做好教师理念的更新和转变。教师通过企业实践了解行业发展态势，掌握业务发展变化，做好搜集记录，从而在课堂教学中进行完善和改革。

2. 结合工作交替推进公共基础课教师企业实践

公共基础课教师企业实践一直是专业建设中的难题，主要难在实效性上，而企业参观或听企业专家讲座只会让企业认知停留在表象之中。因此如何让文化课教师能够近距离的去体验和感悟是专业建设中要解决的问题。在改革中尝试结合学生工学交替，让文化课老师以旁观业务的方式进行学习和记录，既观察了学生的工学交替实训的表现，同时也对学生操作业务的流程和业务内容有了深入的了解，并且捕捉到了所教学科在哪些点上能够进行结合，从而在课堂教学中进行设计和完善，逐步实现文化课教师的课堂教学更加贴近专业的目标。

（三）完善课程体系，构建精品课程

教师经过企业实践，了解企业基本运作模式发展方向，掌握岗位技能，并具备一定的学科理论知识的基础上，同时根据行业发展变化和岗位需求，针对与岗位相关的专业课程进行调整与改革。

以金融专业银行方向课程体系为例，在深入分析了银行网点以及后台业务岗位对应的7门典型职业活动之后，形成了相应的调研报告。在调研的基础上，针对金融行业业务的变化和服务种类的扩充，对接岗位典型职业活动，将原有的7门专业课程进行设计或是整合，与企业共同构建“以工作过程为导向”课程体系，体现课程的综合化，并在教学中融入职业资格考试相关知识，契合行业岗位需求进行改革。例如：银行外包岗位中的银行大堂引导岗，主要按照大堂引导员一日工作流程进行课程内容的设置，将理论知识融入到工作流程的各个环节中进行内容的讲解，其知识和技能的学习打破学科化体系，更为综合化、更贴近岗位所需。

以工作过程为导向的专业课课程体系

再以互联网金融公司实践与调研为例，课程体系中融入了线上采购售后审核岗、数字化信息处理，课程中增加五笔输入法以及企业订单录入的教学内容。同时，为了适应企业对人才软实力的需求，在高三为学生开设跨专业 VBSE 企业综合运营课程，此课程是一门可供多专业学生共同学习的虚拟商业环境仿真类课程。在本门课程的实施中,我们针对职业高中学生的程度,以及岗位对人才的需求,在该课程中增加分岗位任务讲解、岗位业务自主学习训练、轮岗体验、以及业绩评价等教学内容。其中,增强团队建设、面试以及商业谈判等沟通协调环节的教学任务训练,有效提升学生沟通与协作、自主与探究、抗压与调节能力的职业能力与素养,满足企业对员工的软实力的要求。

在课程资源建设方面,综合各企业的岗位需求以及课程的调整与改革,整合、编写新生岗位下缺失的教学资源。(1)建设信息平台下的教学资源库,补充新增教学内容中教案、知识点微课、企业案例等相关资源;(2)资源整合修订教材,在教学实践后,整理相关资源,其中包括:理论知识、教学案例、操作练习、梳理成册,经反复推敲出版以备教学使用;(3)根据核心课程标准,实施精品课程建设,每门精品课程包括配套开发出版的精品教材、与全部课程项目配套的精品视频微课、多媒体课件和丰富的素材文档,教师结合实践能力提升,对课程进行重新构建,增减教学内容,通过"以工作过程为导向"的课改理念构建教材体系。

(四)工学结合的"校内生产性实训+工学交替实训+跨专业综合实训"教学改革路径

1. 校企共建共享生产性实训基地奠定教学改革

在产教融合背景下,金融专业形成了行动导向理念下的课程体系和理实一体化课堂教学改革。校企深度合作共建共享生产性实训基地——工商银行自助网点,满足学生校内银行大堂岗位实践需要,确保能为学生岗位实践提供必要实训设备的使用需求,教学环境在真实的场景和真实的业务环境中进行,可以进行《银行大堂服务》和《电子银行》课程的学习。此外自助银行的建设可以为团结湖居民进行有效的社区服务,师生可以通过真实业务实训帮助居民学会操作ATM机、自助终端机、电子银行、手机银行操作等,学生们也在真实的实训环境中进行训练,掌握知识与技能,培养综合能力和素养,从而实现"学岗对接,能力综合"的人才培养目标。

2. 工学交替实训实现人才培养模式改革

学生在高二第一学期到企业进行为期三个月工学交替实训,采取企业师傅、专业课教师和文化课教师全程参与实训指导和评价,文化课教师或专业课教师每周进行实训网点的走访和通过微信群的方式从不同学科全方位的给予学生指导，对他们在实训中可能遇到的专业难题或是学科难点给予解答，同时也对学生实训中人际关系、沟通表达出现的思想问题进行疏解，帮助他们确立良好的实训心态。此外他们要根据所指导学生的已知水平制定个性化指导方案和指导内容，跟踪记录学生实训情况，搜集知识难点并将在课堂教学中加以强化和训练。

以学生到互联网金融公司实训为例，学生工学交替过程中主要从事两类岗位实训。一类是客服岗，电话核查岗以及催收岗，主要工作都是以通话方式进行。上岗前需要了解企业各部门的职责，能够为客户提供相关的反馈渠道，能够帮助客户核查信息。需要具备问题分类能力，并掌握向客户反馈问题的基本模式。另一类是售后、采购、以及审核岗，主要工作内容是需要员工按照规定的流程，处理大量的供应商及客户数据，具体工作派单分组进行，需要员工熟悉业务流程及办理方法，具备较高的录入速度，以及认真仔细的工作习惯。学生通过实训，了解了岗位对人才的需求，以及所在企业的晋升需求，带着实践后积累的经验，以及更成熟的求知欲回到课堂，完成进阶的专业课程学习。

工学交替实训实现了仿真实训与真实岗位实训交替进行的教学模式，完善和践行了人才培养目标中“能力综合”的内涵。

3.跨专业综合实训促进学生跨界思维能力的提升

学生经过工学交替实训之后，在高三第一学期完成跨专业综合实训的学习，从而提升学生不同学科知识的整合和运用能力，跨专业了解不同企业在供应链上以及业务合作中所涉及的知识、技能以及素养点，着重于学生跨界思考问题和创新思维意识的培养。

四、产教融合背景下金融专业改革成效

在产教融合背景下，人才培养方案不断优化，学校对学生的职业性、专业性培养更加具有针对性。学生在校期间，经历了“仿真实训+校内生产性实训+工学交替+跨专业实训”，实现了“学岗对接”，能力和素养基本符合企业要求。2017届学生就业率达到100%，其中专业对口比率达到95%以上。学生通过工学结合实现了从学生到职业人的内外转变和提升，明确职业方向和职业进阶规划，对于工作的满意度普遍偏高。同时,合作企业通过工学交替完成岗位培养和对学生的了解,对上岗学生评价较高,并坚定了校企继续深度合作的意愿,真正实现了金融专业的“产教融合”。

职业教育是对受教育者实施可从事某种职业或生产劳动所必须的职业知识、技能和职业道德的教育,为社会培养技能技术型复合人才。因此,在产教融合背景下金融专业改革建设需要不断适应行业发展和市场人才需求,才能有效定位和实现人才培养目标,并在建设中不断努力、探讨、实践和革新。

【指导孙诺老师论文修改】:

基于蓝墨云班课平台利用教学资源实施教学

批注 [A1]: 改:有效实施教学活动

下面我将从介绍蓝墨云班课的基本功能,利用蓝墨云班课搭建教学资源和使用蓝墨云班课教学平台实施教学几个方面向大家作一下汇报。

一、蓝墨云班课的基本功能

批注 [A2]: 改:了解蓝墨云班课掌握基本功能

蓝墨云班课 APP 是一款完全基于移动终端开发的即时反馈教学互动工具,除了辅助支持每一位草根老师开展自己的日常教学工作,改善并提高教师和学生的沟通效率,还可以帮助老师开展一些新型模式的教学改革尝试。

批注 [A3]: 可以删掉,要么后面要有和“草根”一词的对比词

批注 [A4]: 改:探索课堂教学模式的改革与实践。

基本功能如下:

(一)教学管理方面

借助这些功能,老师在任何移动设备或个人电脑上,可以轻松建立自己的班课,发送通知、分享资源、查看教学进度、布置批改作业、给予学生评价,方便老师开展课前、课中和课后的教学管理。

批注 [A5]: 改:教师

批注 [A6]: 改:管理与实施

(二)师生互动方面

无论在上还是在课下,无论在校内还是在校外,教师都可以随即开展学生的互动,包括投票问卷、头脑风暴、组织讨论答疑、优秀作品分享、计时答题等,同时做到即刻反馈,即刻点评。

批注 [A7]: 课上

批注 [A8]: 改:即时

批注 [A9]: 改:实时

批注 [A10]: 补充:让“教”与“学”的互动延展到多个层面。

(三)教学资源方面

老师发布的所有课程资源,如课件、微课、视频、行业标准等都可以即时传递到学生的移动设备上,让学生的移动设备变成自己的学习工具,不再只是社交和游戏的设备。

批注 [A11]: 改:随时随地获取学习的资源,实现调取学习资源的灵活度,满足渐进式建构自我知识体系,提升碎片化自我学习的能力。

二、利用蓝墨云班课搭建教学资源

学习完蓝墨云班课的基本功能后,下面就是如何运用蓝墨云班课教学平台,搭建教学资源。

批注 [A12]: 改:基于蓝墨云班课的强大功能,有效搭建课程教学资源。做法如下:,

在平台首页就可以找到 “教学资源“这一栏。今天我主要向大家展示的是,我在《金融产品与客户服务》这节课当中的第二单元教学资源的搭建情况。

从蓝墨云班课的首页进入之后，选择 “本地文件”， 进入添加，“本地资源”界面。在分组一栏中可以选择将教学资源安放在哪一个单元中，在分类当中，可以选择你的教学资源，属于课件，视频，素材，作业，参考或其他。这样就能将自己的教学资源进行有效的分类，便于之后按种类查找。

在搭建每一个教学资源的同时，还可以选择相应经验值。这样既可以反映教学资源重要程度，又可以作为学生日常评价的依据。同时老师也可以填写相应的知识点和学习要求，便于学生浏览前了解该资源的内容概况。这样一步步操作后，老师的教学资源库就可以搭建完毕。

从图中可以看到，在我搭建的第二单元中，教学资源的种类包括教学课件，小视频，微课，还有行业标准，行业营销话术、产品说明书等教学资料。在搭建中注意资源分类的同时，还要注意资源上传的顺序。应按照工作过程系统化的课程建设理念，将每一单元的课程资源进行了有效整合，并按工作过程顺序排列。如本单元的教学过程是：接待客户、了解客户需求——指导客户阅读银行理财产品说明书——解释客户疑问——办理购买银行理财产品——送别客户和后期客户维护。

在“成员”一栏中可以记录学生下载和观看教学资源的过程和进度。蓝墨云班课会以数字、图表和文字的形式，展示每一位学生的活动参与详情，资源查看详情和课堂出勤详情这三个维度。而资源查看详情当中，可以做到对视频学习，按播放个数和观看时间两个维度进行统计。这样教师就可以第一时间掌握学生的学习进度，便于分析学情、督促学生和评价学生。

在“活动”一栏中可以选择投票问卷，头脑风暴，答疑讨论测试活动，作业/小组任务，课堂表现等内容。以头脑风暴为例，消失在手机端或者 APP 端输入相应的头脑风暴的题目，学生就可以在这个题目被发送之后，畅所欲言，并获得相应的经验值，学生间看到有启发的答案也可以相互点赞，而点赞数的多少也可以被记录下来。思想的碰撞不但可以激发学生思考，促进课堂生成，还有助于教师实时反馈，掌握学情，随时调整教学策略，把握教学过程。

“消息”一栏的通知功能，可以在课下随时向学生们发起通知。

三、利用教学资源实施教学活动

根据蓝墨云班课的特点结合建设的教学资源，我设计了《银行理财产品办理》这节课。

（一）课前探究，以学定教

就蓝墨云班课应用而言，老师课前可以通过蓝墨云班课推动（送）课前学习资源给学生，发送即时通知到学生手机，提醒学生学习。

于是我在课前创建了一个讨论，让学生们利用课下时间，去针对“购买银行理财产品的操作步骤包括哪些？”的问题进行讨论。之后根据学生们反馈的讨论结果，教师判断学生对问题的掌握情况。再根据此判断，调整目标和教学重难点，使课堂面对面的教学活动和教学内容更切合学生的学习需求。

所以我将本节课的知识目标定为“说出银行理财产品的办理流程；说出客户办理购买银行理财产品时应注意的问题”。能力目标定为“运用金融行业沉浸交互系统模

批注 [A13]: 改：逐步

批注 [A14]: 删

批注 [A15]: 维度这个词用这里不太合适。除非补充三个维度要展示每个学生的什么。不如改成：方面

批注 [A16]: 改：其评价数量

批注 [A17]: 补充：探究研讨，提出问题，解决问题，

批注 [A18]: 去掉

批注 [A19]: 改：跟踪记录、有效引导

批注 [A20]: 改：辨识学情

批注 [A21]: 改：搭建

批注 [A22]: 改：对《银行理财产品办理》一课进行了如下设计。

批注 [A23]: 课前教师在平台上创建讨论区，

批注 [A24]: 改：学生讲讨论结果反馈到平台，教师据此进行分析、判断

批注 [A25]: 删

批注 [A26]: 针对课前反馈分析适时调整知识目标为：

拟为客户办理购买银行理财产品的业务”。情感态度价值观目标定为“提高为客户营销银行理财产品的风险意识；增强全心全意为客户服务的职业素养。”

（二）课上互动，促进学习

在课上，教师根据课程探究掌握的学情，按照调整后的教学目标，有计划地实施教学。教师作为课程活动的设计者和学生学习的指导者，可以通过蓝墨云班课的参与讨论，实时反馈，分组评分等功能进行教学活动，提高学生的学习兴趣和学习效率。

我首先设计了一个头脑风暴环节，为 “客户办理购买理财产品，需要准备哪些资料”。学生通过思考，提出自己的见解，如产品说明书、风险揭示书、身份证、购买凭证。教师总结大家答案后，将场景切换到金融行业沉浸交互系统模拟的为客户办理理财产品的情境中。利用蓝墨云班课的分组功能， 每 3 名同学分一组，结合学校最近购买的课程资源，利用沉浸式交互系统进行探究，让学生自主探究购买银行理财产品的流程，并将办理流程的要点记录到蓝墨云班课的小组任务中。

在探究结束后，教师可以在电脑端看到并比较大家的反馈，及时了解各组学生间的差异。根据探究结果，找到共性和个性的问题。接着利用微课，有针对性地梳理学生答案。帮助学生在探究后，及时建立新知与旧知的联系，同时强调最容易混淆的几点是什么，比如什么凭证盖什么章，哪些凭证需要还给客户，哪些凭证需要银行留存等等。根据学生情况和教学目标，选择利用沉浸式交互系统的资源突出重点，突破难点，达成教学的知识目标。

之后学生利用交互平台，实践办理流程。如果遇到有问题的地方，可以通过反复观看云班课上的微课，找到解决方案。最后利用交互平台的检测功能，在规定的时间内，让学生运用交互系统模拟为客户办理购买银行理财产品的业务。系统可以记录每个学生的完成时间和出错次数，并根据行业标准给学生打分，做出客观评价。至此，完成能力目标和情感态度价值观目标。

教师也可以在小组展示结束后，利用蓝墨云班课的小组评价功能，根据学生在组内表现和组间表现，分别为个人和小组打分。

（三）课后拓展，巩固提升

课后，学生可以通过课后检测功能，了解自己的学习情况，弥补不足。也可以通过蓝墨云班课的答疑功能向老师提问，巩固知识。

除了上述功能外，蓝墨云班课还有批改作业，班级管理等内容。通过这些课堂管理工具能够让教师全程掌握学生状况，基于手机的云课堂可以实现信息的即时送达和反馈，这是原来只有电脑端的教学平台无法比拟的，对实施即时反馈和适应性教学具有天然的优势。通过信息化手段激发教师调动学生学习的积极性，也推进教师要不断掌握学生愿意接受的学习方法和手段进行教学改革，使教学效果不仅仅体现在课堂上，同时也延伸到课外学习，使教学环境、学习内容不再唯一。在今后的教学活动中，教师还要不断丰富教学资源，实时将教学资源进行搜集、整理、上传平台，便于学生随时随地学习的需求，提高学习效果，更能培养学生自主学习的意识。

批注 [A27]: 改：素养目标

批注 [A28]: 改：识别客户和服务客

批注 [A29]: 以“情”定学

批注 [A30]: 改：学情分析

批注 [A31]: 改：学习活动的设计

批注 [A32]: 删

批注 [A33]: 改：分析、梳理，

批注 [A34]: 改：然后将

批注 [A35]: 改：3D 场景

批注 [A36]: 删

批注 [A37]: 小组探究

批注 [A38]: 改；上传到蓝墨云班课台上。

批注 [A39]: 改：通过电脑端进行反馈、分析、评价

批注 [A40]: 改：展现各组学习探究果，

批注 [A41]: 改：再

批注 [A42]: 是否改成：有效强化知要点，并有效建立

批注 [A43]: 删

批注 [A44]: 改：易错点和混淆点

批注 [A45]: 改：平台强化操作重点

批注 [A46]: 改；对学生进行评价

批注 [A47]: 删

批注 [A48]: 改：素养

批注 [A49]: 删

批注 [A50]: 也可以利用

批注 [A51]: 完成自评和小组间互评

批注 [A52]: 课后延展，以“拓”

批注 [A53]: 补充：通过所学提出新

批注 [A54]: 改：明显

批注 [A55]: 改：能够适应的

批注 [A56]: 改：教学模式改革

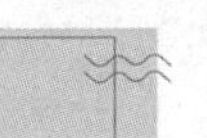

三、推动专业团队的教学创新

工学结合教学模式对教师课堂教学能力提出了更高要求，需要对接岗位调整教学内容、教法以及学法。作为团队带头人，我在教学中结合工学结合教学模式构建教学内容对接岗位内容，探索与实践专业课堂教学改革路径，同时将企业所要求的职业素养融入课堂教学的始终，也以此带领我的团队成员。在团队建设中，我注重通过研究课、评优课、信息化大赛等机会指导团队教师教学设计的撰写、课堂教学的实施，带领并指导团队教师学习产教融合背景下课堂教学模式的改革，鼓励教师勇敢创新、实践探索新的教学模式、教学方法、评价手段以及信息化教学手段应用于课堂教学。曾指导贺潇仪、邸晓旭、郝鹏、孙君老师区级研究课；指导吴丽勇和赵楠芝实践了产教融合背景下真实业务课堂教学的实践改革课以及贺潇仪老师的市级信息化教学能力竞赛课，都取得了很好的成绩。

指导吴丽勇教学设计（修改2稿）

授课老师	吴丽勇	授课专业	会计	授课班级	高二会计班
授课类型	理实一体	授课节次	第 6 节	授课时间	2018 年 5 月 25 日
课程名称	会计岗位实训	课时安排	45 分钟	授课地点	201 会计实训室
课题名称	代理记账初始作业 ——原始凭证的辨识与整理			授课教材	《会计综合模拟实训》

补充：课程改革说明

一、教学分析

1. 教材处理：本课程选用中等职业教育“十二五”规划教材《会计综合模拟实训》一书作为辅助教材，结合行业调研进行了教学内容的整合与构建，主要以核算单位资金运营过程中的典型经济业务划分教学模块，以“会计核算流程”为驱动仿真模拟会计岗位实训，运用混合式教学理念开发出线上线下的多维学习空间，强化学生对填制与审核会计凭证，登记分类账簿，编制财务报表等基础会计工作的实操能力，提高学生分析和解决会计处理难点的综合能力。

本课程是继高一会计基础知识和基本技能学习之后的提升训练，也是学生工学交替之后进一步学习成本核算、财务管理等相关课程的基础，是中职会计专业的核心课程。本课程以会计职业能力培养为目标，以会计工作任务（活动）为载体，结合教学模块设置会计核算的岗位情境，让学生充分认知职业环境，接受会计岗位核算任务，并能够与他人分工协作，在“做中学，学中做，做学合一”的自主探究过程中，不仅得到技能和知识的增长，同时在工作态度、工作方法、人际交往等方面都得到进步。

2. 教学内容：本节课主题“原始凭证的辨识与整理”，选自教学模块中“会计凭证的填制与审核”部分，是会计核算工作的起点，也是确保会计信息真实可靠的重要依据，因此要求学生熟练辨识原始凭证信息，并能在正确审核及整理分类后用于填制记账凭证。

批注 [57]: 改：高二学徒制班

批注 [58]: 改：代理记账岗初始业务

批注 [59]: 补充课程改革说明：课程改革说明
金融商贸专业集群在经过示范校建设期间形成了“学岗对接、能力综合”的人才培养模式，通过校企合作工学交替为突破口，实现了金融商贸专业...

批注 [60]: 删，现在都十三五了，以免提出质疑

批注 [61]: 补充：以及结合代理记账真实业务引入课堂教学进行内容的构建

批注 [62]: 改成单元一或者项目一或者任务一的描述

批注 [63]: 补充：本节课所采用的原始凭证来自于校企共建共享实训基地会计师事务所真实业务，

批注 [64]: 旨在通过真实业务的实训提高学生熟练辨识原始凭证信息的市级岗位能力，

批注 [65]: 删除

续表

二、学情分析

本节课的教学对象是高二会计班学生，他们已经完成了会计"基础知识＋基本技能"的学习和训练，对专业知识及实操技能有了一定积累，但班级内对会计学习效果呈两极分化，部分学生在阅读原始凭证、分析经济业务、正确判断会计核算方法上还较为薄弱。因此，要求学生在本次课前要利用课程平台资源，巩固会计凭证相关知识，尤其是各种原始凭证的适用范围和业务涵义，提升课堂实训时对业务原始凭证的辨识能力。

需要说明的是，本届会计专业学生在会计能力培养过程中，尝试在校企深度合作背景下，推行分批分阶段的现代学徒制教学模式，安排部分会计学习能力较强的学生阶段性的在会计师事务所进行真实业务实践，将所学会计知识和技能在实际岗位工作中得到应用和补充，促进职业能力和综合素养的快速提升。本次课是安排前期已有岗位实习经验的学生，和部分只完成课堂模拟实训的学生开展合作学习。

三、教学方法

1. 混合式教学：借助网络化公共平台集成的资源共享、师生互动、评价追踪等功能，构建线上课前导学和课后反馈；结合线下在实际岗位工作中对专业知识技能的强化和提升，双管齐下优化教学效果，满足当代学生的个性化学习需求，激发学生自主探究的学习兴趣。

2. 工作任务驱动：职业行动能力培养的最有效方法就是在工作过程中实践，打破原有学科知识教授的传统设计思路，以实际工作任务的完成为目标来编排和组织教学。同时，设定工作任务时间，实施工作效果考核、进行工作成果评比等，充分调动学生的积极性，将实际工作经验与专业理论知识有效结合，最终达到最新最实用的岗位工作能力。

四、教学准备

环 境：本课程在会计实训教室开展，使用网络、财务软件、多媒体设备等。

教 具：相关业务原始凭证、课件、工作任务评价表。

学 具：笔记本、计算器、签字笔等。

五、教学目标

知识目标：1. 熟知各类常见业务原始凭证的票面内容和适用范围；
2. 快速辨识原始凭证并分类排序记账业务；
3. 能够简述代理记账工作依据——原始凭证的整理流程。

能力目标：1. 强化业务原始凭证的辨识和分析能力；
2. 能够规范整理和分类原始凭证，并能将业务合理排序以便记账。

素养目标：学生在真实工作过程中实践学习，就必须在履行岗位职责时，真正做到细致严谨、准确及时，具备会计岗位人员的基本素质要求，强化实际业务操作的规范性。

六、教学重难点

教学重点：正确辨识原始凭证信息并整理分类。

教学难点：熟练整理原始凭证，合理排序记账业务。

七、教学过程

教学环节	教师活动	学生活动	设计意图	时间分配
课前导学	1. 课前在蓝墨云班课教学平台上传本次课题"代理记账初始作业-原始凭证辨识与整理"的资源和活动，强化原始凭证相关知识，了解代理记账前业务凭证的处理流程，要求小组分享经济业务原始凭证认知的经验。 2. 课前学习检测： 在"代理记账信息化课堂"微信学习群中发布各种真实业务凭证，要求以2人小组讨论分析后上交将这些业务原始凭证分类的依据和结果。	1. 课前登陆蓝墨云班课教学平台，认真观看本节微课小视频，巩固已学原始凭证填制与审核的相关知识；按照要求小组内交流常见原始凭证的辨识要素。 2. 课前在微信学习群中查看真实单据图片，小组讨论分析后发布对原始凭证分类的方法。	通过教学平台的资源分享，实现课前对已学原始凭证相关知识的回顾和强化 掌握学生对于经济业务原始凭证的认知情况，为课堂实训重难点的设定提供参考	

批注 [66]: 改：学徒情况分析

批注 [67]: 1.学生情况

批注 [68]: 补充：并部分学生完成了1-4月代理记账真实业务的实训

批注 [69]: 补：采用混合式教学理念，以小组合作方式完成实训任务，提升实践能力

批注 [70]: 删，改：2.认知情况

批注 [71]: 改：尝试探索现代学徒制下课堂教学改革实践，

批注 [72]: 会计师事务所学徒制轮训方式学习岗位真实业务操作，

批注 [73]: 删

批注 [74]: 既是对所学知识与技能在实际岗位中的检测，同时也通过岗位真实业务实训弥补原有传统课堂教学内容的不足，同时促进学生真实业务环境下

批注 [75]: 改：仿真模拟

批注 [76]: 改：教学理念与方法

批注 [77]: 改：任务驱动法

批注 [78]: 改：真实

批注 [79]: 改：同时结合会计事务所岗位工作标准

批注 [80]: 改：真实工作实践能力

批注 [81]: 改："学岗对接，能力综合"的人才培养目标

批注 [82]: 改：教学环境：综合岗位实训基地
信息化资源：蓝墨云班课平台、微信群

批注 [83]: 删

批注 [84]: 能够简述代理记账中原始凭证的整理流程

批注 [85]: 删

批注 [86]: 以便后续记账环节的操作

批注 [87]: 体验和感受职业规范和岗

批注 [88]: 改：对细致、严谨、准确

批注 [89]: 删，和难点有些重合

批注 [90]: 这个任务布置最好也在蓝

续表

任务导入	*设问:* 1. 视频动画中，会计助理小明向财务经理请教他遇到的工作难题： “在实际记账工作中，收到的原始凭证来源不同，数量庞大且格式不一，不便于直接记账，怎么解决呢？” 2. 一般核算的经济单位会计记账就按照收到的经济业务单据逐笔序时入账即可，可是代理记账是每月初收集到客户上个月的全部业务凭证，各类票据多且乱，不加整理直接记账会出现哪些问题呢？ 讨论：原始凭证是表明经济业务真实可靠的书面证据，也是会计记账的直接依据，代理记账前收到客户提供的原始凭证资料应当如何处理才能清晰合理的反映经济单位记账业务情况，减少记账差错呢？ 明确任务： 实习岗位：会计助理 工作任务：原始凭证的辨识与整理 工作要求：规范整理和分类原始凭证，并能将业务合理排序以便记账。	*思考:* 1. 会计助理小明遇到的记账困难，你在前期工学交替实习过程中是否有同样的问题，你是怎么解决的？ 2. 一般会计记账与代理客户记账的区别，从代理记账岗位实习角度说说自己的体会 明确合法合理的整理、归类经济业务原始凭证对于会计记账的重要性 学生目前是在真实的代理记账岗位实习，首先应明确此次岗位职责要求，以完成工作任务为目标思考问题，做好准备工作	举例、设问引导学生快速实现工作角色的转变，置身于工作情景中思考问题 本节课由已经进行过阶段性工学交替岗位实习的学生和只进行过课堂仿真模拟实操的学生配对，2 人一组尝试合作探讨的学习方式。这样既能形成理论与实践的比较分析，又能实现经验分享，理实相长 学生明确自己的目标角色。清楚工作任务内容和要求，使训练更有目的性。	6 分钟
任务分析	小组探讨、总结 找学生简述代理记账前对客户上月经济业务原始凭证整理、归类、排序的方法和流程 各小组比较补充，教师总结 *通过动态流程图展示原始凭证整理过程*	讨论、总结、表述 观看流程图，理清操作思路	明确必要的工作流程和操作方法，循序渐进地实现知识目标的突破	5 分钟
任务实施	*实际操作:* 任务 1：每组分得一套真实客户交来的原始凭证资料，由工作组完成对原始凭证的辨识、整理和排序。 ☒步骤 1：由组内已实习学生先整理排序凭证并解说，另一位组员观摩提问并记录； ☒步骤 2：所有小组完成后，由每组中没实习过的组员简述本组客户信息，以及对原始凭证资料整理的方法和流程。 （1）通过课件展示日常业务所涉及的重要原始凭证:增值税专用发票、普通发票、银行回单、支票存根等； （2）引导学生观察与分析，总结辨识凭证	清楚所操作客户的记账需求，依据客户交接单核对资料 察看、辨识原始凭证，确定经济业务类型，整理、分类、排序，并将银行结算业务与对账单核对	熟悉代理记账客户信息，清楚工作任务内容 审核分析原始凭证，按照经济业务内容和结算方式归类 通过各组之间工作质量的审查、比较，学生能切实体会到工作中细致、严谨、规	10 分钟

批注 [91]: 这个应该是教师提问，放在教师活动中。学生活动是：小组讨论解决方案

批注 [92]: 在这部分，我的建议是因为学生已有上月工作经验。可以调整一下顺序，先让学生操作任务 1，展示动态流程图，梳理整理步骤，强化整理要点。然后再用任务 2 学生再加以强化。调整一下顺序，你再斟酌。此外，任务 1 做完用什么平台来评价要说明，学生互评之后，你再给出动态流程图强化要点

批注 [93]: 改：锻炼实习生对工作经验的梳理、表述能力；同时，检测即将顶岗学生的会计学习能力

续表

	信息的要素； （3）层层提问：代理记账前对原始凭证的分类方法和排序依据； （4）听取学生简述工作过程和总结，纠正问题，查漏补缺。	小组讨论、归纳总结	范的重要性，对树立良好的会计工作习惯及职业素养都有启示作用	5 分钟
	任务 2：各组交换彼此间客户的原始凭证资料，再次完成新客户凭证单据的辨识、整理和排序。 ☒步骤 1：第一轮客户资料交换后，先由每组实习生查阅上一组整理排序的业务凭证是否合理，同时打分并记录问题； ☒步骤 2：每组实习生打乱客户资料，交由组员重新整理和排序，并同时录制其操作视频上传微信群。 教师巡视、指导，发现学生实操的疑点和疏漏 要求小组协作，提醒操作的规范性	小组合作、明确工作步骤和要点、在规定时间内完成工作任务，并在组内监督、检查 首先完成的工作组，上传操作视频，并观看其他组的工作视频，提出不足和问题	在工作过程中能根据新问题及时进行知识、能力的补充与提升 根据学生的操作情况有侧重的说明和强调实操规范性	10 分钟
任务评价	***多元评价：*** a.任务互换后，学生为上一组凭证整理情况打分； b.微信群里观看学生的操作视频并点评； c.请事务所财务经理检查学生工作情况并点评。	学生用 UMU 工作评价表打分 观看视频，交流互评 听取公司老师的意见和指导	借助信息化手段快速、直观的进行学生互评、教师点评 校企合作下请有经验的专业人士监督、指导	
	梳理总结本节课工作内容和要点 提问：完成了客户原始凭证资料的整理，接下来的工作步骤是什么？ 明确业务分录，填制记账凭证	总结原始凭证辨识技巧，熟练操作原始凭证的整理、分类和排序，为下一步记账工作做好准备	夯实所学知识与技能，同时布置新的工作任务：填制记账凭证。	5 分钟
任务拓展	课下强化会计账户、分录相关知识，T3 记账凭证填制技能，并完成线上学习任务	完成课后的线上反馈和学习	要求学生课前完成线上学习	4 分钟

板书设计：

§3.1 代理记账的初始作业

——原始凭证辨识与整理

工作岗位：会计助理

工作任务：原始凭证的整理、分类和排序

批注 [94]: 建议用思维导图设计

课后反思：

本节课的设计理念是让学生完全在真实工作岗位任务中做到“理实一体”，基于以实际工作过程为导向，通过课前导学、任务驱动、小组合作等教学方法使学生已学理论知识得到强化拓展，对新业务、新知识练习巩固。校企深度合作模式下，给学生提供了更丰富的实践学习资源，真正实现“做中学，学中做，做学合一”。

根据预先设计，本节课的教学目标能够实现，只是个别学生对原始凭证的识别还有欠缺，影响完成工作任务的进程，今后对这部分同学要加强指导，让每一名学生都能学到相应的工作技能，都能体会工作成效、增强自信。

批注 [95]: 课后反思课后来写。课前可以写成预设

指导赵楠芝教学设计（修改1稿）

学段	中职	学科	海报设计	编号			
教学课题	巧克力海报设计					年级	高二
学校	北京市求实职业学校		姓名	赵楠芝	手机	17310615076	
教学背景分析	一、教学内容分析 电商海报课程是我校连锁经营与管理专业的核心专业课程。选择《Photoshop电商海报设计》这本书作为教材，此书由电子工业出版社出版，其中包含72个广告实例、7大分类主题。本节课是在学生已经掌握了“电商广告设计必备知识、快速掌握Photoshop、项目一儿童节（童装专区、玩乐专区、生活用品专区）”等内容之后的“项目二　七夕—礼物专区”的内容。本项目内容既是项目一内容的深入和拓展学习，同时又为后续项目三的创新设计奠定基础。巧克力作为七夕节最热的礼物之一，其海报设计对销售的影响就显得非常重要了。所以本节课强调Ps操作和设计方法的学习，在本学期实训的整体安排中起到了承前启后的作用。此项目的学习也更能有利于激发学生的兴趣和提高个人的实操能力。 二、学情分析 （一）学生特点及应有的学习基础 高二连锁班一共20人，学生几乎都是男生，只有2个女生。连锁专业的孩子学习海报设计专业课的兴趣较浓，学生希望所学的海报设计专业知识和技能能够在今后的设计工作中运用。学生已学习了简单的Ps软件操作方法，如Ps工具的应用、电商广告设计等PS软件操作方法，已完成了儿童节专题的海报设计。 （二）学生实际的学习基础及学习起点分析 学生虽然已有一定的设计美学知识和Ps软件技能，但对海报的设计方法的理解还需进一步清晰，设计海报的能力更待加强。此节课以Ps工具、颜色搭配技巧、文字效果制作的学习，对前一阶段的知识和技能的强化训练与拓展，并提升综合运用能力。 （三）学生学习本课内容可能遇到的问题分析 教学过程中涉及到小组配合制作海报，对于高二的学生，高一没有学习过Ps工具，因此要同时学习Ps工具的基本操作和海报设计方法，他们没进行过实习也无任何职业经历，在学习中有可能自信心不足，团队合作意识等职业意识有待加强，所以教学内容设计中，本节课教学方法采用任务驱动教学法，学法采用小组合作探究，让学生进一步学习和理解海报设计方法及Ps操作方法，同时，在课堂上融入情感教育，充分尊重和鼓励每一名学生，注重团队意识等职业意识的培养，让学生在学专业知识和技能的同时充分展示自我，感受共同探究、团结协作获取成功的快乐。						
教学目标	一、知识目标： 1.知原因—了解做巧克力海报要用到的颜色和原因。 2.明步骤—说出抠图工具和圆形工具的操作程序，了解图层效果的作用。 二、能力目标： 1.会设计—能够运用（黄、蓝、绿）等颜色设计出巧克力海报。 2.能操作—能够运用抠图工具、圆形工具处理海报素材和圆形色块，能够运用图层效果制作巧克力海报中的文字效果。 三、情感、态度、价值观目标： 1.重合作——在小组合作中，感受团结协作并获取成功的快乐。 2.激兴趣——对海报设计产生兴趣，乐于独立思考、自主学习。 3.强规范——养成规范操作的职业素养。						
教学方式与策略	教法：任务驱动法。学法：小组合作式学习。 任务驱动式的教学方法，以老师发布的任务为引领，学生自己为主体进行学习，将理论与实际相结合。重视小组合作，分小组进行学习。						

批注 [A96]: 这句话你再斟酌一些，因为我没看到教材，所以不知道描述是否准确

批注 [A97]: 此句修改为：具有承前启后的作用。

批注 [A98]: 修改为：男生18人，女生2人

批注 [A99]: 删除此句

批注 [A100]: 创新思维能力

批注 [A101]: 改为：是对前面

批注 [A102]: 改为：又是综合运用能力的体现。

批注 [A103]: 还有所欠缺

批注 [A104]: 改为：进行新知的学习

批注 [A105]: 改为：课堂教学中，

批注 [A106]: 改为：职业素养的提升

批注 [A107]: 改：喜悦

批注 [A108]: 改：的色彩选择与搭配知识。

续表

	活动内容	活动意图	时间分配
教学活动设计	课前作业： 平台发布 1.巩固知识 通过 i 博导平台设置小问题：（学习过的 ps 工具操作技法。） A、PS 中画出一个圆形有哪些方法？ B、PS 中如何做出好看的字体？ C、如何用 PS 给图层添加图层样式？ 2.推送资料 收集一些商场、地铁站、公交站的优秀的巧克力海报推送给学生们作参考，让学生们拍摄他们觉得设计优秀的巧克力海报照片，收集后总结使用的配色有哪些。	1. 了解学生对已学过知识的掌握程度。从而有效进行新知讲授。 2. 通过信息化平台激发学生自主学习，提高学生学习的兴趣。	0/ 不占用课堂时间。
	环节一：项目布置（创设情境、明确任务） 1.创设情境：让同学们打开淘宝网页搜索巧克力，看看市面上的巧克力种类，哪些卖得比较好，并且尝试分析原因。 打开网页，指导学生进行网上搜索。 2.发布任务： 分四个小组分别完成德芙、好时、费列罗、士力架四种巧克力海报的宣传制作。 *任务要求： 1. 使用相关工具，处理巧克力图案素材以及海报的圆形色块。 2. 巧克力海报的颜色搭配适当、美观。 3. 添加文字，体现层次感。	1.有意识培养学生自主探究学习和思考问题的能力。淘宝网页海报图片引思，导入新课。 2.知晓具体任务。	5 分钟
	环节二：项目分析（制定计划、完成计划） 1.制定计划： 通过 i 博导平台制作任务实施步骤排序问题： A、尝试用不同的方法将巧克力图案放入海报里的圆形中。 B、学习文字效果的制作，并完成。 C、分四个小组分别完成德芙、好时、费列罗、士力架四种巧克力海报的宣传制作。 D、思考巧克力海报的颜色搭配。 2、调查指导： 让学生们调查不同巧克力品牌的历史、背景。结合节日、活动为海报设计做好文案准备。	1.学生熟悉任务计划，明确任务是什么。 2.强化团队合作意识，拓展能力。	5 分钟
	环节三：项目实施（实际操作、践行流程） 1.教师示范： 教师动手操作，给学生们示范如何制作色卡以及巧克力海报。 2. 过程纠错： 分四个小组分别完成德芙、好时、费列罗、士力架四种巧克力海报的宣传制作。	1.教师将操作要点和设计方法清晰呈现，让学生们（1）了解做巧克力海报要用到的颜色和原因；（2）说出抠图工具和圆形工具的操作程序；（3）了解图层效果的作用。 有利于学生更好地模仿、创新、学习。 2.突出重点，突破教学难	25 分钟

批注 [A109]: 项目实施要经过初步设计——教师点拨——互评——再调整设计——在点拨，这样体现学生自主探究。你整体上要补充一下。

批注 [A110]: 教师示范要放在学生试着操作之前，然后点拨关键点，再让学生操作，然后教师再点拨调整方法，最后可以教师可以示范一个自己的成品。

续表

		点。学生们（1）能够运用（黄、蓝、绿）等颜色制作出巧克力海报；（2）按照抠图工具、圆形工具的操作方法，处理好海报中的素材和圆形色块；（3）能够运用图层效果制作巧克力海报中的文字效果。能感受到成功的喜悦，实现教学目标。	
	环节四：项目评价（巩固提升、总结评价） 1. 巩固提升： 让学生们上台将海报进行展示与呈现，指导并让学生们互评。 2.总结评价： 根据小组实训报告评价激励学生。 *小组实训报告（每个小组写写小组配合的感悟、成果、心得上传至 i 博导平台。）	1.展示成果，弥补不足，巩固提升。让学生们对海报设计产生兴趣，乐于自主学习，善于独立思考。 2.评价激励，总结提高。让学生们对海报设计产生兴趣，乐于自主学习，善于独立思考。	10 分钟
	作业： 引导学生自主学习：1.用你认为好看的合适的颜色制作一张巧克力海报。 2.原创一张“七夕”主题的巧克力海报，要有爱，具有竞争力。发到平台大家互动探究。	线上线下结合学习，利用 i 博导平台打破学生课下互动探究的空间局限。	1 分钟
板书设计	板书设计： 1.分四个小组分别究成德芙小组、好时小组、费列罗小组、士力架小组。 2.平台答题　3.图片收集与分析　4.网上探索　5.发布任务 活动：　教师示范 　海报展示 　学生互评 最后　总结提高　课后作业		
教学特色与反思	教学特色： 一、线上线下混合式教学激发学生探究学习。 线上线下混合式教学构建了学生多维学习空间，实现资源共享、师生交流与评价，充分调动学生自主探究学习的兴趣，引导学生团队合作学习的意识，使学习场所有效延伸到课外，线上线下混合式小组探究学习更能彰显个性化学习的需求。 二、情境教学，激发兴趣，自评互评。 设置情境，带入感强烈，让学生们身临其境，快速适应自己的角色，这种方法大大激发了学生们的学习兴趣。最后采用自评互评师评，多方评价的方法进行学习成果评价。表扬学生们的成功之处同时也让学生们反思自己的不足之处，进行改正，下次争取取得更好的成绩。 三、信息化平台有效提高学习效果 借助 i 博导平台，集成视频演示、优秀海报图片、PS 软件等信息化手段，带给学生们互动体验，有效促使重点突出，难点突破，增强了课堂效果，提升了学生学习的有效性。		

批注 [A111]: 课后拓展的内容一定是本节课内容的一个深度拓展，知识应该是梯度的。而不是简单的同层次的一个巩固，这样既有强化又有拓展。

批注 [A112]: 建议板书改成图形化的展示。或者思维导图的方式展示，更让板书有整体效果。例如：

主题　主题　中心主题　主题　主题

批注 [A113]: 此点全部删除，不算一个特色

续表

指导教师姓名		单位		手机	
指导教师推荐意见					

指导赵楠芝教学设计

学段	中职	学科	海报设计	编号		
教学课题	巧克力海报设计			年级	高二	
学校	北京市求实职业学校	姓名	赵楠芝	手机	17310615076	
教学背景分析	一、教学内容分析 电商海报课程是我校连锁经营与管理专业的核心专业课程。选择《Photoshop 电商海报设计》这本书作为教材，此书由电子工业出版社出版，其中包含 72 个广告实例、7 大分类主题。本节课是整个教材中重要的一节课，它是在学生学习了“电商广告设计必备知识、快速掌握 Photoshop、专题一儿童节：童装专区、玩乐专区、生活用品专区”等内容后的又一重要专区里的一节课程，这一专区是“专题二七夕—礼物专区”。本项目内容既是项目一内容的深入和拓展学习，又为后续项目三的创新设计奠定基础。巧克力作为七夕节最热的礼物之一，其海报设计对销售的影响就显得非常重要子。所以本节课强调 Ps 操作和设计方法的学习，具有承前启后的作用。此任务项目的学习也更能有利于激发学生的兴趣和提高个人的实操能力。 二、学情分析 （一）学生特点及应有的学习基础 高二连锁班一共 20 人，男生 18 人；女生 2 人。连锁专业的孩子学习海报设计专业课的兴趣较浓，学生希望所学的海报设计专业知识和技能能够在今后的工作中运用。学生已学习了 Ps 工具的应用，电商广告设计等 PS 软件操作方法，已完成了儿童节专题的海报设计。 （二）学生实际的学习基础及学习起点分析 学生虽然已有一定的设计美学知识和 Ps 软件技能，但对海报的设计方法的理解还需进一步清晰，设计海报的创新思维能力更待加强。此节课以 Ps 工具，颜色搭配技巧，文字效果制作的学习，是对前面知识和技能的强化训练与拓展，又是综合运用能力的体现。 （三）学生学习本课内容可能遇到的问题分析 教学过程中涉及到小组配合制作海报,对于高二的学生,高一没有学习过Ps 工具,因此要同时学习 Ps 工具的基本操作和海报设计方法，他们没进行过实习也无任何职业经历，在学习中有可能自信心不足，团队合作意识等职业意识还有所欠缺，所以教学内容设计中，本节课教学方法采用任务驱动教学法，学法采用小组合作探究，让学生进行新知的学习，同时，在课堂教学中，充分尊重和鼓励每一名学生，注重职业素养的提升，让学生在学专业知识和技能的同时充分展示自我，感受共同探究、团结协作获取成功的喜悦。						
教学目标	一、知识目标： 1.知原因—了解做巧克力海报的色彩选择与搭配知识。 2.明步骤—说出抠图工具和圆形工具的操作程序，了解图层效果的作用。 二、能力目标： 1.会设计—能够运用合适的颜色设计出符合七夕主题巧克力海报。 2.能操作—能够运用抠图工具、圆形工具处理好海报中的素材和圆形色块；，能够运用图层效果制作巧克力海报中的文字效果； 3.思创意——有意识结合素材进行创意设计思维的训练。						

批注 [114]: 改成：项目二中任务 1 内容(具体任务几你确定一下)

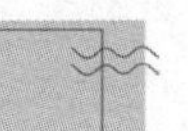

续表

	三、情感、态度、价值观目标： 1.重合作—在小组合作中，感受团结协作并获取成功的喜悦。 2.激兴趣—对海报设计产生兴趣，乐于独立思考，自主学习。
教学重难点	教学重点：正确选择工具处理素材和图形
教学方式与策略	教法：任务驱动法。学法：小组合作式学习。 任务驱动式的教学方法，以老师发布的任务为引领，学生小组自己为主体自主探究进行学习，将理论与实际相结合。重视小组合作，分小组进行学习。
教学环境及手段	教学环境：连锁实训基地 信息化手段：I博导APP

带格式的：字体：(默认) 仿宋，(中文) 仿宋，小五，字体颜色：红色

批注 [115]：给你加了教学重难点，你思考一下是否和你内容贴切。然后你再酌情改之

1. 教学过程

带格式表格

教学活动设计环节	活动内容教师活动	学生活动	活动意图	时间分配
课前学习（线上I博导平台）	课前作业： 平台发布 1.巩固知识 通过i博导平台设置小问题：（学习过的ps工具操作技法。） A、PS 中画出一个圆形有哪些方法？ B、PS中如何做出好看的字体？ C、如何用 PS 给图层添加图层样式？ 2.推送资料 收集一些商场、地铁站、公交站的优秀的巧克力海报推送给学生们作参考。。，让学生们拍摄他们觉得设计优秀的巧克力海报照片，收集后总结使用的配色有哪些。	学生平台完成学习任务 1. 完成问题并上传 3. 搜集相关主题的海报设计并线上分享和评价交流。	4. 了解学生对已学过的知识的掌握程度。从而有效进行新知讲授。 5. 通过信息化平台激发学生自主学习，提高学生学习的兴趣。	0/不占用课堂时间。
创设情境布置任务	环节一：项目布置（创设情境、明确任务） 1.创设情境：马上就要到七夕节了，学校的实训基地“小超市”进购了一批不同种类的巧克力：如德芙、好时、费列罗、士力架等等。现需要同学们帮忙设计巧克力的海报来提高巧克力的销售量。 2.发布任务： 同学们4人一组，共四组，分别完成德芙、好时、费列罗、士力架四种巧克力海报的设计。 *任务要求： 4. 使用相关工具，处理巧克力图案	明确任务 并做好记录	1.有意识培养学生自主探究学习和思考问题的能力。 淘宝网页海报图片引思，导入新课。 2.知晓具体任务。	4分钟

续表

	素材以及海报的圆形色块。 5. 巧克力海报的颜色搭配适当、美观、符合七夕主题。 6. 添加文字，体现层次感。			
分析任务	环节二：任务分析 通过 i 博导平台制作任务实施步骤排序问题： A、尝试用不同的方法将巧克力图案放入海报里的圆形中。 B、学习文字效果的制作，并完成。 C、分四个小组分别完成德芙、好时、费列罗、士力架四种巧克力海报的宣传制作。 D、思考巧克力海报的颜色搭配。 2、提出分工建议： 小组成员四位，做好分工合作。成员一调查不同巧克力品牌的历史、背景，结合节日、活动为海报设计做好文案准备。成员二搜集海报素材、参考素材、与大家一起讨论设计方案。成员三负责技术操作。成员四汇总大家意见进行海报设计总体修改。	小组讨论分析、制定计划、完成分工，明确各自分工任务	1.培养学生制定计划的意识和能力，让学生懂得行动之前计划思考的重要性。 2.强化团队合作意识，拓展能力。	10 分钟
任务实施	环节三：任务实施 教师点拨：针对设计过程中遇到的难点、重点、问题进行点拨。 教师点评，并展示自己的作品。	学生操作： 小组按照分工进行海报初步设计。 学生自评、互评、然后再调整设计	1.培养学生通过工具运用自主探究的能力，培养学生创新设计思维的能力。突出教学重点。 2.通过评价环节再吸纳、思考、尝试的设计中突破教学难点。	20 分钟
任务评价	环节四：项目评价 1. 总结评价： 教师利用 i 博导平台将学生作品进行展示并评价 小组分享过程中给予鼓励，启发学生对设计的兴趣。	学生上传作品至 i 博导平台，并进行展示说明。 小组填写实训报告总结合作设计感悟、上传至 i 博导平台。	培养学生口头表达能力，培养捕捉同伴的设计亮点，有意识学习和消化。 锻炼学生书面表达能力，也为学生对文案和营销策划案设计奠定基础。	10 分钟
拓展作业	课后拓展作业： 1.将设计海报进行完善，并提示学生海报摆放位置、颜色搭配是否符合店铺风格。然后在校内生产性实训基地“小超市”进行张贴，期限一周。 2.检测、记录销售数据，分析促销效果，为后续营销策划案的实训设计奠定基础。	各组将设计海报分周次张贴实训基地“小超市”内，活动结束后，计算四种巧克力的销售量。	线上线下结合学习，利用校内生产性实训基地让学生们的设计有用武之地。“实践是检验真理的唯一标准”，也让学生意识到企业以销售结果作为评价业绩的重要指标。	1 分
板书设计	板板书设计：			

续表

<table>
<tr><td></td><td colspan="5">分四个小组分别完成德芙黑巧克力、士力架、彩虹巧克力豆、脆香米巧克力的海报设计（4 人/组）。
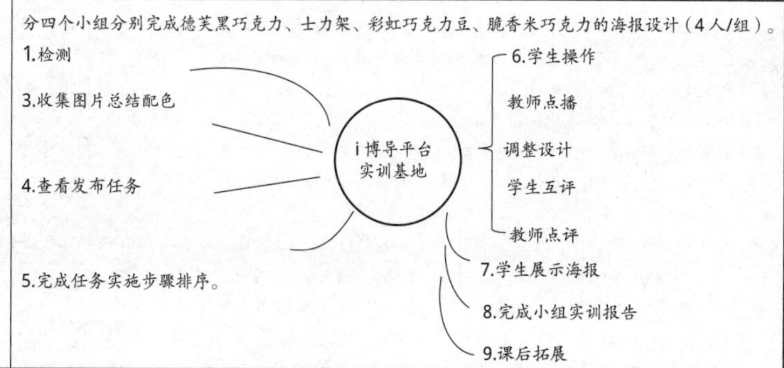</td></tr>
<tr><td>教学特色与反思</td><td colspan="5">教学特色：
一、线上线下混合式教学激发学生探究学习。
线上线下混合式教学构建了学生多维学习空间，实现资源共享、师生交流与评价，充分调动学生自主探究学习的兴趣，引导学生团队合作学习的意识，使学习场所有效延伸到课外，线上平台学习随时随地获取学习的资源，实现调取学习资源的灵活度，满足渐进式建构自我知识体系，提升碎片化自我学习的能力。线上线下混合式小组探究学习更能彰显个性化学习的需求。
二、信息化平台有效提高学习效果。
借助 i 博导平台，集成视频演示、优秀海报图片、PS 软件等信息化手段，带给学生们互动体验，有效促使重点突出，难点突破，增强了课堂效果，提升了学生学习的有效性。
教学反思：</td></tr>
<tr><td>指导教师姓名</td><td>侯庆辉</td><td>单位</td><td>北京市求实职业学校</td><td>手机</td><td>136113
97623</td></tr>
<tr><td>指导教师推荐意见</td><td colspan="5">1. 线上线下混合式教学模式体现行动导向教学理念
本节课采用 I 博导 APP 教学平台进行线上学习，有效和线下学习起到相辅相成效果，激发了学生自主探究学习的能力，能够帮助学生对碎片化时间管理意识的培养，为学生终身学习意识起到引导的作用。
2. 以主题项目进行课程设计，凸显课改理念
通过主题来进行知识内容的学习，使知识点在情境创设中、任务引领下贯穿其中，体现了理实一体化“做中学”的教学理念，有意识培养学生先从实践到理论，再由理论到实践的学习体系建构的能力。</td></tr>
</table>

指导贺潇仪老师“个人贷款发放的处理”说课稿

作为互联网加时代的前沿行业，金融业近年来发生着日新月异、翻天覆地的变化。银行岗位对人才的需求也逐步的从前台转移到后台，贷款部、票据分拣部、客服部成为了岗位用人需求的最大板块。结合银行业变革需求，以及职业教育培养可从事某种劳动教育的核心，确定本节课教学内容。

本节课选自高等教育出版社出版的中等职业教育课程改革实验教材《银行柜面业务处理》模块七，任务一“贷款发放的处理”。本节课设计由教学分析、教学策略、教学过程、教学反思四部分组成

首先是教学分析，本课程是一门学生学习柜员岗位办理对公业务的单岗位实训类课程。是在学生学习了基础金融类专业课程，掌握基本专业技能与相关服务技巧后学习的课程。同时，也是学生后续学习多岗位金融实践课程“金融综合实践”与“VBSE 企业综合运营”的基础。

本节课的授课对象是金融事务专业高三年级学生，他们在已有课程学习的基础上，在工商银行大堂引导岗位进行了为期三个月的工学交替实训活动。熟悉网点的运营以及银行基本业务，但与此同时，学生也缺乏其他岗位的实践经验，对于没有办理过的后台业务、贷款业务缺乏整体认知。

基于上述分析确定本节课的教学目标如下，其中，教学重点为能够准确说出柜员办理个人贷款签订合同及贷款发放的操作流程；难点为能够正确办理个人贷款签订及贷款发放业务。

为实现教学目标，解决教学重难点，本节课借助混合式教学理念，采用任务驱动法进行教学，做中教，

批注 [116]: 补充教学反思

批注 [117]: 你问一下，这里是课后反思还是课前反思，这个要确定，如果课后反思就需要补充内容。

批注 [A118]: 改：信贷

批注 [A119]: 改：处理

批注 [A120]: 改：以及金融事务专业人才培养目标“学岗对接，工学交替，能力综合”的要求，

批注 [A121]: 去掉

批注 [A122]: 要展开说什么基本技能，什么相关服务，把学的课程名称放里

批注 [A123]: 在课程设置中，金融综合实践学的就是 VB。这里想说明的是多岗综合实训课吗？

批注 [A124]: 改：改：后台贷款业务，

批注 [A125]: 而此部分内容是学生后续

批注 [A126]: 教学目标如下，具体是什么要写进去

批注 [A127]: 混合式教学是理念还是模式，需要斟酌。如果去掉这句也没关系，就是任务驱动法

实现高效课堂。学生通过小组合作、自主探究，做中学，学中做，准确完成贷款发放业务处理。同时，信息化教学贯穿课堂，借助模拟银行实训室、沉浸式教学平台、微信公众平台等丰富的信息化资源，解决传统教学中教师一人讲、推进慢，学生错用单、忘步骤等课堂问题。

教学过程由课前自主学习、课中合作探究、和课后深化拓展三部分组成。

课前，教师根据已参加过工学交替学生的认知水平，在平台中，创设问题链，搭建学习资源库。学生通过审问题、读资源、做测验，掌握本节课需达到了解程度的理论性知识，初步感知业务操作流程。

课中教学由导、学、训、评四个环节组成。

环节一，导。教师播放客户需求动画，学生在简明、轻松的动画中，进入岗位情境，教师顺势抛出两个问题。1.视频中客户要办理什么业务；2.银行的哪个部门负责办理此业务？学生根据动画中的引导及课前自主学习内容，明确本节课任务，即办理签订贷款合同、及贷款发放的业务处理。同时，明确岗位为银行贷款部柜员。引导学生进入岗位情境，引出学习任务。

环节二，学。仿真练，识单据，合作学，明流程。教师讲解学生课前测试出现的典型问题。主要针对业务过程中需要用到的单据印章，及业务流程进行讲解。通过解析重难点，内化步骤，明确标准。同时引导学生分组在沉浸式教学平台中进行全流程业务模拟仿真训练。在虚拟银行柜台中，为客户办理签订合同及贷款发放业务。如在操作中出现遗漏步骤，或使用单据、印章错误等规范性问题时，系统将给予提示，帮助学生梳理流程，规范操作，强化重难点。

环节三，训。真业务，实操作。借助模拟银行实训室的软硬件全模拟仿真系统，组织学生两人一组，交替角色，进行岗位实操业务练习。步骤一，签订贷款合同业务处理练习。A组同学进入柜台，完成岗前准备。B组同学扮演客户，辅助A组同学按照银行规范明确客户需求、审核相关材料、进行系统操作、签订纸制合同、审核签章、递交客户。完成业务练习。完成后，A同学依照业务标准，进行失误调整，B同学在平台中记录问题，完成客户视角评价。步骤二，贷款发放业务处理练习。B组同学进入柜台，按照业务规范审核借款申请批复文件、在业务系统中进行放款操作。A组同学以主管视角对贷款发放进行操作监督。同时，进行视频记录，便于回放纠错。完成后，B同学依照业务标准，进行失误调整，A同学在平台中记录问题，依据行业标准完成主管视角评价。两项任务全部完成后，互换角色进行练习。实训过程全面依托行业标准，专业教师实时监督，针对教学反馈，及时调整教学策略。交替实训练习，业务真实，操作规范，借助学习平台，解决重难点。

环节四，评。过程评，多元化，促提升。平台评，平台提供学生数据轨迹，为学生夯实规范、明确流程提供数据支持。学生评，学生按照行业标准从客户、主管角度进行多视角评价，评价过程中再次夯实操作规范。教师评，教师对学生上传的操作视频进行点评，再次解析重难点。强调标准化、规范性操作。

平台学习记知识，仿真模拟明流程，多元评价促提升，导学训评层层递进，全面落实三维目标。

课后深化拓展，在平台中模拟办理由经销商代办贷款发放业务的处理。实现学习拓展。

效果创新。1. 借助本课程开发的信息化交互平台，创设模拟岗位的实时操作体验，有效解决了学生错用单据印章、上岗忙乱的传统课堂问题，促进学生更直观更便捷地认知业务内容和操作流程，学生的岗位操作正确率从原有的45%提升到96%。

2. 借助网络化的信息互动，集成资源共享、师生交流、评价反馈等功能，构建出线上线下多维学习空间，恰好满足当代学生的个性化需求，激发学生自主学习兴趣。学生课堂参与度从原有的35%提升到85%。

3. 共享企业资源，业务真实，贴近岗位需求。行业标准、案例资源支持教学检索。标准清晰，案例可借鉴，学生经验值从原有的20%提升至85%，资源库广泛运用到本专业其他课程中，学生综合能力提升，更加贴近岗位需求。

搭载互联网+金融航班，紧抓新生金融岗位机遇，平台助学，实践促学，培养新岗位下实践型人才。

批注 [A128]: 智能银行实训室
批注 [A129]: 沉浸式教学交互系统平
批注 [A130]: 改：思问题
批注 [A131]: 改：读资料或读学材
批注 [A132]: 该：做检测
批注 [A133]: 还差一个“思”五个环
批注 [A134]: 改：随即
批注 [A135]: 本自然段最好配个流程
批注 [A136]: 改：交互系统
批注 [A137]: 也可以配一个场景的
批注 [A138]: 改：仿真模拟系统
批注 [A139]: 删掉
批注 [A140]: 改：轮岗交替
批注 [A141]: 改：实践操作
批注 [A142]: 改：突出教学重点
批注 [A143]: 改：更正错误操作
批注 [A144]: 改：角色
批注 [A145]: 删
批注 [A146]: 改：角色
批注 [A147]: 改：更正错误操作
批注 [A148]: 角色
批注 [A149]: 改：互换角色操作并纠
批注 [A150]: 改：实训过程依据行业
批注 [A151]: 评价学生操作视频，强
批注 [A152]: 也可以补充一个信息化
批注 [A153]: 改：评思
批注 [A154]: 借助 3D 沉浸式教学
批注 [A155]: 改：沉浸式岗位
批注 [A156]: 3D 场景化教学有效
批注 [A157]: 传统课堂图片+讲授+被
批注 [A158]: 使学生对业务内容和操
批注 [A159]: 这个数字的的提升要有
批注 [A160]: 是否改成：移动终端信
批注 [A161]: 改：学习需求
批注 [A162]: 数据分析也要有支撑
批注 [A163]: 改：校企融合，共享资
批注 [A164]: 专家也许会问：银行贷
批注 [165]: 修改建议有待商榷：

回顾伴随职教改革的成长之路，我深深懂得，良好的氛围是我生长的土壤，领导、专家的引领、同事的协作与支持更是我前进的动力。我将一如既往的带领团队不懈探索，在这片净土中培育希望，布满憧憬，享受真实。

“回首向来萧瑟处，归去，也无风雨也无晴。”

我在路上！

参考文献

[1]赵志群.职业教育工学结合一体化课程开发指南[M].北京:清华大学出版社,2009.

[2]谢忠丽.为中职学生创建机械基础课程学习的主体体验[D].河南机械工程学院,2011.

[3]王粉琴,陈科花.初中数学课堂教学中发挥学生主体性的策略研究[D].溧阳市光华初级中学,2012.

[4]申毅.学科课堂教学发挥学生主体性的策略研究[D].四川遂宁小学,2011.

[5]张亚文,郭继民.会计专业课理论与实践一体化教学模式[J].牡丹江医学院学报,2005(6):88-90.

[6]莫虎、王文玲.构建中职学校“产学研”一体化人才培养模式探析[J].职业,2015(3).

[7]周春烨.国内外现代学徒制对比分析研究[J].科技经济市场,2018(7).

[8]徐科凤、王国栋、徐涛、王继业、杨俊杰、姜勇、王健、张守都、赵喜喜、郭文波,李磊、刘珊珊.国外产学研协同创新机制对比分析及对我国的启示[J].科技与创新,2018(15).

[9]赵静.会计专业产学研一体化校企合作模式研究——以会计专业与中华会计网校校企合作为例[N].武汉船舶职业技术学院学报,2016(4).

[10]李宇,刘美玉.基于预孵化的产学研一体化实战教学模式创新[J].现代教育管理,2012(6).

[11]曹洋基于国际比较的我国职业院校现代学徒制实施现状、困境及对策研究[N].北京劳动保障职业学院,2018(2).

[12]尹湘峰.中职农学类专业产学研一体化模式初探[J].北京农业,2015(22).

[13]广东省教育厅广东省教育研究院广东现代学徒制专业教学标准研制[MJ. 广东高等教育出版社 2016.

[14]曾兴柱,杨洁. 工学结合课程的建设与管理[M]. 中国电力出版社 2016.

[15]关晶. 职业教育现代学徒制的比较与借鉴[M]. 湖南师范大学出版社 2016.

[16]迟丹凤,吕秀娥,孙琳. 高职会计专业“学岗对接,虚实融合”人才培养模式改革探究[J]. 南方职业教育学刊,2016(1).

[17]向成军. 我国现代学徒制试点工作面临的困难及解决措施[J]. 南方职业教育学刊杂志 2016(1).

[18]李晓华,基于产教融合中职教育教学改革实践探究[J]. 职业,2018(9).